本书受景德镇陶瓷大学博士科研启动资金资助出版

IP 知识产权专题研究书系

LUN ZHUZUO CAICHANQUAN PEIZHI DE
XIAOLÜ YUANZE

论著作财产权配置的效率原则

张俊发 著

知识产权出版社
全国百佳图书出版单位
—北 京—

图书在版编目（CIP）数据

论著作财产权配置的效率原则/张俊发著. —北京：知识产权出版社，2022.9
ISBN 978 - 7 - 5130 - 8315 - 7

Ⅰ.①论… Ⅱ.①张… Ⅲ.①著作权—研究—中国 Ⅳ.①D923.414

中国版本图书馆 CIP 数据核字（2022）第 156864 号

责任编辑：刘 睿 邓 莹 **责任校对：**王 岩
封面设计：SUN 工作室 **责任印制：**刘译文

论著作财产权配置的效率原则

张俊发 著

出版发行：知识产权出版社有限责任公司 **网 址：**http：//www.ipph.cn
社 址：北京市海淀区气象路 50 号院 **邮 编：**100081
责编电话：010 - 82000860 转 8346 **责编邮箱：**dengying@cnipr.com
发行电话：010 - 82000860 转 8101/8102 **发行传真：**010 - 82000893/82005070/82000270
印 刷：天津嘉恒印务有限公司 **经 销：**新华书店、各大网上书店及相关专业书店
开 本：720mm×1000mm 1/16 **印 张：**15.5
版 次：2022 年 9 月第 1 版 **印 次：**2022 年 9 月第 1 次印刷
字 数：250 千字 **定 价：**78.00 元
ISBN 978 - 7 - 5130 - 8315 - 7

谨以此书献给我的家人

序　言

张俊发博士的《论著作财产权配置的效率原则》一书即将付梓，邀我作序。

这本著作是在俊发博士论文的基础上修订而成，我见证了本书从选题、构思到创作完成的全过程。俊发博士在攻读博士学位期间，为人踏实稳重；在学术上潜心钻研、涉猎广泛；善于思辨，常常在读书会上大胆发表观点；也积极参加各项科研学术交流活动。俊发博士在校期间主持了一项“江苏省研究生科研与实践创新计划项目”，也积极参与我主持的多项课题研究。在攻读博士学位期间，俊发博士已经发表多篇专业论文，学业上表现优秀，让我印象深刻。

俊发博士的这本著作以“著作财产权配置的效率原则”作为选题，具有一定的新颖性。著作财产权配置制度是著作权法激励创新的重要制度载体，法经济学分析是著作权法研究的重要理论工具。本书从法经济学分析的基本假设——激励创新出发，提出著作财产权配置的效率原则，论点明确、集中，具有创新性。本书运用效率原则对著作财产权配置进行分析，针对著作财产权配置从静态与动态两个角度进行系统阐述，这种研究视角体现了作者对著作权理论的学术贡献，具有一定独到之处。

本书运用效率原则，既回应了新技术时代的著作权制度所面临的新生利益的权利归属问题以及互联网时代著作权授权机制的困境问题，也对现有作品著作权归属制度面临的问题提出完善对策。总而言之，本书既有一定的理论意义，又具有现实意义。

本书提出的观点和研究方法均具有一定的创新之处，对于著作权理论研究、司法实践和产业发展均具有一定的参考价值。希望本书能够得到读者和学界的认可与支持，也希望俊发博士在学术道路上取得新的成绩。

2022 年 3 月于南京

目　　录

导　论

效率是内化为人心的思维和行为倾向，这种倾向无须人们刻意追求，是人们朴素的日常思维。正如学者所言："效率是人们的一种朴素思维，甚至于可以说是人们的先天本能反应，它无须以事半功倍、经济效率等人类后天建构的术语来明确表达。"[1] 人类历史是追求效率的发展史，从人类使用石器到将铁器作为生产工具，再到工业化、信息化生产，无不反映人类追求效率的行为倾向。人们总是想以最小的投入，产出最大化的产品；以最小的代价，实现产品的有效利用。

著作权[2]制度的诞生也是人们追求效率的体现。通过著作权赋权，实现以较小制度成本激励作品的生产。通过著作权交易，实现以较小社会成本促进作品的广泛传播。人们试图通过著作权这种机制来实现作品的均衡生产与传播。但事与愿违，著作权制度的发展历史表明：一个既是英雄又是恶魔的角色[3]，打破了人们的这种梦想。著作权是技术之子[4]，技术推动着著作权制度的诞生，但技术也给著作权制度带来诸多挑战，技术在不断地重塑着著作权制度。[5]

新技术时代，作品的生产、传播与控制发生前所未有的变革。在作品

---

[1] 熊丙万："中国民法学的效率意识"，载《中国法学》2018 年第 5 期。

[2] 著作权包括著作财产权与著作人身权，本书主要研究著作财产权配置，为了简化研究，如无特殊说明，本书中的著作权主要指著作财产权。

[3] Brad A. Greenberg, Rethinking Technology Neutrality, 100 Minn. L. Rev. 1495 (2016).

[4] ［美］保罗·戈斯汀著：《著作权之道：从古登堡到数字点播机》，金海军译，北京大学出版社 2008 年版，第 22 页。

[5] 广播技术推动广播权的设立、摄影技术推动了摄影作品的诞生等。

生产方面，作品生产不再受限于职业化创作，现在不仅人人都是创作者，而且还是万人出版者的时代；在作品传播方面，数字技术使作品与载体实现分离，实现作品传播的无时间差和无地域性隔离，低成本传播途径的普及使私人间的交互式传播成为主流方式❶；在作品控制方面，限制作品传播的技术措施不断涌现，著作权人控制作品的能力不断增强。

这些特点一方面促进了作品的广泛传播，如作品传播速度的提升，人们可以很便捷地获取作品；另一方面著作财产权制度也因此面临诸多挑战。如著作财产权体系在新技术影响下出现混乱、新技术带来侵权问题使权利人的利益得不到有效保障、传统授权机制不适应性导致作品利用不足等问题。如果问题不加以解决，那么它可能带来作品最大化生产与传播的著作权制度目标实现受到阻碍的后果。

著作财产权在不同主体之间的配置是实现著作权制度目标的重要方式。立法者通过著作财产权配置促进作品的生产，著作权主体通过著作财产权配置实现著作财产权动态转移，促进作品的传播。

然而，囿于著作财产权配置存在不同理论体系，配置原则在大陆法系与英美法系之间存在差异。我国著作财产权配置所遵循的原则更像一个“四不像”，既遵循大陆法系的一般传统，也存在英美法系的影子。❷ 虽然著作权法学研究蓬勃发展，但是在新技术所推动的互联网内容产业日趋复杂的情况下，著作权法在立法论和解释论方面都面临诸多新问题。相关方在诸多理论前提和法律概念解释认知上缺乏基本共识❸，造成司法适用存在较大争议❹以及立法停滞不前❺。因此，我国著作权法研究还无法像民法和刑法一样进入解释论时代，而需要在立法论和解释论两个层面协同并进。

著作财产权配置问题既存在立法论问题，也有着解释论的问题。不管

❶ 熊琦：“互联网产业驱动下的著作权规则变革”，载《中国法学》2013 年第 6 期。

❷ 法人作品制度就是此种典型表现。

❸ 熊琦：“中国著作权法立法论与解释论”，载《知识产权》2019 年第 4 期。

❹ 许多案件的判决在产业界和学界都引起了巨大的争议，如王某诉谷歌数字图书馆侵害著作财产权、新浪诉凤凰网侵犯体育赛事节目著作财产权案，网易诉华多网游直播侵犯著作财产权及不正当竞争案等。

❺ 现行《著作权法》于 2020 年完成第三次修正。

是立法论还是解释论，著作财产权配置制度的完善与司法适用均需要评价标准。效率最大化是著作权主体的共同追求。对创作者而言，著作权法赋予其对作品独占使用权使创作的费用得以补偿，从而激励创作者作品的产出；对使用者而言，作品传播使社会公众获取了新的知识，作品得以有效利用。[1] 总之，全体著作权主体通过作品产出和作品传播而实现利益满足，最终实现效率最大化。所以，在人们思维与行为都倾向于效率的情形下，著作财产权配置效率原则的研究有其必要性。

一、本书选题的理由

（一）现有著作财产权配置原则凸显缺陷

在著作财产权配置中，不管是立法上的指导原则，还是司法适用的判断标准，均存在缺陷。一方面，立法者制定的法律有着各自所依据的原则与理论。著作财产权配置理论与著作财产权配置制度设计相辅相成。法律体系设计与法律价值选择，可视为法学研究中的“问题”与“主义”。[2] 立法者通过完善具体法律规则来解决社会中的实际问题。一般而言，立法者在设定具体规则时不可避免需要面临价值选择问题。如何完善具体规则是“问题”，解决问题所遵循的价值是“主义”，“问题”与“主义”的关系相辅相成。在解决“问题”方法的选择上，立法者所持有的价值观，也即“主义”占有重要地位。而对于“主义”解释力考量，则是源于对法律制度实施的绩效考量。但是，对于著作财产权配置原则也即“主义”而言，学界与实务界始终未达成共识。

我国著作权法在著作财产权配置原则上未能达成有效共识，导致具体制度设计存在混乱现象。著作权法上关于法人作品的著作财产权归属就是一个明证，其既继承大陆法系的传统，也采纳英美法系的相关内容。正如学者所说：“我国著作权法几乎是纯粹的舶来品，这种舶来品既糅合大陆

---

[1] 吴汉东：《著作权合理使用制度研究》，中国人民大学出版社 2013 年版，第 55 页。

[2] 熊琦：《著作权激励机制的法律构造》，中国人民大学出版社 2011 年版，第 1 页。

法系的传统，也烙有英美法系的痕迹，虽然这种做法体现了著作权制度的兼容并包，但也反映出我国著作权制度传统理论的缺失。”❶ 理论的缺失造成我国著作财产权配置原则矛盾、分配规则简单，使得我国委托作品、职务作品和视听作品的著作财产权归属制度弊病丛生。❷

另一方面，法律规范的解释需要一定的标准与原则。在司法适用中，如果存在不同标准与原则，那么意味着不同解释者会因此对法律规范的解释得出不同结论。例如，在互联网技术诞生之前，人们可以通过广播、表演对作品进行传播。随着信息网络通信技术发展，人们获取信息能力不断增强，给人们的社会生活带来极大影响。在著作权领域中，其表现为不断有新的作品传播技术出现。这些新型作品传播技术的出现，可能孕育出新的著作权市场，给技术使用主体带来新的利益。在著作权语境中，新作品传播方式的使用主体主要包括创作者、社会公众。但是，在这两者之间如何分配新著作权市场所带来的利益，是摆在司法者面前所迫切需要解决的问题。

对于新型市场的著作权分配而言，存在“扩张主义”与“限制主义”解释路径。前者指不管技术如何发展，今后出现什么样的新作品传播方式，根据其著作权法理论以及著作权法的相关规定，将该新型传播方式的控制之权赋予创作者。也就是学者所说的“著作权法把著作权客体的全部价值赋予作者”。❸ 后者指将这一客体利益赋予社会公众。❹ 如果我国司法者遵循著作财产权“扩张主义”路径，那么这一“意外之财”将被直接赋予作者，以激励创作者创作出更多的作品。如果我国司法者遵循著作财产权“限制主义”，那么这一客体利益可能会被赋予社会公众。

毋庸置疑，如果在理论上将著作权视为一种自然权利，那么这种作品的传播利益应当属于著作权人。如果在理论上将著作权视为一种激励工

---

❶ 熊琦：“中国著作权立法中的制度创新”，载《中国社会科学》2018 年第 7 期。

❷ 邹晓红、许辉猛：“智力投入者和财力投入者分离下的著作权归属研究——评我国的委托作品、职务作品和法人作品制度”，载《湖南大学学报（社会科学版）》2010 年第 2 期。

❸ ［德］M. 雷炳德著：《著作权法》，张恩民译，法律出版社 2005 年版，第 76 页。

❹ ［美］莱曼·雷·帕特森、［美］斯坦利·W. 林德伯格著：《著作权保护的本质：使用者的权利》，郑重译，法律出版社 2015 年版，第 192 页。

具，那么著作财产权配置应当遵循这样一种原则，即在出现某一新的著作财产权市场时，通过赋予权利人以控制权是否有利于促进知识的增长。但是这两种理论均存在缺陷。法律是平衡各方利益的制度。在著作权法语境中，不管是自然权利论的“扩张主义”还是功利主义论的“限制主义”，如果只片面强调各自所代表主体的利益，那么会忽视其他主体的利益。将新传播用途的著作权配置给作者，则有可能忽视作品传播者或使用者在新作品传播方式开发过程中的努力，不利于今后新作品传播方式的开发。而将著作权配置给传播者或使用者，这又可能有损创作者的利益，不利于激励创作者的作品创作。❶ 在这种情形下，著作财产权配置存在窘境。这种窘境凸显出著作财产权配置原则的缺陷，使制度的完善与司法适用欠缺科学合理的理论指导。

因此，在我国著作财产权配置理论尚不完善的前提下，对于这一问题的研究有着重要的理论意义。它不仅有助于丰富我国著作财产权配置相关理论的研究，修正著作财产权配置的指导原则，还可以为我国著作财产权配置相关制度设计以及著作权法律适用提供理论指导。

（二）新技术条件下著作权制度目标彰显不足

建立在传统技术条件下的著作权制度，在新技术条件下存在不适应性。著作权制度促进作品产出与作品传播的制度目标因新技术的影响彰显不足。

著作权客体具有公共产品属性。立法者把著作财产权配置给创作作品的作者以激励作品的生产。如果没有立法者赋予创作者以著作财产权，那么创作者可能会因为没有激励而不去生产作品。易言之，作品如果没有著作权制度加以保障会出现哈丁教授所提出的“公地悲剧”❷，由此而造成作品供给不足，作品权利化在一定程度上会避免“公地悲剧”的发生。

---

❶ Jeffrey K. Joyner，Future Technology Clauses：Would Their Lack of Compensation Have Discouraged Shakespeare's Creativity and Denied Society's Access to His Works in the Media，31 Sw. U. L. Rev. 575（2002）.

❷ Garrett Hardin，The Tragedy of the Commons，162 SCIENCE 1243（1968）.

但是，随着经济社会的发展，传统著作权制度在促进作品最大化产出的目标上稍显不足。特殊作品的著作财产权归属制度就是一个例证。现行职务作品的著作权配置制度在理论上存在较大争议。如随着媒体产业化发展，职务新闻作品的著作权归属如果未能清晰界定，在一定程度上会影响此类作品的产出。再如，视听作品的著作财产权配置制度问题。随着电影产业的发展，一方面丰富了人们的文化需求，另一方面关于电影作品的著作财产权归属争议日益增加。电影作品的著作权权属不清不仅会影响电影产业的发展，也会影响投资者的积极性，造成电影作品的投资不足。

此外，随着技术的发展，权利体系不清的著作权法非但难以有效保护著作权人利益，反而会影响著作权人的利益。新兴技术所带来的作品传播方式的变革，使著作财产权权项之间的边界日益模糊。特别是三网融合背景下，广播和网络已经可以互联互通，有线传播、无线传播、交互式传播等可以跨广播和网络进行。❶ 作品在三网融合的终端传播几乎难以感知不同传播方式所带来的不同体验，作品的传播方式变得模糊。易言之，哪些行为由广播权控制，什么行为由信息网络传播权控制，是一个难以准确回答的问题。著作财产权体系不清还会影响作品的广泛传播。这是因为著作财产权体系不清会影响著作权交易的表达成本，增加交易成本，影响著作权交易的积极性。

作品供给动力不足会产生公地悲剧，但是作品未得到充分利用会出现反公地悲剧。反公地悲剧是指资源利用不足问题。在权利所有者众多的情形下，如果每个权利人都对自己利用的那份权利设置障碍，阻止他人使用资源，那么会出现反公地悲剧。❷ 正如一扇上锁的门，如果保管该钥匙的人是不同主体，而锁的开启需要所有人同一时间到齐，显而易见，门打开的概率会很小，房子的利用效率变得很低。❸ 具体到作品利用中，作品生产出来只有被广泛传播才能实现其价值。新技术条件下，虽然作品利用技

---

❶ 焦和平："三网融合下广播权与信息网络传播权的重构"，载《法律科学》2013 年第 1 期。

❷❸ Michael A. Heller, The Tragedy of the Anticommons: Property in the Transition from Marx to Markets, 111 Harv. L. Rev. 621 (1998).

术的发展有助于促进作品利用，但是作品有效利用却受到坚持传统著作权制度规范的著作权人的阻碍。

一般来说，只有资源得到有效利用才能发挥其价值。新技术的发展，不断有新传播方式被开发出来。社会公众利用这些新技术可以较大提升作品的利用效率。然而，建立在传统技术基础上的著作权制度，一定程度上会引发作品利用效率不足的问题。这表现在：其一，著作权人为避免作品著作财产权遭受侵害，使用技术措施来保护其权利，但这一措施会限制公众接触作品，阻碍作品的广泛传播，不利于作品有效利用；其二，随着新型传播作品技术的发展，传统授权许可制度已不适应现有的作品利用模式，甚至会阻碍作品利用。在这种情形下，作品未能得到充分利用。也就是说，对于作品的利用而言，利用过度会存在公地悲剧；但是如果利用不足，也会存在反公地悲剧的问题。所以，不管是作品产出还是作品利用，如果未达到效用最大化，会导致著作权制度目标彰显不足。

在新技术条件下，如何走出困境以实现著作权制度目标，是著作财产权配置制度需要回答的问题。效率原则可以修正传统著作财产权配置制度的不足，从而激励作品的广泛传播与利用，彰显著作权制度目标。因此，在著作权配置制度因新技术带来诸多纠纷背景下，著作财产权配置效率原则的研究有着重要的实践意义。

综上所述，著作财产权配置问题研究既有着重要的理论意义，也有着重大的实践意义。一方面，我国著作权制度属于舶来品，既有英美法系的影子，也有大陆法系的烙印，导致我国著作权的一些制度设立理论依据欠缺，著作财产权配置制度背后的理论依据需要不断发掘与探索。另一方面，在新技术条件下，涉及新型作品控制之权的著作财产权纠纷不断增多，著作财产权利用受到阻碍，给司法实践带来诸多困境，造成著作权制度彰显不足。在这一背景之下，著作财产权配置效率原则的研究不仅有助于丰富我国著作财产权配置理论研究，而且有助于我国著作权制度在新技术条件下的完善，为司法适用提供评价标准。有鉴于此，本书选择著作财产权配置这一问题进行研究与探讨，以期对著作财产权配置理论研究的丰富以及著作财产权配置制度的完善有所裨益。

二、国内外关于该课题的研究现状及其评价

权利配置是权利的承认、分配、交换以及权利效力的相互关系。权利配置是一种机制，以实现权利和谐，并创造出最大化的社会效益。权利配置理论影响着权利配置制度，进而影响制度目标的实现。在著作权语境下，著作财产权配置涉及著作财产权的确立、分配、交换以及权利效力的相互关系。也就是说，著作财产权配置涉及著作财产权配置理论、著作财产权主体制度、授权机制等内容。

（一）国内外关于该课题的研究现状

著作财产权配置涉及诸多著作权制度的相关问题，如著作财产权本质、著作财产权内容扩张、新型利用方式的著作财产权保护、作者范围扩张、著作权集体管理组织的完善、未明确约定委托作品权属、著作财产权体系的完善等问题。本书文献综述将首先对著作财产权权利配置的基础理论问题进行梳理，其次梳理著作财产权静态配置的争议，最后综述著作财产权动态配置的相关文献，梳理出争议的相关问题。

1. 著作财产权权利配置基础理论问题方面

其一，关于著作权的本质，国内外学者存在较大分歧，争议焦点在于，著作权是自然权利，还是法定授权。一种观点认为，著作权是一项自然权利。[1] 根据这一观点，虽然知识商品与有形商品在知识生产的动机、知识的安排方面存在较大区别，但著作权仍然是一项自然权利。[2] 著作权的理论基础源于自然权利论。根据这一理论，创作者只要创作出作品，国家就有义务保护其作品著作权。《法国知识产权法典》就是典型代表，其

---

[1] Frank H. Easterbrook, Intellectual Property Is Still Property, 13 Harv. J. L. & Pub. Pol'y 108 (1990).

[2] Julie E. Cohen, What Kind of Property Is Intellectual Property, 52 Hous. L. Rev. 691 (2014).

著作权源自创作者的作品创作。[1] 另一种观点认为，从著作权的规范性来看，著作权不应视为一种自然权利，而应视为法定授权。[2] 持这一立场的学者认为，著作权法保护独立的创作领域不受国家或私人赞助，并对创造性表达配置的权利加以限制，从而有助于确保构成社会、政治和美学话语各种声音的多样性和自主性。[3] 版权法系国家大都认为，著作权是一种法定权利。当然，也有研究者指出，著作权既是自然权利，也是法定之权，言其自然权利乃是因为作品创作是基于创造性活动，又因著作权是基于国家功利性原则所赋予，所以也是一种法定之权。[4]

其二，关于著作权的扩张问题。著作权法历史是一部权利的扩张史。著作权扩张是否皆为合理，是否有助于实现著作权目标，是著作权配置所要回答的问题。如果著作权扩张丧失其本来面目，那么著作权扩张应当加以限制。关于这一问题，有学者认为，从经济学角度而言，著作权的扩张符合静态效率。追求利益最大化的网络著作权扩张，但从长远来看会阻碍创新。[5] 至于为什么得到扩张，有研究者指出，著作权扩张源于出版商利用自然权利论下的著作权配置理论为旗帜，来实现由传播技术变革带来的利益重新配置。[6] 也有学者认为，正是来自政府和产业界的力量，推动着著作权的不断扩张。[7]

2. 著作财产权静态配置方面

著作财产权静态配置方面主要涉及著作财产权配置主体问题。如作者的范畴、新用途权利配置问题、著作财产权体系的完善等。

---

[1] Jane C. Ginsburg, Tale of Two Copyrights: Literary Property in Revolutionary France and America, 64 Tul. L. Rev. 991 (1989—1990).

[2] ［美］莱曼·雷·帕特森、［美］斯坦利·W. 林德伯格著：《著作权保护的本质：使用者的权利》，郑重译，法律出版社 2015 年版，第 90 – 98 页。

[3] Neil Weinstock Netanel, Copyright and a Democratic Civil Society, 106 Yale L. J. 283 (1996).

[4] 彭学龙：“知识产权：自然权利亦或法定之权”，载《电子知识产权》2007 年第 8 期。

[5] 郑重：“经济学视野下网络版权扩张之反思”，载《中国版权》2016 年第 6 期。

[6] 熊文聪：“后现代主义视角下的著作权的正当性及其边界——从个体权利到基于商谈的共识”，载《政治与法律》2010 年第 6 期。

[7] Mark A. Lemley, Dealing with Overlapping Copyrights in the Internet, 22 U. Dayton L. Rev. 547 (1997).

其一，“作者”范畴的问题。一般而言，作者范畴并无争议。但随着技术与资本加入作品的创作中，使得作者范畴存在不少争议。作者范畴的界定是著作财产权配置的前提，不仅会影响作品的产出，也会影响作品的利用效率。基于不同权利配置哲学基础，不同学者对此持有不同的观点，主要争议点在于是否承认投资者为著作财产权主体。有观点认为，我国应严格确立创作人为作者的原则，法人及投资者不应作为法定作者。[1] 但有观点认为，应当承认著作权产业投资者为作者，这契合著作权产业的发展。[2]

其二，新传播方式著作权配置问题。新媒体的日益快速发展，不断带来新的意想不到的方式传播作品。在法律未规定新传播方式不属于权利人控制的前提下，是否配置权利存在争议。有观点认为，如果立法者有选择地将新的传播方式纳入著作权之中，那么立法者应当更迅速地行动起来，将文学艺术作品的新传播方式纳入著作权的控制之下。[3] 持该观点的学者认为，著作权客体效用的最大化发挥，需要以排他性实现外部性的内部化，对作品这种特定信息设定排他性著作权是有效方式之一。[4] 但也有观点认为，以类物化的财产权观念来保护著作权也会带来另一个问题，那就是著作权的开放模式延伸到他人对作品的任何使用行为时，会造成个人效用与社会效用的冲突，使得著作权法指向社会公共福利目标难以实现。[5]

其三，接触权是否纳入著作财产权体系问题。新技术发展，作品价值的实现方式发生改变，已从间接占用载体到直接欣赏内容。[6] 为了应对此

---

[1] 张昱：“著作权权利归属问题研究”，载《内蒙古大学学报（人文社会科学版）》2006 年第 1 期。

[2] 熊琦：“著作权法中投资者视为作者的制度安排”，载《法学》2010 年第 9 期。

[3] ［美］保罗·戈斯汀著：《著作权之道：从古登堡到数字点播机》，金海军译，北京大学出版社 2008 年版，第 197 页。

[4] 熊琦：“著作权的法经济分析范式——兼评知识产权利益平衡理论”，载《法制与社会发展》2011 年第 4 期。

[5] 李杨：“著作权客体结构中的使用行为——审视著作权法权利作用‘焦点’的一个阐释进路”，载《法制与社会发展》2012 年第 3 期。

[6] Jane C. Ginsburg, Essay: From Having Copies to Experiencing Works: The Development of an Access Right in U. S. Copyright Law, 50 J. Copyright Soc'y U. S. A. 113 (2002 - 2003).

变革，研究者在提出通过技术措施实施来保护著作权以外，还寻求一种突破复制权和传播权为核心的著作财产权体系，以应对这种变革。接触权这一新型模式进入研究者视野中。接触权在网络时代下已然是著作权人控制作品利用人接触的私权，是著作权法不可或缺的重要部分。[1] 但是这种旨在回应网络技术对著作权制度造成冲击而设立"接触权"的观点，一经提出就引发较大争议。反对者指出，这种看似合理的权利，不管是从法律理论的角度还是从权利配置的效率角度而言，很难经得起推敲。接触权既不是现有著作财产权体系中的一项固有权利，也不是对传统著作权法的补充。[2]

其四，著作财产权体系的完善。现行著作权法赋予著作权人包括复制权、信息网络传播权等在内的十余项财产权。这些分离的专有权是为了分配给著作权人对其作品不同用途的控制之权。[3] 在新技术条件下，分散的著作财产权利体系面临困境，而整合分散著作财产权是破解这一困境的有效手段。对此，有学者指出，现行著作财产权体系可以整合为复制权、传播权、演绎权以及应当由著作权人享有的其他权利。[4] 也有学者认为，将现有的著作财产权体系整合为复制权、发行权、传播权、演绎权。[5] 还有观点认为，将现有著作财产权体系整合为复制类权利、发行类权利和传播类权利以及应当由著作权人享有的其他权利。[6] 还有学者认为，将现有著作财产权体系整合为有形利用权、无形利用权、演绎权。[7] 著作财产权体系的整合方案可谓莫衷一是。

3. 著作财产权动态配置方面

著作财产权动态配置的研究方面主要涉及新技术给传统著作财产权授

---

[1] 熊琦："论接触权——著作财产权类型化的不足与克服"，载《法律科学（西北政法大学学报）》2008 年第 5 期。

[2] 刘建："论著作权法中的接触权原则"，载《中国出版》2017 年第 17 期。

[3] Mark A. Lemley, Dealing with Overlapping Copyrights in the Internet, 22 U. Dayton L. Rev. 547 (1997).

[4] 卢海君："传播权的猜想与证明"，载《电子知识产权》2007 年第 1 期。

[5] 王文敏："著作财产权的类型化及其运用"，载《法律方法》2016 年第 1 期。

[6] 陈邵玲："中国著作权体系化的构建方法"，载《法律方法》2015 年第 2 期。

[7] 张今、郭斯伦："著作财产权体系的反思与重构"，载《法商研究》2012 年第 4 期。

权机制带来影响的问题，这其中既包括对自愿交易的影响，也包括对非自愿交易的影响。

其一，新型授权机制争议问题。在市场环境中，作品的创作不在于自己欣赏，而在于传播和利用。通过著作财产权动态配置可以实现作品的广泛传播与利用。然而，新技术会给传统著作财产权动态配置带来困难。传统著作权法是一种选择加入制度，在这种制度模式中，除非著作权所有者明确表示同意，否则权利的默认分配禁止复制受著作权保护的作品。随着新技术的发展，新交易模式不断涌现，一些新授权规则也不断出现。例如谷歌所推出的“选择退出”机制，UGC 模式下的著作财产权变现规则。这些新型授权机制一方面会促进作品的有效利用，另一方面也会引发一些争议。并且随着新技术的发展，不断有新型授权机制的产生，在未有效解决这一问题之前，著作财产权纠纷不可避免会增多。

其二，著作权集体管理组织问题。著作权集体管理组织在著作财产权交易中发挥着重要作用。在统一许可的安排下，作品使用者更容易获得作品使用许可证，其中包括他们想使用的所有材料。当双方交易成本很高的时候，集中许可可以促使市场交易的达成。[1] 著作权集体管理组织具有降低交易成本、“润滑”交易市场的功能。其不仅能够降低著作权人的信息成本与维权成本，而且可以降低使用者的搜寻成本、谈判成本。[2] 随着经济社会的发展，不断有新的商业模式诞生，著作权集体管理组织所呈现的行政色彩，不利于其进行著作财产权交易。加之市场控制力的不断增强，会引起著作权集体管理组织走向垄断，有损公平竞争的市场秩序和社会公众的福利。[3]

其三，著作权非自愿交易问题。我国著作权非自愿交易制度是以传统模拟环境为背景所制定的。以互联网为代表的新技术使著作权非自愿交易制度是否适用于数字网络环境存在争议。如《中华人民共和国著作权法》

---

❶ Robert P. Merges, Contracting into Liability Rules: Intellectual Property Rights and Collective Rights Organizations, 84 Cal L. Rev. 1293 (1996).

❷ 向波：“著作权集体管理组织：市场功能、角色安排与定价问题”，载《知识产权》2018 年第 7 期。

❸ 王洪友：“著作权集体管理的反垄断预防机制”，载《出版发行研究》2018 年第 3 期。

（以下简称《著作权法》）第35条第2款关于“报刊转载”法定许可制度，学界颇有微词。有研究者指出，特定历史时期的报刊法定许可制度已经不合时宜，应当予以删除。❶ 支持这一观点的学者认为，允许此类法定许可制度存在，既不符合公平竞争原则，也不鼓励创新。❷ 当然，也有研究者支持这一法定许可制度的存在，支持的观点主要是以媒介中立为视角。他们认为，著作权人对作品享有的权利仅与创作表现形式有关，而与何种媒介无关，不管是网络环境还是现实环境都应当保持一致性，所以法定许可制度应适用于网络环境。❸ 也有研究者认为，在媒体融合下，重构著作财产权许可制度是传媒产业的最优之选。❹

（二）对国内外研究的评价

梳理国内外学者关于著作财产权配置的研究可以看到，国内外学者对于权利配置问题研究成果较为丰富，这为本书的写作提供了坚实的理论基础和思路借鉴。然而，由于多方面的原因，如问题的复杂性、涉及问题面广，目前的研究仍然存在许多问题与困难，概括起来主要包括以下几个方面。

首先，关于著作财产权配置效率原则的研究较为缺乏。在现有的研究中，虽然有王曦博士《著作权权利配置研究——以权利人与相关者为视角》对著作权配置的专门研究，但是该研究是以权利人与相关者为视角，并没有展开对著作权配置效率原则问题的研究。❺ 除此之外，针对著作财产权配置的专题研究文献并不多见，缺乏对著作财产权配置效率原则系统化、专门化的研究。现有研究要么侧重于著作财产权的静态配置，要么侧

---

❶ 丛立先：“转载摘编法定许可制度的困境与出路”，载《法学》2010年第1期。

❷ 管育鹰：“我国著作权法定许可制度的反思与重构”，载《华东政法大学学报》2015年第2期。

❸ 王青林：“论网络转载摘编作品应适用著作权法定许可制度”，载《中州学刊》2015年第12期。

❹ 蔡元臻：“新媒体时代著作权法定许可制度的完善——以‘今日头条’事件为切入点”，载《法律科学》2015年第4期。

❺ 王曦：《著作权权利配置研究——以权利人与相关者为视角》，中国民主法制出版社2017年版，第169页。

重于著作财产权的动态配置，其并未能将两者结合进行系统化研究。这种研究对于某一问题较为深入，但是由于缺乏对这一问题系统化研究，研究结论的整体性会存在不足。

其次，著作财产权配置效率原则的理论研究需要丰富。这主要包括什么是效率原则、著作财产权配置为何要符合效率原则、效率原则的判断标准为何等理论问题需要进行回答。在现有的研究中，虽然存在著作权配置的概念，但是研究者并未对著作财产权静态配置与动态配置作出界定。虽然也有学者提到著作权配置问题，但是未对其进行总结归纳。也就是说，在这个方面我国著作权理论研究还较为薄弱。事实上，各种具体制度的构建正是因为理论基础研究的不足，导致某项法律制度在适用过程中出现偏差，所以著作财产权配置的基础问题还需要不断深入研究。

最后，著作财产权配置的困境。研究者针对著作财产权配置问题的相关研讨和争议暴露出我国著作财产权配置的薄弱环节和问题，如著作财产权的静态配置观点不一、著作财产权动态配置争议颇多以及新技术所带来著作权纠纷等困境。虽然研究者也提出了一些完善著作权配置的具体建议，但是这种完善建议是否有助于实现著作权制度目标值得商榷。事实上，著作财产权配置是一个较为复杂的问题，不仅关乎许多著作财产权基础问题如著作财产权初始分配，也关乎著作财产权所面临的一些实践问题如 UGC 行为的规制等。不管是著作财产权静态配置还是动态配置，随着新技术发展，诸多困境未能得到有效解决，对于一些问题的研究，仍然没有达成共识。这些由新技术所带来的新问题，需要进一步研究。

三、本书的主要观点及创新之处

本书主要研究著作财产权配置效率问题，并围绕著作财产权配置效率的有关理论与实践问题进行研究。著作财产权配置相关制度包括著作财产权主体制度、著作财产权交易制度在内的著作权制度范畴。本书主要利用法经济学的分析工具，探讨著作财产权配置效率原则，从而为著作权配置制度的完善以及法律的适用提供一套原则与标准。

本书的主要观点为：著作权制度目标包括直接目标与终极目标。著作权制度的直接目标在于促进作品产出及作品传播；终极目标在于作品的广泛传播。在现有的著作财产权配置制度中，因为指导原则的缺陷，使得著作财产权配置制度难以实现著作权制度目标。效率原则能为制度的修正提供标准，最终实现著作权制度目标。

著作财产权配置效率原则是指通过著作财产权配置之后，所得的收益最大化。著作财产权配置分为静态与动态两种方式。相应地，效率也分为静态配置效率与动态配置效率。静态配置效率指著作财产权静态收益最大化，其标准在于作品产出与投入资源构成。动态配置效率指著作财产权动态收益最大化，其标准在于著作财产权交易机制是否节约交易成本促进交易，实现著作权交易收益最大化。

本书的创新之处主要体现在以下方面。

（1）具体研究视角的创新。本书以著作财产权配置为研究对象。在著作权配置制度的研究中，学界主要从单一方面切入，如仅仅是委托作品的著作权归属或者视听作品著作权归属，抑或仅仅从著作权授权许可的方面探讨著作权配置问题。本书通过著作财产权配置这一新视角，对著作权主体制度、归属制度、交易制度进行效率分析，从而全面审视著作权主体制度与归属制度、反思著作财产权的授权机制、解决新技术时代著作财产权配置所面临的问题。

（2）系统化研究的创新。著作财产权配置效率问题的系统化研究是一个比较新颖的研究领域。系统化研究著作财产权配置的效率问题是本书的一个创新。这表现在：本书不仅注重著作财产权配置原则的探讨，也注意运用效率标准解决当前新技术条件下著作权配置制度所遇到的问题；不仅注重运用法经济学作为研究工具，也运用历史分析方法考察著作权配置制度的发展脉络；不仅注重具体问题的解决，也提炼出解决这些问题的一般标准。

（3）交叉学科得出结论的创新。将著作权配置的相关研究，从法学与经济学相结合角度研究，达到交叉学科结合研究的创新。经济学的效率论给全书写作提供了一个很好的思路。在著作权配置效率分析的总结上，归纳出问题并通过法经济学的分析论证得出结论，在理论观点上有所创新。交叉学科得出的观点创新之处在于：第一，在深入剖析著作权客体属性的基础之上，本书得出了著作财产权静态配置与动态配置冲突时，动态配置优于静态配置的结论；第二，本书运用效率标准回答了投资者资本介入作品创作的著作财产权配置问题，这对于视听作品、委托作品、职务新闻作品的著作权归属制度的完善有着一定参考价值；第三，在对现有著作财产权体系完善路径全面分析的基础上，本书提出了“著作财产权体系的总括式 + 传播形式”的规范结构，体现了著作财产权的本质。

四、本书采取的研究方法

德国学者卡尔·拉伦茨在《法学方法论》一书中指出：“每一种学问都必须用一定的方法，或者遵循特定的方式回答提出的问题。”❶ 所谓研究方法是主体认识客体和客观事物，揭示其本质，阐释其一般规律所遵循的一套原则、技巧与程序。本书主要采取法经济学的工具来研究著作财产权配置问题。

就法经济学的研究方法来说，其主要运用成本收益以及经济效率的分析工具。其核心衡量标准是“效率”，据此来对法律问题进行分析，使立法者对法律制度的制定与实施结果得出结论，从而对特定的法律制度安排作出评价。法经济学在一些问题上具有较强解释力。简单化以及提升人们的理解是法经济学分析的主要贡献之一，它能够简化复杂的问题，看到更大的图景，并从具体情况中抽象出一般原则。正如学者所说：“经济学分析方法是一种有用的方法，其能够用科学的方法与实用主义来修正道德论证的不确定性。”❷

著作权法是法经济学分析的天然领域。❸ 首先，法经济学有着显著的

❶ ［德］卡尔·拉伦茨著：《法学方法论》，陈爱娥译，商务印书馆 2016 年版，第 19 页。

❷ 周泽夏：“知识产权法经济分析的理论基础”，载《政法论坛》2018 年第 4 期。

❸ William M. Landes & Richard A. Posner, An Economic Analysis of Copyright Law, 18 J. Legal Stud. 325 (1989).

解释力，其分析的对象涵盖了侵权法、公司法、刑法等几乎所有的部门法领域。著作权配置是促进作品著作权有效产出与分配的一种重要手段，运用法经济学分析更有着其显著的合理性。其次，资源的有效配置离不开经济学理论的支撑。著作财产权配置本质上是通过著作财产权配置的相关制度来实现作品的最大化生产与作品高效利用，可以说，法经济学作为研究工具十分契合著作财产权配置问题研究。最后，随着我国文化产业的日益繁荣，著作财产权授权机制的功能愈发突出，著作权法作为与文化产业最为密切的法律制度，因此暗含了法经济学的价值定位。

事实上，我国许多学者运用法经济学分析工具研究著作权问题。如有学者运用经济学分析著作权的许可使用问题[❶]，还有学者运用法经济学工具研究著作权合理使用问题[❷]，也有学者对作品的独创性概念进行法经济学分析[❸]，另有学者以法经济学的工具研究网络环境下的著作权保护问题[❹]。由此可见，以法经济学的方法来研究著作权问题已经成为众多学者探究著作权问题的重要方法。

五、本书的结构与基本思路

本书分为三个部分：导论、正文和结论。本书正文采取的是总分结构，前四章是理论，后两章是理论运用。

导论是对本书选题的理由论述，国内外关于该问题的研究综述及其评价，对本书的主要观点进行概括以及本书结构与基本思路的阐述等内容。

正文部分的基本思路围绕着什么是著作财产权配置效率原则，为什么要提倡著作财产权配置效率原则，如何配置著作财产权符合效率原则的主线，运用效率原则分析法律规范不足与司法适用的实际问题而展开。

首先，概念的界定是研究的前提。通过界定著作财产权配置的相关概

❶ 杨志祥：“著作权许可使用的经济学分析”，载《学术论坛》2007 年第 7 期。

❷ 黄锫：“著作权合理使用判断的效率标准——法律经济学视角的分析”，载《浙江社会科学》2012 年第 1 期。

❸ 熊文聪：“作品‘独创性’概念的法经济分析”，载《交大法学》2015 年第 4 期。

❹ 赵玥：《网络环境下著作权保护的法经济学分析》，吉林大学 2017 年博士论文。

念，回答著作财产权配置的基本问题以及著作财产权配置法经济分析依据，分析工具等问题，为后文的论述提供理论依据与分析工具。

其次，介绍著作财产权配置效率原则。通过分析效率理论，提出著作财产权配置效率原则。著作财产权配置效率原则在于，权利主体在作品上进行著作财产权配置以后，实现著作财产权静态收益与动态收益的最大化，静态收益在于以最小成本获得最大化的作品产出，动态收益在于著作财产权价值得以最大化。此外论述了著作权配置效率原则对著作财产权两种不同配置理论的修正。

再次，阐述著作权的静态配置效率与动态配置效率。著作财产权的效率原则又分为著作财产权静态效率与动态效率。静态收益对应著作财产权的静态配置，著作财产权配置静态效率是实现著作财产权在创作者、社会公众、委托者、雇用者、投资者之间的有效配置，从而实现作品的最大化产出。动态收益对应著作财产权动态配置，著作财产权配置动态效率在于著作财产权在不同主体动态流转，从而实现作品的高效利用。

最后，运用著作权配置效率原则解决问题。其一，运用效率原则提供的标准解决新利用行为是否积极赋权、新交易方式对传统著作权交易方式突破以及新商业模式的产业发展问题；其二，运用著作财产权配置效率理论提出完善著作财产权配置制度与著作财产权配置配套制度的相关建议，以期对我国著作权制度的完善有所裨益。

结论部分是对全书所论核心问题进行抽象与概括，再次强调了本书的主题，回答什么是著作财产权配置效率原则，为何要适用效率原则，如何配置著作财产权符合效率原则，效率原则下相关制度的完善。

第一章　著作财产权配置的法经济学基础

本章研究著作财产权配置的法经济学基础。著作财产权配置与经济学的联姻源于权利是一种资源。资源需要配置，权利也需要配置。权利配置主体包括公权力主体与市场主体。权利配置以静态与动态方式对权利进行优化组合，实现确认新生权利、促进资源利用、缓解利益冲突的功能。著作财产权配置有着法经济学依据。著作权客体具有私人产品与公共产品的双重属性。著作财产权配置有着经济意蕴与效益之维，不管是著作财产权静态配置还是动态配置，其主要动力源于经济利益，著作财产权配置是克服作品增长动力不足与作品利用不足的重要驱动力。研究著作财产权配置问题，离不开法经济学的分析工具。为此，本书选取最大化与均衡以及交易成本作为研究工具。

第一节　权利配置的法经济学界定

研究对象概念的界定有着重要的意义，因为它是研究的前提与基础。本书以法经济学为分析工具，研究著作财产权配置问题。所以，本节将以法经济学的视角对权利配置的概念进行界定。

一、权利配置的概念

（一）权利是一种资源

人类的生活离不开资源，如人们需要水资源、信息资源来满足自身需求。所谓资源，是指对主体有用（具有效用或使用价值）的事务。资源分为有形资源和无形资源，前者包括土地、矿藏、水、道路、沙子等，后者是指劳动力、有用信息（知识产权客体）权利等。❶ 资源具有有用性，人们可以利用资源实现其效用。当然这种有用性是相对而言的，例如建筑材料沙子，当使用者将它作为建材时，它就是资源，但是当人们身处于沙漠之中时，周围的黄沙就不属于资源。黄沙、土地、矿藏、水是人们日常所见的资源，这些都是有形资源。对于这些资源，人们可以看得见、摸得着。但是，除了此类有形资源以外，还有无形资源。日常生活中，人们经常说某人有一定的资源可以办成此事，事实上这些是智力资源、有用信息等。之所以也将它们划入资源的范畴，是因为它们也具有有用性，能够为资源所有者带来效用。

权利是不是一种资源是值得探讨的问题。权利的意义比较复杂，从法律的意义上来讲，权利主要是权利主体通过法律形式实现其利益可能性的严格规范。❷ 权利是一种作为制度产品的有用资源。它具有资源的特征——有用性。权利能够给其所有者带来利益。例如物权，权利主体可以享有对物权客体的占有、使用、收益、处分利益。再如著作权，著作权主体可以许可他人复制、发行、演绎以获取报酬。人们可以利用这些权利来满足自身需求。也就是说，权利具备资源有用性的特征，它是一种资源。

在学界，许多学者认为，权利是一种资源。科斯在《社会成本问题》中提到，产权也可以像资源那样在不同的主体之间进行配置。❸ 张文显教

---

❶ 张勤："论知识产权之财产权的经济学基础"，载《知识产权》2010 年第 4 期。

❷ 何志鹏：《权利基本理论：反思与构建》，北京大学出版社 2012 年版，第 24 页。

❸ R. H. Coase, The Problem of Social Cost, 3 J. L. & Econ. 1 (1960).

授指出，作为制度的法律是一种资源，这种资源由法律界定与配置。法律资源包括多种类型，其中最重要的一种资源即权利。根据张文显教授的观点，权利资源之所以重要，乃是因为：其一，权利能够为人们带来切实的利益，它是人们实现利益所不可或缺的手段；其二，权利优化配置可以降低交易成本，提升交易效率；其三，权利也是稀缺的，它受到经济结构、物质与精神文明的发展水平所制约。[1]

也有学者进一步分析认为，权利是一种稀缺性资源，它的稀缺性表现在：一是权利作为制度，其供给并非无限，会受到立法成本、时间成本，以及转换成本等限制；二是权利取得可能要支付一定的对价；三是一些权利的稀缺性还会受到权利客体稀缺性的影响。[2] 权利作为稀缺性资源，会以法律的形式，合理的制度安排赋予社会主体，以此来实现降低交易成本、提升社会经济效益的功能。也正因为权利具有稀缺性，才需要研究如何最有效配置，才需要通过法律制度加以保障。[3]

通过上文分析可以看到，权利是一种资源，是一种规范的资源。它能够为权利主体带来利益，具有有用性。但是，权利又是一种特殊的资源，其特殊性表现在以下方面。其一，它不同于一般的资源类型，其本身也是配置权利客体资源的一种规则。例如，对于某一土地资源而言，何人可以享有这一土地资源的权利，取决于如何配置土地所有权。其二，权利需要得到配置主体的承认或认可。例如，两个民事主体签订合同，划定权利与义务关系。在这一情形中，合同当事人需要通过签订合同形式将权利资源在不同主体之间进行配置。其三，权利是一种规范的资源，它能够规范人们的行为。

（二）权利配置的内涵

配置，汉语有两层含义，配，有安排的含义[4]；置，有购置的含义。[5]

---

[1] 张文显：《法哲学范畴》，中国政法大学出版社 2001 年版，第 217 页。
[2] 汪军民：“论财产权利配置的法经济学原理”，载《经济与管理研究》2007 年第 4 期。
[3] 齐爱民：《知识产权法总则》，武汉大学出版社 2011 年版，第 64 页。
[4] 夏征农、陈至立主编：《辞海》，上海辞书出版社 2011 年第 6 版，第 3368 页。
[5] 夏征农、陈至立主编：《辞海》，上海辞书出版社 2011 年第 6 版，第 5801 页。

也就是说，配置意味着两种含义，一是安排，二是购置。具体到权利配置是指权利安排与交易。

之所以有权利配置，是因为权利有限性与需求无限性之冲突，需要权利配置这种机制来化解这种冲突。事实上，包括权利在内的资源均具有稀缺性。对于社会而言，稀缺性意味着社会所拥有的资源是有限而非无限。在社会提供的资源中，社会是难以实现所有人所希望的所有物质与服务。具体而言，不可能每个人都可以购买到最新款手机；不可能每个家庭都能购买到最稀缺的食材；不可能每个人都获取到法律所规定的所有民事权利。总之，社会中的任何人，他想要的每一件物品，均不能够得到满足。易言之，资源的稀缺性会使社会中的每个人难以实现他希望所要达到的最高生活水平。也正因如此，包括权利在内的资源配置显得尤为重要。

权利作为一种资源，权利的稀缺性与权利主体追求权利的无限性意味着需要人们对权利进行优化组合以实现权利的优化配置。而权利又是一种特殊的资源，权利配置有其自身的特点，其特点主要表现为主体的特殊性、规则的特殊性、内容的特殊性。这些特点使其与资源配置通过价格机制在不同主体之间进行调节与配置所不同，也就是说，权利配置有其自身的一套原则与机制。

资源配置论是一般资源配置所遵循的规则，但是权利配置主体的复杂性，使一般资源配置所遵循的规则难以运用到权利配置中。权利配置包括社会公众、权利人、立法者、利益相关人，等等。主体的特殊性使权利配置难以适用价格机制来进行。有鉴于此，权利的配置不应简单套用资源配置论，而需社会提供另一套机制来予以应对，这种机制在于法律与合同。

法律通过立法形式将权利配置给不同的主体，来实现权利资源与权利背后资源的有效配置。社会对权利这种资源进行配置只是手段，而非目的。对于权利这种资源而言，社会通过权利配置来达到权利附着物资源的优化配置。因为任何物质与精神财富的享用都是一定权利的享用。[1] 所以说，法律通过权利化的方式将客体进行优化配置。

---

[1] 吴汉东：“合理使用制度的经济学分析”，载《法商研究》1996 年第 2 期。

权利人通过合同的形式对权利进行动态移转实现权利的优化配置。权利资源得以确立不是目的，权利资源也需要实现其效用最大化。为了实现权利资源效用最大化，权利资源需要在不同主体之间进行流动与转移。以合同方式所进行的权利配置是在不同主体之间按照一定的规则进行配置，以实现权利这种资源的优化。

有鉴于此，本书试图对权利配置进行定义，它是指权利通过法律形式在不同主体之间进行安排以及以合同方式在不同主体之间进行交易的一种制度。简言之，权利配置主要包括两个方面：一是立法者以法律形式对利益以权利化的方式进行确认之后，分配给某一主体；二是权利主体按照一定的规则，在不同主体之间进行配置，以实现权利资源的优化。[1] 也就是说，权利配置指将权利在不同主体之间进行安排与交易，以满足不同主体对权利资源的不同需求，实现资源效益最大化的一种制度。那么权利配置如何实现资源效益最大化，这涉及权利配置的功能问题。

二、权利配置的功能

自权利诞生以来，法律就肩负着对不同主体进行权利配置从而实现利益平衡的任务。这种任务意味着权利配置有确认新生权利、促进资源利用、缓解利益冲突的功能。

（一）确认新生权利

权利指向的对象是利益。权利不会仅仅是一个空洞外壳，权利都会有具体指向。这种指向可以用利益描述它。任何利益的实现都是某种权利的实现，甚至于任何物质与精神利益的享用都是权利的享用。如物权对应物的使用利益，著作权对应作品的利用利益。

权利之所以被视为善，主要因为它与利益联系在一起。[2] 利益表现为

---

[1] 姜桂金：“论我国效力待定合同关系中权利配置的几个问题”，载《商业研究》2002 年第 11 期。

[2] 何志鹏：《权利基本理论：反思与构建》，北京大学出版社 2012 年版，第 27 页。

人们的某种需求。一般而言，正是权利的客体，使得权利人享有利益，如物权的客体，人们是基于物才享有物上的权利利益。随着社会的进步以及技术发展，新的利益客体不断涌现。这些利益之于人们而言有着重要影响，人们迫切地需要获得保护这些利益的权利。

例如，随着个人数据在产业发展中的重要性不断增强，利用大数据技术收集、分析与处理个人数据会涉及个人数据的保护与利用的冲突问题。个人数据保护与利用利益产生了不同于传统法定权利的新型权利需求。被遗忘权、个人信息权、网络信息财产权不断得到确立。[1] 在立法上，法律肯定这些利益的存在，我国《民法典》就对数据、网络虚拟财产予以肯定。由此可见，新的利益不断涌现，基于权利的利益论，权利有着动态性。[2]

权利的动态性意味着法律所规定的权利并非一成不变。法律上的权利会随着社会发展与技术进步而不断增删。在民法规范中，新中国成立以前的民法中存在典权这一权利，但是《民法典》将典权这一权利予以删除。再如在较早的民法规范中，不存在土地承包经营权。随着社会的发展与变革，我国现行民法当中增加了土地承包经营权这一项权利。由此可见，权利有着动态性。

权利的动态性在解决新兴利益的保护方面有着重要的作用。新兴利益是属于未确定权利主体的利益，不同主体对这一权利均持有享有的理由和依据。权利对应着利益，其本质是分配稀缺资源的规则。[3] 为了实现自身利益，理性主体都希望能将这一能够分配资源的权利配置给自己，以实现自身利益。以户外发布权为例，在私人建筑物外墙或屋顶上发布户外广告的收益应如何分配？是将这一新兴权利配置给私人建筑物业主所有，抑或地方政府，这一问题引发了旷日持久的纠纷。[4] 正如学者所说，著作权权

---

[1] 白利寅：“论科技进步与治理转型中的新兴（新型）权利”，载《东方法学》2017 年第 4 期。

[2] 于栢华：“权利认定的利益判准”，载《法学家》2017 年第 6 期。

[3] 宋亚辉：“新生权利的经济解释与法律配置——以户外广告发布权为例”，载《现代法学》2017 年第 1 期。

[4] 沈阳市中级人民法院（2005）沈中民三权终 59 号民事判决书。

利配置是著作权人与使用人之间不断斗争后，一种利益妥协的结果。[1]

可见，随着社会的发展与技术的进步，在产生新的利益时，不管是物质利益还是精神利益，在需要对其进行内化为私人享有时，均需要社会以法律赋权的形式予以确认。这种形式即属于权利的静态配置。所以，新兴利益的权利确认是权利配置的重要功能之一。申言之，在出现新的利益时，权利配置可以有效保护新兴利益。

（二）促进资源利用

权利与权利客体资源的关系在于权利的有效配置可以促进客体资源的有效利用。事实上，包括作品在内的其他资源配置，其实质是资源背后的权利配置。资源不可能让资源本身进行配置，只有通过配置资源背后的权利，才能实现资源的配置。权利与权利客体的关系，马克思有着经典的论述，所有者仅仅占有某物这并不意味着所有者能够从占有该物中受益，因为任何第三人也可以同样再去占有它。但是当所有者将占有的利益确认为占有权利时，才具有意义。[2] 从这个意义上来说，权利配置对于客体资源的利用有着重要的意义。正是在权利规则的作用下，客体资源得以发生转移、占有。

权利是一种资源，也是配置客体资源的有效机制。权利配置可以使客体资源的效益发生最大化。资源需要最大化利用发挥其价值，资源配置是资源最大化利用的题中之义。如同物质资源一样，人们也需要精神产品资源。作品作为人类精神产品资源，著作权客体作品的配置也是其有效利用的题中之义。不管是物质资源还是精神资源，其背后都蕴含人们对于资源背后财富的享用。

也就是说，权利才是人们享有某种资源的特定方式。人们对使用或者获取某一资源的行为，往往只是注意到这一资源的获取与使用。但是这一

---

[1] 李雨峰：“著作权扩张：一种合法性的反思”，载《现代法学》2001 年第 5 期。

[2] 《马克思恩格斯全集》第 1 卷，第 382 页，转引自吴汉东：《合理使用制度的经济学分析》，载《法商研究》1996 年第 2 期。

行为的本质其实是在行使权利。[1] 例如，在手机这一资源的配置上，消费者对手机合法使用的前提是从销售者手中获得手机这一资源的所有权。这种资源配置的过程，是手机的所有权在消费者、销售者和生产者之间进行的动态配置。

事实上，在经济学中，一件产品只要以最小的资源被生产出来，随后被消费者以竞争性价格购买，那么这项产品的生产就会实现价值最大化。但是这并不意味着资源得到了最大化使用。只有通过权利配置，才可以说资源得到了最大化利用。市场环境中，通过竞争实现权利的转移是有效的。在市场机制作用下，权利配置将权利背后的资源从低效率使用者中转移到高效率使用者中，实现了资源的有效利用。也就是说，权利配置会促进作品的有效利用。

（三）缓解利益冲突

在社会中，存在各种利益。一些利益会因为同一客体衍生出两项或两项以上权利，使不同主体存在相互矛盾和抵触的法律状态，引发权利冲突。权利冲突具有权利客体的同一性、权利主体的相异性、权利的合法性、两项或两项以上权利相互抵触性。[2]

在知识产权语境中，知识产权冲突并非权利的真正冲突，而是知识产权与公共利益、他人的合法权益的冲突。之所以如此说，乃是因为在知识产权语境下，一些所谓权利并非法律明确规定的权利，而主要是内含在保护公共利益、禁止权利滥用原则等法律原则中，或者为社会公众其他权利所内含的利益，即法益。[3] 知识产权的冲突与其说是权利的冲突，毋宁说是利益在不同权利之间发生了重合的现象。

利益冲突之所以存在，乃是因为权利的边界具有模糊性。从经验事实来看，一些权利之间很难划清边界。正如一些案件所体现的言论自由与肖

---

[1] ［美］罗纳德·哈里·科斯著：《企业、市场与法律》，盛洪、陈郁译校，格致出版社、上海三联书店、上海人民出版社2009年版，第123页。

[2] 曹新明："论知识产权冲突协调原则"，载《法学研究》1999年第3期。

[3] 李国英："知识产权限制的原因诠释"，载《法治现代化研究》2019年第3期。

像权保护一样[1]，各个主体对其所主张的权利均具有正当性。再如，姓名作为符号的一种，其也会因该符号的利用形式存在多种可能（如姓名权、商业化权）引发冲突，尤其是对于知名度较高的自然人姓名，致使因该符号产生的权利边界往往难以确定，于是同一客体中发生权利冲突不可避免。

权利的有效配置可以缓解权利冲突下的利益冲突。协调和配置某种利益是权利配置目的之所在。不同主体在同一客体利益上的利益冲突，其本质是利益保护或损害对不同主体有着相互性。相互性的解决需要考量哪种损害较小。当法律制度按照一种能够避免严重损害的方式来配置权利，抑或当法律制度按照一种能够使冲突的不同主体利益总和最大化时，在这种情形下，权利的冲突得到缓解。[2] 正如著作权和表达自由权的冲突并非零和博弈的关系，它们常常被视为和谐和互补的概念。[3] 也就是说，通过在不同主体之间的权利配置，一方面实现各自利益最大化，另一方面也在于缓解各自的利益冲突。从这个意义上来说，缓解利益冲突也是权利配置的另一主要功能。

三、权利配置的主体与方式

（一）权利配置的主体

根据是否以制度化形式对权利进行配置的区别，权利配置存在两种不同主体类型，一种是公权力主体，另一种是市场主体。一般而言，公权力行使主体主要包括立法、司法和行政机关等。实践中，主要的公权力主体是立法机关。立法机关通过制定法律，将某一利益予以权利化之后将其配置给某一类主体。例如，关于电影作品的著作权归属，立法机关以《著作

---

[1] 《秋菊打官司》一案，详见苏力：“《秋菊打官司》案、邱氏鼠药案和言论自由”，载《法学研究》1996 年第 3 期。

[2] R. H. Coase, The Problem of Social Cost, 3 J. L. & Econ. 1 (1960).

[3] Pamela Samuelson, Copyright and Freedom of Expression in Historical Perspective, 10 J. Intell. Prop. L. 319 (2003).

权法》的规定将电影作品的著作财产权配置给制作者享有。[1] 也就是说，立法者通过制定法律的形式将电影作品的著作权配置给制作者。公权力配置的特点在于，它是社会以法律的形式将权利规定下来，利用国家权力对权利按照一定原则与标准将权利配置给某一主体。换言之，权利的公权力配置是以法律制度化的方式，实现权利配置。

司法判例也是一种重要的公权力配置主体形式。在英美法系国家，判例制度是其法律文化的集中体现。他们把法律经验视为最高信条。遵循先例原则是判例法直接衍生和逻辑的结果。[2] 就权利配置而言，如果在先前个案判决中存在一种权利配置规则，那么在遵循先例情形下，法院也就通过案件审判实现权利配置。由此可见，公权力配置主体主要是指代表国家行使公权力的立法者与司法者。

另一种是权利配置的市场主体。市场主体是市场上从事交易活动的组织和个人，即资源进入市场的监护人、所有者。[3] 市场主体是通过市场的方式对权利进行配置。权利市场化配置的特点在于其并非以制度化形式来实现权利配置，而是临时对权利进行配置。在资源配置中，市场在资源配置中起决定作用。市场主体借助于市场规律对权利这一资源进行配置。从某种程度上说，权利的市场化配置是市场主体自身对权利行使行为的内在约束。

不同于公权力权利配置，市场化权利配置主体主要是指市场经济活动当中的具体当事人。因为在权利配置语境中，权利的市场化配置表现为意定配置。如在物权领域，权利人以买卖合同的方式实现物权动态配置。例如，生产汽车的公司将汽车卖给消费者，汽车销售者转移所有权，消费者获得汽车的所有权。在这一过程之后，物权原始所有人不再享有物权。在著作权领域中，著作权人与使用人所签订的作品使用权合同，这种合同是以意定方式对权利进行配置。如著作权人可以将其复制权、展览权以合同方式转移至使用者手中，作品使用者获得对作品进行复制与展览的权利。

---

[1] 参见《著作权法》第 17 条之规定。

[2] 杨君："英美法系司法制度的主要经验及其启示"，载《理论探讨》2015 年第 1 期。

[3] 夏征农、陈至立主编：《辞海》，上海辞书出版社 2011 年第 6 版，第 407 页。

可以看出，这种合同的本质是著作权人与使用人之间形成新的权利与义务关系。

由此可见，权利配置并不是单一主体类型，其存在多种类型的配置主体。换言之，权利配置的主体并不限于立法者这一种类型的配置主体，权利配置的主体包括公权力配置下的立法者、司法者，以及市场环境下的具体当事人。

（二）权利的静态配置与动态配置

权利配置方式根据权利状态不同，可分为权利静态配置和动态配置。静态配置主要是立法者以立法形式将某一利益予以权利化之后把这一权利配置给某一主体，其表现为字面上静态权利。动态配置是指权利人通过某种形式使字面上权利发生流转，实现权利动态转移，是动态的权利。权利静态配置与动态配置区别在于：权利静态配置一般是以立法机关作为权利配置主体。权利动态配置是由权利主体与权利利用人之间所进行的权利配置。

1. 权利的静态配置

权利的静态配置包括积极赋权与消极限制。积极赋权是指立法者以法定权利形式将某一利益法定化，并将这一权利配置赋予某一主体的形式。积极赋权主要解决两个问题。第一，利益的权利化问题。如前文所述，权利配置功能之一在于新兴利益的权利确认。权利人个人利益需要通过权利的积极赋权来实现。也就是说，权利配置主体通过立法形式赋权利予某一主体，以实现其个人利益。例如，个人为了实现其住宿利益，购买一栋房屋，根据法律的规定，其对该栋房屋就享有物权。任何人未经许可不得侵害其对这栋房屋的所有权。第二，权利的分配问题。由于不同主体之间在某一客体上都可能享有利益，利益在权利化之后不可避免需要将权利在不同主体之间进行分配。例如，农村土地承包经营权立法者将土地的所有权、经营权、承包权配置给不同的主体。

权利的消极限制在于，社会公共利益不属于特定主体，而属于社会公众，社会公众是一个抽象的概念，但又需要利益的配置。此时，社会公众利益需要使用消极限制来实现，也就是说，权利为了体现社会利益，需要使用消极限制来加以实现。

之所以使用消极限制，源于利益的发展。人们需要各种利益来满足其需求，在人们所需求的利益越来越广泛时，处于同一客体上的不同利益就不可避免地纠缠在一起，造成利益的冲突。在未进入工业社会之前的自给自足的自然经济时代，人们所需求的利益是衣能遮体、食能果腹。在这一时代，法律可以对人们生产的粮食以及其他生产资料（如土地）配置积极的所有权，无须对这些权利进行限制。因为这一时期的积极赋权不会对其他社会公众利益造成损害。各个主体之间对于这些利益并不会产生冲突，人们所要求的利益也比较简单。

但是，随着人类进入工业社会，人们所需求的利益越来越广泛。广泛性利益需求带来不同主体之间利益需求会发生冲突的结果，这表现为个人利益与社会公众利益、个人利益与个人利益的冲突。在个人利益与社会利益的冲突中，法律确定的利益会随技术发展而变化。

在莱特兄弟发明飞机的时期，美国法律坚信，土地所有权的范围不仅限于地表，而且下及地心、上达天宇。当飞机出现以后，这一被前代法学家们所承认的首要原则遇到了考验。1945 年低空飞行的军用飞机导致美国农民考斯的农场所养的鸡由于受惊而撞在墙壁上死亡，给其财产造成了损失，考斯随即向法院提起诉讼，认为政府侵犯了他的财产权。该案最后上诉至美国联邦最高法院，美国联邦最高法院认为，该法有违常理，天空已经变成公共高速公路，私人已经不享有这项权利。❶

权利的配置需要实现多重利益，一方面是权利人的个人利益，另一方面是这项权利所要实现的社会公众利益。人们所需求的利益既复杂且易纠缠在一起，利益冲突使得仅仅通过权利积极赋权难以实现权利设置目的，有必要通过权利消极限制体现社会利益。也就是说，权利配置主体通过积极赋权与消极限制的方式，来实现权利配置的目标。

---

❶ ［美］劳伦斯·莱斯格著：《免费文化：创意产业的未来》，王师译，中信出版社 2009 年版，第XIV页。

2. 权利的动态配置

权利的动态配置是指权利在市场主体之间进行动态流转，它包括临时的，也包括永久形式。临时权利移转主要有权利许可、质押等，永久形式包括权利转让等。权利动态配置有着重要意义，权利只有在动态配置中才能实现它的价值。权利动态配置是将纸面上的权利转变为现实中的权利。社会以法律形式对某项利益确定纸面上的权利，然而，权利如果仅仅停留在纸面，而不进行动态配置，那么就一直是纸面上的权利，权利所有者利益并未得到实现。通过权利动态配置，权利发生了从字面权利到实际权利的转变。也就是说，权利动态配置是实现权利从纸面权利到实际利益的过程。

权利动态配置意味着客体资源得到有效配置。权利本质上是分配稀缺资源的规则。与其说资源是稀缺的，毋宁说资源背后的权利是稀缺的。人类生存无法离开资源，人们需要物质资源来维持生存，如人们在口渴时，需要购买饮用水解渴，在饥饿时，需要购买食物果腹。从权利配置视角观察此种现象，其本质上是在进行权利动态配置。售卖面包主体将其面包所有权转移到买受人手中，发生面包所有权动态移转。在权利动态转移过程中，不管是权利还是客体资源均得到有效利用。

而且，权利动态配置之所以重要，还因为市场上的主体所拥有的权利类型不同。例如，水厂因生产饮用水的行为，拥有水所有权。但是对于该主体而言，拥有水所有权资源只是手段，只有将其交易出去，才能实现它的价值，实现生产水的目的。对于消防设备生产者而言，其可以生产消防设备，而消防设备离不开水。此时，生产水的水厂需要将水所有权进行交易，以使水所有权发挥其效用。

这一现象可以利用经济学中的比较优势来加以说明，比较优势是指一个生产者以低于另一个生产者的机会成本生产一种物品的行为。[1] 具体到权利动态配置中可以看到，生产水资源的水厂在生产水方面有着比较优势，当它因生产拥有水资源所有权时，其将水资源所有权进行转移，以便

[1] ［美］格里高利·曼昆著：《经济学原理》，梁小民、梁砾译，北京大学出版社 2017 年第7版，第59页。

实现水资源所有权的价值。不生产水资源的消防设备生产者其在生产消防设备方面有着优势。对于消防设备厂而言，购买水才能实现其消防设备的有效利用。因此，正是由于各主体对权利资源生产情况的差别，产生了“比较优势”，所以权利应当进行动态配置，以充分实现它的利用价值。

第二节　著作财产权配置的法经济学依据

著作财产权配置的法经济学分析依据体现在著作权客体属性与著作财产权配置的经济学意义之上。与物权客体所不同，著作权客体的公共产品属性导致市场失灵需要提供经济诱因生产具有公共产权属性的作品，著作权客体的私人产品属性需要进行交易促进价值的增殖。由此，著作财产权静态配置与动态配置的经济学意义在于：前者为作品创造提供了经济诱因，后者为实现作品价值提供了经济利益。运用法经济学分析著作财产权配置问题有其合理依据，因为著作权客体和著作财产权静态与动态配置及经济学有着密切关系。

一、著作权客体的产品属性

（一）私人产品与公共产品

私人产品与公共产品是经济学上的重要概念。美国经济学家萨缪尔森最早对这两组概念进行区分。根据其定义，所谓私人产品是由私人享有的产品，公共产品由社会公众享有的产品。[1] 私人产品与公共产品的区分体现在产品的使用与消费上，一般来说，私人产品在使用和消费上既具有排

---

[1] ［美］保罗·萨缪尔森、威廉·诺德豪斯著：《微观经济学》，萧琛译，人民邮电出版社 2004 年版，第 215 页。

他性又具有竞争性。[1] 例如，经济学家讲一盒牛奶具有排他性，是因为牛奶所有者可以阻止其他人喝这盒牛奶，牛奶所有者只要不把这盒牛奶给想要喝这盒牛奶的人就行。一盒牛奶具有消费中的竞争性，是因为牛奶所有者如果喝了这盒牛奶，那么想喝牛奶的其他人则不能喝同一盒牛奶。

与私人物品不同，公共物品既无排他性又无竞争性。公共产品的无排他性意味着市场主体很难将未支付费用的消费者排除在消费范围之外。即便这一主体可以使用一定手段，排除未付费的消费者使用这一物品，但是采取这一手段的成本高于所带来的收益，因而是无效率的。这也意味着，如果不将不付费者排除在外，许多潜在消费者会有“搭便车”的动机。所谓“搭便车”是得到一种物品利益但没有为此付费的行为。[2] 出于利益考量，人们有“搭便车”的动机，如果可以“搭便车”而不用去付费买票，那么此时通过市场调节产品的供给就会出现无效率的结果。

公共产品的无竞争性意味着一个人使用某一资源不会减少其他人使用这一资源。正如一个人对一个创意的消费并不影响其他人对这个想法的可用性。一个创意在被消费时，无论消费它的人有多少，它的数量和质量都不会减少。一个创意只需要创造一次就可以满足消费者的需求，而一个苹果必须为每个消费者生产。这意味着允许一个额外的人使用一个创意的边际成本为零。

经济学家经常使用灯塔作为例子，灯塔用来标出特定的地点，以便过往船只避开有暗礁的水域。它不能排除未支付费用的船只，而只向那些支付了灯塔费用的船只提供服务，并且一艘船只从灯塔提供的服务中获得收益，不会影响其他船只从该灯塔中获取服务的收益。

申言之，公共产品的经济属性使得市场机制往往难以发挥作用，发生市场失灵。在市场中，当某一产品的生产有利可图时，产品生产者才会生产，获取利润意味着需要收取使用和接触这一产品的费用。简言之，如果

---

[1] ［美］格里高利·曼昆著：《经济学原理》，梁小民、梁砾译，北京大学出版社 2017 年第 7 版，第 234 页。

[2] ［美］格里高利·曼昆著：《经济学原理》，梁小民、梁砾译，北京大学出版社 2017 年第 7 版，第 236 页。

一种商品的生产者希望向消费者收取接触和使用费用，那么生产者必须能够禁止他人消费其所生产的商品。如果不能收取费用，那么就意味着生产者没有收益可能，生产者也就不会去生产。

可见，虽然公共产品会给社会带来正外部性，但基于理性人假定，私人市场难以持续地提供公共产品。

（二）著作权客体的双重属性

1. 作品具有公共产品属性

公共产品具有非排他性和非竞争性。作品的非排他性体现在作品一旦公开很难将未支付费用的消费者排除在消费范围之外，特别是在信息传播技术高度发达的当下，作品一旦公开，他人对其复制、传播享有的成本极低。作品的非竞争性表现为作品的无消耗性，作品这种信息不会因消费而灭失。著作权客体的公共属性是著作权制度产生的重要原因，正如学者所言："从本质上而言，著作权法经济学是以公共产品理论为基础的。"[1]

作品公共产品属性使著作权人排斥"搭便车者"的成本极高。例如，作品内容一旦物化到载体中公开，如写作成书，著作权人要想再排除他人不付费的成本就变得很高。著作权客体是关于作品的财产权，著作权客体本质上是一种特定的信息。[2] 信息具有无形性，客体的无形性使其外延有赖于法律拟制。因为客体无形性特点使其生产成本相对较高，但是复制和传播信息成本相对较低，特别是以互联网技术为代表的新技术极大地降低了生产和发行作品的成本。

信息一旦产生并物化到载体中后，本身不具有稀缺性。也就是说，作品的著作权人阻止他人消费一个公开发表的作品非常困难，而这样做的成本取决于场景和技术。如果作者公开这个作品，而不想让其他人获得这一作品，那么权利人将面临因阻止他人获取这部作品而产生的高昂成本。作品因其流动性使保持对它们的独占变得很困难。相比之下，拥有一个苹果

---

[1] David W. Barnes, The Incentives Access Trade off, 9 NW. J. TECH. & INTELL. PROP. 96 (2010).

[2] 戴娜娜："著作权客体本质及其现实意义"，载《电子知识产权》2008 年第 6 期。

独占权并因此而阻止其他人消费它的成本相对较低。从消费者角度而言，信息作为一种资源，不同于汽车、面包等有形物体，具有竞争性和排他性。正如一辆汽车不能同时向两个方向行驶一样，有形物体具有竞争性和排他性，而作品是人类的智力劳动成果，具有无形性，是不具有竞争性与排他性的。

著作权客体的公共产品属性意味着信息的非竞争性，使著作权的福利含义不同于其他形式的产权。也就是说，对于社会而言，仅仅是作品的生产还不够，还需要保证作品得以广泛传播，只有获得广泛传播，作品才能被充分利用，社会福利才得以增长，因为作品的再生产者可以互不干扰地利用现存资源进行创新。不同于有形物体资源再生产，作品的再生产不会产生消耗，并且，再生产所获得创新作品又以同样方式进入下一轮作品生产中，以此往复形成几何倍数增长。

2. 著作权客体的私人产品属性

著作权客体的私人产品属性主要体现在著作权客体的供给上。著作权客体本质上是一种信息。从信息的无形性的特点来看，不可否认信息具有非稀缺性特点，但这并不意味着信息供给无限性，特别是对于作品这种信息供给而言更是如此。因为作品的产出需要大量资源投入，如果作品产出得不到回报，那么作品的供给会受到较大影响。

作品的权利化有助于提升作品供给，权利界定会影响客体资源配置。将作品利用控制之权界定为私有，有利于著作权客体资源产出。一个博弈矩阵可以描述此种现象，假定有一条信息，人们使用后可以获得相当于100 元的费用，提供该条信息的人承担了 50 元的费用。如果使用者需要使用该条信息，需要承担 50 元的费用。假定存在 3 个潜在使用者使用这一信息，如果某甲支付，另两个人也支付，则每个人在支付 50 元的费用的情形下，总共获得了 150 元的利润，而生产者整个收益为 100 元。但是如果仅仅只有甲支付，其他人都选择“搭便车”，由于没有足够的费用，那么这条信息无法提供。如果某甲出于私利出发也不支付费用，那么结果就是不存在信息供给。

这一现象表明：如果作者想实现收支平衡，他们对作品收取的价格必须首先支付生产该作品所需的一部分固定成本（通常称为第一次复制成本）以及销售特定版本的增量成本（经济学家称为“边际成本”）。如果允许第三方自由复制，将使这些第三方压低原创作者的价格，那么这些第三方收取的价格只需要支付制作额外副本的成本，而不需要包含任何盈余来支付作者产生的第一份副本成本。

易言之，如果人人都想免费使用信息，那么最终结果就是没有信息可以使用。社会需要激励更多的作品被生产出来，解决此类问题的方法为：将作品外部性问题内部化，赋予著作权客体一定的排他性。通过法律手段赋予作品排他性所有权，其他人必须有偿地使用作品。社会通过立法方式设定客体的排他性控制权赋予作者，有助于实现这一目标。如果不能以低廉的价格将他人排除在资源消费之外，那么市场可能无法满足消费者对资源的需求，生产者也无法从消费者那里收回成本。也正因如此，著作权客体具有私人产品属性。

通过分析可以看到，著作权客体是一种既拥有公共物品属性，又拥有私人属性的资源，前者在于著作权客体无形性的物理属性，后者是因为社会通过赋予权利的形式使其产生的私人产品属性。这意味着著作财产权配置存在一些不同于其他权利的特点，其既要克服作品创作动力不足的问题，也要提升作品的有效利用。

二、著作财产权配置的经济意蕴

著作财产权配置的经济意蕴体现为著作财产权静态配置的主要动力源于经济利益，著作财产权动态配置的驱动力源于经济利益。

（一）著作财产权静态配置的主要动力源于经济利益

著作财产权静态配置的主要动力源于经济利益。通过立法来确认新兴利益并赋予权利是权利配置的功能之一，易言之，立法者制定法律规范确认创作者所创作的作品因被商业性使用而产生的利益。著作权制度发源于欧洲，从其历史发展而言，经济利益的诱因是著作权静态配置的主要动力。权利指向于利益，著作权制度的产生原因之一在于对文学、艺术和科学作品的商业性使用可以带来利益，而这一利益需要通过权利界定。在文学、艺术和科学作品上界定权利，源于印刷技术的推广与一定的社会环境。三百多年前的欧洲，就社会环境而言，是科学技术发达和文化繁荣的景象，新的产业部门图书出版蓬勃发展，给出版商带来较为丰厚的利润，然而在这一时期，不法盗版商的盗版行为却给诚实出版商的利益造成极大威胁。

出版商为谋求其合法利益不被侵犯而寻求政府帮助，英国政府为了迎合出版商利益以及出于对出版物思想内容控制的需求，实行了出版特许证制度。[1] 在印刷技术以及政府法令推动下，出版商印刷特权盛极一时，出版商也因此获取了不菲利益。与出版商在出版书籍当中获取大额利益所不同，作为书籍的作者却未能收获利益。除了出版商无视作者利益之外，作者的利益也未能出现在政府的视野中，作者俨然是出版特许制度的局外人。

伴随着人们权利意识的觉醒与提高，人们逐渐认识到书籍等文学艺术作品的作者才是创作的源泉。作者地位得不到确立，不仅是出版商的利益难以长久，即便是书籍出版特权保护得再充分也会成为无源之水。[2] 在这一背景下，社会中要求保护作者的声音也与日俱增。

在保护作品作者权的呼声日益高涨，加之封建特许的形式难以适应新的生产关系的情况下，著作权法产生的客观条件已经成熟。在 1709 年秋，出版商提议制定著作权法以区别于《许可法案》。这一次尝试获得成功，1710 年英国议会通过了世界上第一部版权法《为鼓励知识创作而授予作者及购买者就其已印刷成册的图书在一定时期内之权利的法》，也称《安娜法》。[3]

---

❶ ［美］马克·罗斯著：《著作权的起源》，杨明译，商务印书馆 2018 年版，第 45－51 页。

❷ 郑成思：《著作权法》（修订本），中国人民大学出版社 2009 年版，第 12 页。

❸ 《安娜法》主张作者是第一个应当对作品享有无形财产权的人，该法被认为实现了由主要保护出版商到主要保护作者的历史性飞跃。该法授予作者的著作权即是对特定的作品制作印刷复印件的权利，以及阻止他人擅自印刷、翻印或出版作者的印刷复印件的权利。也就是说，所保护的权利限于复制权。

《安娜法》主张作者享有对作品的著作权，在这一时期权利保护内容主要限于复制权。随着人类认知水平不断提升，技术不断发展，技术增加了开发作品的可能性，权利人可以通过增加排他性权利而从中获利。在新技术推动下，新的著作权权能不断产生。

在19世纪，以电磁波发展起来的广播技术、以电子技术发展起来的电视技术的广泛应用增加了作品的传播方式，也产生了新的传播产品。在此背景下，《伯尔尼公约》数次作出修订。1928年电影、无线电广播、1948年电影、无线电广播；1967年，电视。[1] 在此基础上，各国立法者也通过法律修订的形式增加新的权利类型（广播权、广播者权）来回应新技术应用给作品传播市场带来的变化。随着商品经济的发展，发行权、连载权、改编权均纳入著作财产权体系中。著作权内容也随着国际交往的发展而扩大，发展出翻译权。[2]

20世纪90年代，随着网络技术的发展，利用信息网络这一媒体形式传播作品在实践中大量存在。互联网传播的特点在于可以实现与广播不同的交互式传播。对于这一新型传播《伯尔尼公约》并未提及。为解决这一问题，世界知识产权组织通过的《世界知识产权组织版权条约》（WCT）第8条提供了一个伞形解决方案，允许各个成员自行决定以各种专有权来控制交互式传播行为。著作权内容从单一权利发展到现在各国立法中的多项权利。[3]

著作权制度发展历史表明，著作权静态配置的主要动力源于经济利益。在技术发展、传播市场变化、国际交流的背景下，新兴的利益不断产生，立法者需要对这些利益予以权利化，从而激励文学、艺术作品的创作。最后，著作财产权内容不断扩张与完善，这也印证了著作财产权静态配置的功能之一在于对新兴权利的确认。

---

❶ ［匈］米哈依·菲舍尔著：《著作权法与因特网》，郭寿康等译，中国大百科全书出版社2009年版，第4页。

❷ ［澳］布拉德·谢尔曼、［英］莱昂内尔·本特利著：《现代知识产权法的演进：英国的历程》，金海军译，北京大学出版社2012年版，第140页。

❸ 例如，我国《著作权法》规定了多达17项财产权利。

（二）著作财产权动态配置的驱动力源于经济利益

没有传播也就谈不上权利，作品生产者的财产权利是通过作品传播环节来实现的。[1] 作品并非自发传播，它需要一定的驱动力才能进行。作品创作者将作品创作出来以后，需要传播者进行传播以实现其价值。一般而言，传播者传播作品需要得到著作权人同意，传播者既可以通过许可方式，也可以通过作品转让的方式。[2] 著作财产权动态配置是实现作品广泛传播的主要方式，因为作品上设置了排他性专有权，而排他性专有权是保障创作者利益的主要方式。

作品作为精神产品，其生产的目的同样是交换。只有经过交换，个人才能获得各类物品的最佳组合，达到效用或利益最大化。比如说，网络小说的创作者将网络小说的改编权许可给电影公司之后，如果改编所形成的电影取得巨大成功，那么不仅是作品创作者获得利益，作为改编者的电影制片公司也会获得利益。在这一过程中，著作财产权会随着交易和流转产生收益，从而实现著作权人的利益，收回其成本。

著作财产权动态配置中，权利人可以在这过程中取得经济利益。在市场环境下，作品具有较大的经济价值。许多创作者基于作品创作获取了巨大的经济利益。据 CNBC 估计，J. K. 罗琳单独从《哈利·波特》系列的书籍销售中赚取了超过 10 亿美元的版税。假设标准的 15% 版税，她也可能从《哈利·波特》电影以及神奇野兽电影的利润中获得数亿美元。[3]据报道，在 2017 年公布作家版税收入中，一些网络文学作者版税收入高达上千万元甚至上亿元，如网络文学作者唐家三少 1.22 亿元、天蚕土豆 6000 万元，我吃西红柿 5000 万元。[4]

---

[1] 徐仕敏："知识流动的效率与知识产权制度"，载《情报杂志》2001 年第 9 期。

[2] 当然，在有些情形下，法律也会基于一定的立法目的，而直接规定传播者可以享有传播作品的权利。

[3] 佚名："你知道 JK 罗琳为写'哈利波特'书籍赚了多少钱吗?"，载 https://baijiahao.baidu.com/s?id=1613632491295159608&wfr=spider&for=pc，最后访问日期：2020 年 1 月 3 日。

[4] 佚名："2017 年网络作家收入大曝光，有人单靠版税就过亿，郭敬明笑而不语"，载 http://dy.163.com/v2/article/detail/D7AEL5660517QDBV.html，最后访问日期：2020 年 1 月 3 日。

作品的创作者基于著作财产权动态配置取得经济收益，著作财产权动态配置的受让人也因为经济利益驱动而与著作权人进行著作权交易，从而获得经济利益。例如，网络小说《盗墓笔记》改编权的受让人取得了巨大的商业利益。2017 年，爱奇艺向欢瑞世纪独家定制《盗墓笔记 3》，为此支付了 2.88 亿元。这成为欢瑞世纪收入的主要支撑。如 2017 年电视剧《盗墓笔记》之《蛇沼鬼蜮》《阴山古楼》《邛笼石影》《谜海归巢》为其带来 6792 万元的收入。2018 年《盗墓笔记》第二季给欢瑞世纪带来的营收为 2.36 亿元，占当年主营业务收入的比例为 17.75%。[1]

经济利益是著作权动态配置的重要驱动力。没有著作权动态配置就没有作品传播，没有作品传播就没有经济利益。没有经济利益就没有著作权。这就是所谓的“无传播则无利益，无利益则无权利”，传播与利益始终是著作财产权的核心价值。[2] 作品生产者的财产权利正是通过知识传播环节，通过著作权交易来实现的。[3] 作品传播者也是通过作品传播来获取商业利益。

也就是说，在市场经济中，除了有形产品生产具有商品属性、在市场中进行交易之外，以文学、艺术和科学作品等无形产品的生产也同样如此。无形产品的商品属性已然使其成为市场交易的重要标的，并且作品这种无形产品作为商品在市场中进行交易是作品从低效益到高效益的价值增值过程。这种交易不仅会实现权利人的利益，也会推动经济的发展。特别是现代经济中，文化产业的发展已然成为一国经济重要的增长动力。

通过以上分析，可以看到，著作财产权配置有着重要的经济意蕴。一方面，在传播技术的推动下，出版商为了实现与保护作品上的利益，出版商寻求的著作权静态配置得以产生；另一方面，在市场机制作用下，著作权人与作品使用者为了作品上的经济利益，著作权动态配置得以进行。

---

[1] 雨茜：“‘盗墓笔记’ vs ‘鬼吹灯’：顶级 IP 影视改编的商业启示”，载 https://baijiahao.baidu.com/s?id=1635871041187581058&wfr=spider&for=pc，最后访问日期：2020 年 1 月 3 日。

[2] 孙昊亮：“网络著作权边界探析”，载《知识产权》2017 年第 3 期。

[3] 徐仕敏：“知识流动的效率与知识产权制度”，载《情报杂志》2001 年第 9 期。

三、著作财产权配置的效益之维

著作财产权配置的效益之维在于，著作财产权静态配置是克服作品增长动力不足的重要手段，著作财产权动态配置是克服作品利用不足的重要手段。

（一）著作财产权静态配置克服作品增长动力不足

著作财产权静态配置可以为作品产出提供激励，以解决作品产出不足的市场失灵问题。作品的公共属性使著作权人很难排除他人使用、复制作品，如此一来，那些提供作品的人往往发现很难将这些好处留给自己，会引发供给不足市场失灵。虽然著作权客体具有私人属性，但著作权客体是人为拟制信息稀缺性。也就是说，作品的无限性并不等于作品供应的无限性。[1] 事实上，作品供应不是无限的，是稀缺的。稀缺资源要支付费用才能获取。

当然，人们都希望作品是免费的，因为作品一旦产生，复制、分发和重新组合都很便宜。但是从某种意义上来说，作品想要变得昂贵，因为对于作品生产者来说，要收回他们的固定创造成本，他们需要来自竞争市场的低边际复制成本。[2]

考虑下面的例子，甲是一位崭露头角的小说家，他计划以 1000 元的初始成本（被称为“表达成本”）写一部小说。甲希望一旦他的小说完成，他只需花费 10 元就可以把它复制出来发行出去，甲的作品有 10 个潜在买家，有出价 200 元的乙，也有出价 110 元的丙，这些潜在买家对小说出价均不相同。如果甲以每本 110 元的价格卖出 10 本小说，他将收回最初的表达成本和边际成本（每增加一本书的印刷成本）。

不幸的是，对于甲来说，他不太可能收取这个价格，因为一旦他把一

---

❶ 宁立志：“知识产权权利限制的法经济学分析”，载《法学杂志》2011 年第 12 期。

❷ Matthew J. Sag，Beyond Abstraction：The Law and Economics of Copyright Scope and Doctrinal Efficiency，81 Tul. L. Rev. 187（2006）.

份复制件卖给他的第一个客户丙时，乙也能够制作复制件，并将其制作的复制件卖给其他客户。乙的表达成本为零，因为他没有写小说，所以甲可以通过以高于他的边际复制成本的任何价格出售来获利。如果甲不能阻止乙的“搭便车”行为，那么他会放弃成为小说家的想法，转而追求另一种职业，这对于甲和他的顾客而言，都不是一个理想的结果，对社会而言也是一种损失。

甲的故事说明了创造作品专有权，特别是著作权的经典经济学原理。如果没有法律上的排他性，甲的竞争对手将面临比他更低的小说平均制作成本，而立法者通过设定著作财产权可以防范大规模的“搭便车”行为。“搭便车”的人希望能够从作品的创作和发行中获取收益，又不愿承担作者已经支付的成本。由于无法廉价地识别和排除非付费使用者，再加上初期生产的固定成本高和最初的再生产成本低，会给投资者带来风险，私人市场很难提供具有公共产品属性的作品，最终造成供应不足的市场失灵。因此，如果没有某种机制来适当收回其投资的成本，基于成本与收益分析，创作者在生产信息产品方面的投资就会不足。

最初提出信息经济学的经济学家也认为，私人市场对信息的产出往往少于有效的数量。❶ 这是因为一个非管制的市场对智力劳动下的原创作品，如科学、书籍和画作，往往是供给不足的。该经济学家指出，解决此类市场失灵一般存在四种途径：一是政府对艺术和科学的生产给予资助；二是企业家或者慈善家的捐赠活动；三是企业以商业秘密的信息对此类信息加以保护；四是运用知识产权制度。❷

在经历权衡之后，知识产权法律制度被用来解决此类市场失灵，著作权将信息转化为产权。❸ 一个以产权为导向的权利所有者，是一个关注市

❶ ［美］罗伯特·考特、托马斯·尤伦著：《法和经济学》，史晋川、董雪兵译，上海三联书店、上海人民出版社 2017 年第 6 版，第 105－106 页。

❷ ［美］罗伯特·考特、托马斯·尤伦著：《法和经济学》，史晋川、董雪兵译，上海三联书店、上海人民出版社 2017 年第 6 版，第 105－106 页。

❸ Pamela Samuelson, Information as Property: Do Ruckelshaus and Carpenter Signal a Changing Direction in Intellectual Property Law, 38 Cath. U. L. Rev. 365 (1989).

场竞争威胁的人，因此会迅速反对衍生品和其他潜在竞争产品。[1] 所以立法者通过设定著作权以防止“搭便车”行为，进而激励作品的生产。如果著作权静态配置未能形成一个有效率的权利配置，那么知识产品的需求者会滋生“搭便车”的机会主义倾向。

上文分析表明，著作财产权静态配置使作品外溢所导致的作品配置效率损失得以内部化。著作权客体无形性需要拟制排他性来加以解决。法律具有强制性特征，在作品上设置著作财产权，可以获得法律强制力保障。著作权客体载体的虚置性使作品无法以实体控制的方式进行保护，只能施以强制力赋予权利，以确保权利人对作品的所属关系。[2] 在法律强制力的保障下，作品创作者可以要求作品使用者在使用著作权人作品时进行付费。如此一来，作品的收益可以内化为创作者，以此来激励创作者创作作品。这会解决作品由私人供给动力不足的市场失灵问题。也就是说，通过合理权利配置，私人是可以有效地生产具有公共产品的属性的客体资源。[3]

（二）著作财产权动态配置克服作品利用不足

资源只有放置于能实现其价值的主体手中才能实现其效用最大化。正如垃圾并不是无用资源，它只是放错了地方，当垃圾放置于垃圾发电厂手中时，它能够被发电厂实现它的利用价值。易言之，资源利用不足问题在于不同主体的利用效率有所不同，如果放在利用效率较高的主体手中，那么资源利用会有效率，反之亦然。

与包括垃圾在内的有形资源不同，传播是使该作品有效利用的前提。作品得以广泛传播，那么作品才可能得以有效利用，因为作品是以思想体现的社会生产要素，具有易传播的特性。作品传播是信息流动的关键环节，其实质是沟通信息生产和作品利用的中介，并且这个中介的效率是制约信息流动效率的瓶颈因素。

---

[1] Mark Rose, Property and Propriety: A Response to Copyright as a Property Right, 9 UCIrvine L. Rev. 489 (2019).

[2] 张耀辉：“知识产权的优化配置”，载《中国社会科学》2011 年第 5 期。

[3] Harold Demsetz, The Private Production of Public Goods, 13 J. L. & Econ. 293 (1970).

这种因素源于作品是一种由存量资源和增量资源构成的系统。[1] 作品创作离不开既有要素，不管是借用既有体裁形式、思想观点，还是参考他人的艺术风格、作品情节、结构，使用者利用既有要素进行的创作行为不是剽窃，而是创作本质[2]，如语言本身就是一种知识。如果撰写一篇论文还必须自己重新发明一套语言体系，不但创作成本极高，而且传播成本也极高，远不如在现有的语言基础上进行更为节省成本。

当然，这一切需要建立在信息的传播前提之上。如果没有作品的传播，人们难以知道这些信息，那么人们别说创造新信息，连获取信息的机会都没有。所以说，只有信息的广泛传播，才能解决作品利用不足的问题。作品的传播可以只在生产者内部进行，但更常见的是采取社会传播的方式。社会传播方式包括著作权动态配置与著作权其他制度。易言之，著作权法上有多种制度保障作品的有效利用与传播。

著作权动态配置是作品有效利用的重要方式，因为对于作品而言，它的传播有其自身的特点。作品的公共产品属性使得任何人利用某一作品不会影响到其他人利用这一作品。从这个角度来说，作品无须对其他人进行限制，而应当给予任何人利用该作品。

但是上文已经表明，不对作品进行法律拟制的排他性会影响作品的供给，造成作品供给不足，所以作品的传播与利用是要建立在保障供给的前提之下。社会要保障作品的供给意味着需要创作者因作品的创作获得激励，著作财产权动态配置可以做到这一点。市场环境中，大多数作品的创作并不是满足自我需求，而是旨在满足市场需求，以实现其利用价值。[3] 也就是说，在社会生活中，著作权人除自己使用作品外，作品的利用一般是发生在权利人以外的人使用作品的行为。

著作权是法律赋予的基于作品的权利，作品的著作权不同且独立于作

---

[1] 王坤："作品概念的科学建构及其在著作权法上的意义"，载《知识产权》2010 年第 6 期。

[2] Jessica Litman，The Public Domain，39 Emory L. J. 965 (1990).

[3] 熊琦："著作权许可的私人创制与法定安排"，载《政法论坛》2012 年第 6 期。

品本身。[1] 著作财产权静态配置虽然有助于激励作品的创造，但是在一定程度上却有可能阻碍作品的传播。著作权是对作品利用行为控制之权，著作权人享有对现有技术下的大多数作品利用方式的控制之权，如复制、发行、表演、信息网络传播、改编作品等行为。[2] 使用人若想要使用作品，需要向权利人获得许可。所以说，著作权动态配置是提升作品传播的有效手段。

作为民事权利，著作财产权的各项权能可以依法分离，通过合同的方式许可他人在一定期限、范围以及以一定方式行使。[3] 著作财产权从诞生之初就是如此。著作权制度诞生之初，作者创作作品，作品若想获得广泛传播，需要将作品的复制权转让给出版商。因为对于作者而言，仅仅是为了一部作品而付出高昂的印刷成本、出版成本是不经济的，另外，当时作品的传播技术掌握在出版商手中，没有出版商的支持，作品很难获得传播。

但是对于出版商而言则不同，出版商不仅掌握了传播技术，还有雄厚的财力和动力去出版作品，而且出版作品是一项获利颇丰的产业，出版商有动力去出版作品。出版商出版图书一方面会给其带来利润，另一方面也会推动作品的广泛传播。伴随着技术的发展，一些商业模式不断涌现，泛娱乐化概念的提出，作品著作财产权的转移更是日益频繁。也就是说，通过著作财产权动态配置，会实现作品更广范围的传播，从而最终推动作品的有效利用。

综上所述，著作财产权配置的法经济学依据体现在著作权客体、著作财产权静态配置与动态配置之上。著作权客体的双重属性依赖于著作财产权静态配置与动态配置。著作财产权静态配置克服作品动力不足，其主要动力源于经济利益；著作财产权动态配置克服作品利用不足，其驱动力源

---

[1] ［美］莱曼·雷·帕特森、［美］斯坦利·W. 林德伯格著：《著作财产权保护的本质：使用者的权利》，郑重译，法律出版社2015年版，第98页。

[2] 余俊："著作财产权的权利束体系及与作品的对应关系"，载《知识产权》2011年第1期。

[3] 李永明、钱炬雷："我国网络环境下著作权许可模式研究"，载《浙江大学学报》（人文社会科学版）2008年第6期。

于商业利益。从这个意义上来说，著作财产权配置与经济有着密切的关系。

第三节　著作财产权配置的法经济学工具

法经济学分析是以“成本—收益”及收益最大化作为衡量标准对法律进行分析。“成本—收益”作为一种分析工具，广泛运用到各种决策中。[1]在权利配置中，运用成本收益分析，选择最优方案。其理论目标是通过对权利不同安排实现权利的优化配置。经济学与法学的联姻源于交易成本，交易成本揭示了产权与制度的联系，交易成本的存在使权利配置需要克服过高交易成本以使权利价值最大化。

一、最大化与均衡

在法经济学分析工具中，最大化无疑是一个重要的概念。最大化这一分析工具被用到许多领域中，正如经济学家常常假设每一个经济主体都会促使某些东西最大化。如作为物品的消费者，他们会追求物品的效用最大化；作为生产物品的企业家，他们希望其投入的资本能够获得利润最大化；作为提供服务的政府部门，他们希望财政收入最大化。这些现象被经济学家称为最大化假设。[2]

根据最大化假设，它不仅要求经济活动中的每一行为收益都能超过成本，而且要求每一行为扩展的边际成本与边际收益要相当。这也意味着行为人永远不会满足，并且将竭力去追求净收益最大化或者成本最小化。最大化原则并不是说每个人都是理性人，最大化假设只是强调行为人是满足

[1] 郭振杰、刘洪波：“经济分析法学方法论的贡献及局限”，载《现代法学》2005 年第 3 期。

[2] ［美］罗伯特·考特、托马斯·尤伦著：《法和经济学》，史晋川、董雪兵译，上海三联书店、上海人民出版社 2017 年第 6 版，第 13 页。

自身行为的最佳判断者，这也为法经济学的实证研究与预测奠定了基础。

与最大化密切联系的是均衡。所谓均衡，它源于物理学概念，是指除非受到外力影响，各种相互的力量维持一种不变的格局。[1] 在经济行为中，包括个人与组织在内的市场主体实施最大化行为时，这些互动行为会导致一种均衡。均衡状态下生产和资源配置是有效率的。均衡的成立核心是市场主体的市场行为不是垄断而是完全竞争的。易言之，如果存在市场失灵，可能会导致均衡无法实现。

选择最大化与均衡作为著作权配置研究工具，主要有以下理由：

其一，任何社会行为都需要追求一定的结果，评价某一结果的好坏需要一个参考系。经济学中的最大化与均衡为著作财产权配置提供了一个参考系。所以，最大化与均衡是一种重要的分析工具。它能够为著作财产权配置提供一种参考系，以指导著作财产权配置。权利配置也存在成本与收益，如何以最小的成本去配置权利，获得最大的收益，这需要对权利配置进行成本收益分析。权利静态配置在于将权利配置予某一主体，将权利配置予某一主体的成本如何、收益如何需要进行分析，经过分析后从而得出某一结论。

其二，最大化的结果是通过成本与收益的分析所达成的，成本与收益分析在于理性人追求效用最大化。经济学方法研究法律问题，离不开成本与收益的分析工具。理性人从事某一行为是追求利益最大化，而利益最大化的追求需要进行成本收益分析。最大化是要以最小的成本获取最大的收益。著作财产权配置的成本在于，作品的生产需要投入资源，包括智力资源、资本资源等；著作财产权交易也存在大量的成本，一个无交易成本的世界是不存在的。著作财产权配置的收益在于静态收益与动态收益。著作财产权配置的静态收益在于通过著作财产权的静态配置激励作品的产出，获取作品的收益。著作财产权配置的动态收益在于通过著作财产权的动态配置减少交易成本，促进作品的效用最大化，获得作品高效利用的收益。在著作财产权配置中，作品上利益存在诸多利益相关者，为此，著作财产

---

[1] ［美］罗伯特·考特、托马斯·尤伦著：《法和经济学》，史晋川、董雪兵译，上海三联书店、上海人民出版社 2017 年第 6 版，第 14 页。

权配置应进行成本收益分析，以实现各个主体利益的最大化。

二、交易成本

在经济学渗入法学研究中，交易成本有着重要的作用。交易成本揭示了制度与产权之间的内在联系。[1] 交易成本是解释法律制度的经济本质及其演变过程的重要范畴。[2] 交易成本是新制度经济学和经济分析法学的基础理论。制度经济学认为，市场机制运行需要成本，交易本身也存在交易成本。交易成本是在契约交易中发生的搜索成本、谈判成本与执行成本等，正如张五常所指出，“交易成本包括一切不直接发生在物质生产过程中的费用”。[3]

交易成本理论首先由科斯教授在《企业的性质》中提出，这也被认为是经济学方法运用到法律研究中的关键一步。随后，新制度经济学家逐步把交易成本这一工具运用到诸如代理、寻租、外部性等问题的研究中。为了丰富交易成本理论，科斯教授在《社会成本问题》中进一步充实了该概念，其中重要的内容之一是关于权利边界问题。[4] 在这篇文章中，科斯教授除了丰富交易成本的内容之外，还提出了著名的科斯定理。

选择交易成本作为著作权配置研究的工具，原因在于：

其一，在资源配置中，经济学家通常运用交易成本来分析资源配置问题。权利作为一种重要的资源，要想实现其最优配置需要考量交易成本。因为根据科斯定理，交易成本会影响产权的界定。当交易成本为零时，无论产权在法律上如何安排，私人谈判会促使资源得以最优配置，这是因为通过谈判的交易是有效率的。当交易成本较低时，资源的有效配置是潜在的资源使用者主动寻求财产所有者谈判，随后双方自愿达成交易。

交易成本为零的假设显然是不现实的。在现实世界中，交易成本不仅

---

❶ 周林彬：“法律经济学基本范畴探析”，载《暨南学报·哲学社会科学版》2006 年第 5 期。

❷ 冯玉军：“法律的交易成本分析”，载《法制与社会发展》2001 年第 6 期。

❸ 张五常：“交易费用的范式”，载《社会科学战线》1999 年第 1 期。

❹ R. H. Coase, The Problem of Social Cost, 3 J. L. & Econ. 1 (1960).

不可能为零，有时甚至会很高。由于交易成本并不为零，有时甚至超过交易本身带来的利益或高到交易各方难以承受，便会存在一些市场失灵的情形。由于交易成本的存在，使得制度与交易产生了联系，也即法律应在静态配置权利上使交易成本最低化。如果市场交易成本过高而抑制交易，那么权利应赋予那些最珍视它们的人。法律应该明确界定和维护当事人权利，以使社会资源配置能够达到最优点。所以，法律供给要与社会对法律的有效需求相一致。

其二，在权利动态配置中，不同的当事人对于权利的不同估价是权利发生交易的源泉。交易成本过高会影响著作财产权的动态配置。虽然一些交易依赖于交易成本，但是如果不考虑交易成本，那么存在较高交易成本的交易是无效率的，它会造成社会资源的浪费。当交易成本足够高，从而阻止谈判的进行时，资源的有效使用取决于权利如何配置。在不同的法律和法律规范下，交易成本的高低不同。法律应当以交易成本最低为原则，不断地重新配置权利，实现资源的有效使用。法律权利的不同界定，会带来不同效率的资源配置。法律制度的存在之所以必要，关键在于它能节约交易成本。由此，不同的法律制度蕴含不同的效率实现程度，一种法律制度可能优于另一种法律制度。交易成本是研究者研究著作财产权配置的有效工具。

小　结

权利配置源于经济学中的资源配置。在本章中主要回答了三个问题。其一，权利配置相关概念的界定问题。权利配置是对权利进行优化组合以实现某种目标的制度。权利配置的功能在于确认新生权利、促进资源利用与缓解利益冲突。它包括著作财产权的静态配置与动态配置，前者是指立法者以法律的形式将某种利益以权利化将其配置给某一主体，是一种静态的权利配置；后者是指著作权人以交易的方式将著作财产权移转至使用者手中，是一种动态的权利配置。

其二，著作财产权配置分析依据问题。著作财产权配置经济分析依据源于著作权客体的公共产品属性、著作财产权配置经济意蕴、著作财产配置效益之维。著作财产权静态配置的动力源于经济利益，其可以克服作品供给不足的市场失灵。著作财产权动态配置的驱动力源于经济利益，其可以克服作品利用不足的市场失灵。

其三，著作财产权配置的分析工具问题。著作财产权配置效率问题的研究离不开分析工具。本书选取了最大化与均衡作为分析工具的原因在于，任何社会行为都需要追求一定的结果，如何评价某一结果的好坏需要一个参考系，最大化与均衡是这一参考系。选取交易成本作为分析工具的原因在于，交易成本是影响交易的重要因素。

第二章　著作财产权配置效率原则的基本界定

在经济学上，资源配置讲究效率，权利作为一种重要资源，其配置也应有效率。著作财产权配置效率指对著作财产权配置之后，所得收益最大化。著作权配置会实现包括作品最大化产出与著作权动态收益最大化在内的直接目标，以及促进作品广泛传播的终极目标。效率原则下的著作财产权配置不仅会实现著作权直接目标，还会实现其终极目标。创作人原则与功利性原则指导的著作财产权利配置存在缺陷，在效率原则指导下，著作财产权配置的上述缺陷会得以修正，这也是著作财产权配置效率原则的学理依据。

第一节　著作财产权配置效率原则的理论阐释

随着经济学深入法学研究中，经济学的评价标准也被引入法学研究中。效率是资源配置的评价标准，权利作为一种资源，权利配置可以和资源配置一样，也可以以效率作为指导原则与评价标准。

一、配置效率的一般分析

（一）效率理论

效率是人们日常生活中经常使用的词语。日常生活中，人们常说做事情要讲效率，有效率地工作，有效率地完成某件事，某人办事很有效率。除日常生活之外，效率适用场域极为广泛，它也适用于法律的分配活动中。人们既可以常见其于买卖合同中，也能在劳动合同、消费合同这些明显带有公平分配活动中见其身影。可以说，效率作为一种理性选择下的行为倾向，适用于各种经济与非经济的社会活动。

那么何谓效率，《辞海》对效率的定义："效率是指所付出之能力与所获得之功效的比率。"❶ 也有一些学者对效率作出定义。阿瑟·奥肯认为："效率意味着从一个给定的量当中获取最大的产出。"❷ 格里高利·曼昆认为："资源配置使所有社会成员得到的总剩余最大化性质就是资源配置效率。"❸ 保罗·萨缪尔森认为："效率意味着尽可能有效运用资源，以满足人们的需要或者说尽可能减少浪费。"❹ 可以看到，效率意味着一种追求低投入、高产出的理性经济行为。或者说，效率意味着不浪费，或者尽可能地利用资源。

资源配置效率是经济学中三个重要的基本概念之一。经济学的核心内容是研究资源配置的效率问题。在经济学中，效率主要指在社会经济活动中将各种投入（资本、劳动等）转化为产出的有效程度。它主要表现为现有的生产资源与利用这些资源为人类提供效用之间的比率关系。人们之所以讲究效率，是因为社会当中的资源并非无限，它是普遍稀缺的。资源稀缺性意味着资源所有者不应浪费资源，而应当充分利用资源以实现其

---

❶ 夏征农、陈至立主编：《辞海》，上海辞书出版社 2011 年第 6 版，第 4952 页。

❷ ［美］阿瑟·奥肯著：《平等与效率》，王奔洲等译，华夏出版社 1999 年版，第 2 页。

❸ ［美］格里高利·曼昆著：《经济学原理》，梁小民译，三联书店、北京大学出版社 1999 年版，第 152 页。

❹ ［美］保罗·萨缪尔森著：《经济学》，萧琛译，商务印书馆 2013 年第 19 版，第 13 页。

价值。

在资源配置效率中，存在社会资源配置效率与资源使用效率两种情形。前者指社会对各种资源在不同部门中进行合理配置，使社会当中的各种资源能够发挥其效用，最大限度地满足社会与人们的各种需求。资源使用效率是指某一生产单位的生产效率，或者该生产单位在生产某一商品时的投入与产出的比率。资源使用效率与社会资源配置效率的区别在于，前者指该生产单位通过内部管理以及提升技术来加以实现❶，后者是社会通过相应制度安排来加以实现❷。在社会资源配置中，不管是经济制度还是法律制度，只有使稀缺资源能够得到合理使用，使其价值最大化，才是一种有效率的制度。

总之，效率意味着低投入、高产出与资源得到有效利用。低投入、高产出意味着无论如何变动投入，都不可能以更低的成本生产出同等数量的产品，而且在现有投入组合下，不可能生产出更多数量的产品。实现低投入、高产出意味着资源会得到有效配置。因为理性人所追求的即是一种低投入、高产出的行为。在效率的指导下，人们的行为会促使资源得到最大化生产与利用。易言之，在这种资源配置情形下，资源会实现有效率地配置。

（二）效率是资源配置的内在要求

效率是资源配置的内在要求。稀缺资源配置是经济学研究的主要对象。在经济学中，如何评价稀缺资源配置的结果，其主要判断标准在于效率。效率是对稀缺性资源的使用量与使用所带来的收益量之间的对比关系。运用这种关系来评价资源配置，其衡量重点在于稀缺资源是否会提高福利水平，资源的配置是否可得到优化。

资源之所以要求效率配置，是因为资源在不同的主体手上产生的效用会存在差别。例如，当社会将生产飞机的原材料资源配置给生产衣服的主

---

❶ 陈收、张红浩、黎传国、吴世园："资源效率对企业绩效的影响：基于环境动态性调节分析"，载《管理评论》2013 年第 12 期。

❷ 陈祥明："社会可持续发展的制度资源配置"，载《社会科学辑刊》1999 年第 3 期。

体手中，那么这种资源的配置不符合效率，会造成资源的浪费。一部汽车需要4个轮胎、1个车架的资源，但是社会将6个轮胎、2个车架的资源配置给该生产汽车企业，意味着资源的配置是无效率的。

那么由谁来生产是有效率的资源配置。一辆汽车，不同企业可能花费的成本不同，有的企业需10万元，有的企业需12万元，有的企业需7万元。毋庸置疑，社会让以7万元的企业来生产这辆汽车，符合资源配置效率。在这种情形下，生产者剩余最高，实现了产品的产出最大化。当然，产品生产出来的目的是消费，消费的目的是产品价值的实现。消费者剩余是这一产品价值实现的衡量因素。当生产成本既定的时候，甲愿意以10万元，乙愿意以12万元，丙愿意以13万元的价格购买同一车辆，如果最终由丙以13万元的价格取得这辆汽车，那么这辆汽车的消费者剩余3万元。在这种情形中，消费者剩余最高。也就是说，这件产品实现了效用最大化。

所以，在产品生产活动中，效率是资源配置的内在要求，生产者可以用既定资源作为投入，花既定成本、既定时间生产出尽可能大的产品出来。这使产品的生产与消费在竞争性市场中实现生产者剩余加上消费者剩余最大化。也就是说，对于这件成品生产而言，效率意味着以最低的生产成本，把蛋糕做到最大。对于这件产品使用而言，效率意味着这一产品会到达出价者最高的人手中，那么资源配置到最需要的用途中去。最后，效率使得资源配置做到让消费者剩余与生产者剩余之和最大化。

总而言之，资源是稀缺的，只有充分利用资源，才能实现资源的最大化利用。效率意味着资源得到有效配置，其不仅可以节约生产成本，而且可以将产品配置给最有效主体手中。这也是说效率是资源配置的内在要求的原因之所在。

（三）配置效率的两种标准

在经济学中，帕累托效率与卡尔多－希克斯效率是判断资源配置的两种标准。帕累托效率指在限定的条件下，对有限资源进行最充分利用的状态。它也被经济学家称为帕累托最优或最优配置。它表现为在某种既定的资源配置状态中，如果某一资源配置状态不损害任何人的利益，而且任何改变都不可能使至少一个人的状况变好，而又不使任何人的状况变坏，即实现经济效率最大化状态。❶

简单地说，假设只有两个消费者——甲和乙，同时也只有两种商品——苹果和雨伞。如果将商品分别分配给这两个消费者，那么这种配置方式是最优配置。如果重新分配，在不损害另一方利益的前提下，不可能使甲或乙中的任何一方境况变好。❷

事实上，要在错综复杂、利益交织的现实生活中实现帕累托最优显得过于苛刻。于是在现实生活中最常用的是对帕累托最优改进。所谓帕累托改进指资源配置从某种状态到另一种状态时，如果在这种转变的过程中既存在受益人又存在受损人，而受益人所增加的效用能够弥补受损人所减少的效用，那么这一转变的状态仍有效率，这种效率被称为卡尔多－希克斯效率。❸

也就是说，在存在利益冲突或利益博弈可能损害某类主体的利益情形下，资源配置要实现帕累托效率并不实际。当然，这并不意味着这种资源配置没有效率。因为资源配置如果存在冲突，其会存在转化问题。这种转化表现为当资源配置从一种状态转换为另一种状态时，如果这种状态的转变存在收益人和受损人，而受益人的所得效用能够弥补受损人所损失的效用，那么此时也是有效率的，属于卡尔多－希克斯效率。这种效用弥补无须实际进行，只需理论上足以弥补即可，因此卡尔多－希克斯效率也被称为“潜在的帕累托更优效率”。❹

不管是帕累托效率，还是卡尔多－希克斯效率，主要针对的是如何最

---

❶ 宋圭武：“帕累托最优质疑”，载《甘肃理论学刊》2008 年第 3 期。

❷ ［美］罗伯特·考特、托马斯·尤伦著：《法和经济学》，史晋川、董雪兵译，上海三联书店、上海人民出版社 2017 年第 6 版，第 14 页。

❸ Richard S. Markovits, A Constructive Critique of the Traditional Definition and Use of the Concept of the Effect of a Choice on Allocative（Economic）Efficiency: Why the Kaldor – Hicks Test, the Coase Theorem, and Virtually all Law – and – Economics Welfare Arguments are Wrong, 1993 U. Ill. L. Rev. 485（1993）.

❹ ［美］理查德·波斯纳著：《法律的经济分析》第七版，蒋兆康译，法律出版社 2012 年版，第 17 页。

大化实现资源优化配置，着眼点在于社会整体福利的最大化。[1] 也就是说，最大化是资源配置的应有之义，效率意味着最大化产出与最大化利用资源。申言之，在市场经济体系中，最大化是资源优化配置的应有之义。

二、著作财产权配置效率原则的解析

（一）著作财产权配置效率的内涵

效率是法经济学的核心概念。[2] 效率概念在法学和经济学中占有重要的地位。有学者认为效率在法律和经济学的规范基础上的地位比在当代福利经济学中更重要。[3] 不管其重要性如何，有一点是肯定的，效率在不同语境下有不同的含义，是一个具有多层次结构与形态的概念。在不同语境下，效率具体指向会有所不同，它需要根据领域不同进一步明确效率原则内涵。

效率是著作财产权配置的内在要求。著作财产权配置如同资源配置一样，效率可以作为其指导原则与评价标准。虽然著作财产权是一种资源，但是著作财产权毕竟不同于物质世界的有形资源，可以进行物理意义上配置来实现其效率。效率在法律制度的形态是社会效率。著作财产权作为法律当中的重要制度，它的效率意味着根据预期目的对著作财产权配置和利用所作出的最终结果社会评价。所以，著作财产权配置难以像有形资源一样进行物理意义上的配置，需要探求效率与著作财产权配置之间的关系，而不是简简单单套用资源配置论。

著作财产权配置与资源配置不同之处表现为资源的投入与产出的不同。著作财产权配置中资源的投入有着特殊性，其会因为配置方式的不同而有所差异。著作权静态配置资源的投入主要在于作品上设置著作权后，

---

[1] 黄锫：“著作权合理使用判断的效率标准——法律经济学视角的分析”，载《浙江社会科学》2012 年第 1 期。

[2] 钱弘道：“法律经济学的理论基础”，载《法学研究》2002 年第 4 期。

[3] Chris William Sanchirico，Taxes versus Legal Rules as Instruments for Equity：A More Equitable View，29 J. Legal Stud. 797（2000）.

影响社会公众对作品公有领域所享有的利益之成本。因为著作财产权静态配置是在作品上设置著作财产权，而作品创作的特殊性，即依赖于前人作品中的资源，由此产生了社会成本。著作权动态配置的资源投入主要包括著作财产权在动态移转中所形成的成本。著作财产权动态配置过程中会产生交易成本。虽然交易成本的存在是一些交易存在的前提[1]，但其仍然是社会所付出的成本。

著作财产权配置收益表现为社会因财产权配置所获得的利益。著作财产权经过配置后会产生不同的收益，主要包括静态收益与动态收益。静态收益意味着著作财产权设定之后著作权人获得了体现在著作权客体上的利益。例如，立法者在作品上配置广播权之后，作品著作权人由此获得了控制作品广播的利益；立法者在作品上配置信息网络传播权之后，作品著作权人由此获得了控制作品以交互式传播的利益。著作财产权动态收益表现为著作财产权人将著作财产权进行转移之后，转移双方所获得的收益。由于不同主体对于权利会有着不同的估价，当某一主体的估价高于初始权利人，权利交易就会发生。在这种情形下，不管是著作财产权人还是受让人，均获得利益满足，实现了著作财产权的动态收益。

著作财产权配置效率是以最小成本获得收益最大化。最大化是资源有效配置的判断标准，也是著作财产权配置效率的应有之义。著作财产权配置效率是指对著作财产权配置之后，所得收益的最大化。易言之，效率意味着著作财产权配置投入的资源最小，所产生的收益最大。在著作财产权配置，不管是静态收益还是动态收益，如果著作财产权配置的收益达到最大化时，那么此时的著作财产权配置符合效率；如果著作财产权配置的产出未达到最大化时，那么此时的著作财产权配置不符合效率。

（二）著作财产权静态与动态配置效率

著作财产权配置存在静态收益与动态收益，因此著作财产权分为静态配置效率与动态配置效率。

---

[1] David M. Driesen & Shubha Ghosh, The Functions of Transaction Costs: Rethinking Transaction Cost Minimization in a World of Friction, 47 Ariz. L. Rev. 61 (2005).

1. **著作财产权静态配置效率**

著作财产权静态配置效率在于以最小的社会成本实现静态收益最大化。作品所体现的非排他性与非竞争性决定了著作权制度目标在作品领域中的特殊形态。非排他性意味着作品生产以后，很容易遭到“搭便车”的行为，导致作者难以收回表达成本。一方面保护表达性作品的成本较高，另一方面确定著作财产权的边界成本也较为困难。在这种情形下，作品的非排他性表现为如果没有足够的利益保障机制，那么可能没有作品的生产。

不可否认，作者投资写作还有很多原因。[1] 这是一种事实，但是它不应该掩盖这样一个事实，著作财产权静态配置在解决表达性作品投资不足问题上的作用是显而易见的。它为作品创作提供利益保障机制，以激励作品源源不断地生产。因为著作财产权允许作者将其创作的更多好处内在化，或者用经济学术语来说，著作财产权的设定使得作品正外部性得以内部化，限制了搭便车。[2] 它是一种由较小制度成本实现较大收益的制度。在著作财产权静态配置下，创作者获得了激励，保障了创作者在作品创作活动中的利益回报，从而实现作品产出这一静态收益。在作品上配置的著作财产权越多，创作者所获得的收益越多，作品产出也就越多。在这种情形下，著作财产权静态配置符合效率原则。

2. **著作财产权动态配置效率**

著作财产权动态配置效率在于以最小的社会成本实现著作权动态配置收益最大化。作为资源的权利同样是为了交换实现其优化组合。各个主体对权利的不同估价使权利会发生动态转移。在市场活动中，只有经过交换，个人才能获得各类物品的最佳组合，达到效用或利益的最大化。著作财产权动态配置不仅有助于创作者利益的实现，而且有助于促进作品的传播。因为著作财产权的转移，意味着作品也会发生部分或全部的传播。作品被创作出来应当进行传播，只有通过广义上的传播者的传播，作品的价

---

[1] Lydia Pallas Loren, Redefining the Market Failure Approach to Fair use in an Era of Copyright Permission Systems, 5 J. Intell. Prop. L. 1 (1997).

[2] Harold Demsetz, Toward a Theory of Property Rights, 57 AM. ECON. REV. 347 (1967).

值才可以得到实现。

著作财产权的价值和意义不仅在于促进创造性作品的生产上，还在于创造性作品的消费上。❶ 著作财产权动态配置是实现作品传播的重要方式。一方面，通过著作财产权的动态移转，会实现著作财产权的优化配置，给著作权人以利益回报；另一方面，通过著作财产权的动态移转，作品这一资源移转到高利用价值主体手中，实现了作品的有效利用。所以，当著作财产权动态配置实现了以最小投入获得动态收益最大化的结果时，此时著作财产权动态配置符合效率原则。

三、著作财产权配置效率原则与著作权制度目标

著作财产权配置效率原则与著作权制度目标有着密切关系。著作财产权配置是法律运行的内容之一，著作财产权作为法律的重要资源，其配置结果在某种意义上是著作财产权设立的法律目标。对于法律制度而言，权利的效率配置有助于实现法律制度所要达到的目标。❷ 从著作权制度而言，著作财产权配置在符合效率原则的情形下，著作权制度目标得以实现。

（一）著作权的制度目标

任何资源都具有有用性，著作权制度的有用性在于实现其制度目标。目标是人们在一定时期内所要力求达到的状态与境界，它是衡量某种活动是否成功的标准。❸ 法律制度作为社会调整系统组成部分，也具有自己所要达到的目标。法律目标包括对象目标与功能目标，前者规定了行为所造成的社会后果，如立法者设定著作财产权以保护作品上的利益；后者规定了法律要求人们所做出的行为，行为人作为或不作为即是法律的功能目标。如著作权人既可行使这一权利（交易著作财产权），也可不行使这一权利。

---

❶ John Tehranian, Parchment, Pixels, & Personhood: User Rights and the IP (IdentityPolitics) of IP (Intellectual Property), 82 U. Colo. L. Rev. 1 (2011).

❷❸ 胡卫星：“论法律效率”，载《中国法学》1992 年第 3 期。

也就是说，社会之所以需要法律制度，是因为社会需要通过运行法律制度来实现社会的管理目标。社会需要刑法来维护社会秩序；社会需要《民法典》来维护交易安全；社会需要环境保护法来保护环境，社会正是通过法律制度来实现上述目标。著作权制度也是社会为达到一定的目标而设定。著作权制度因客体的特殊性会存在不同目标，其包括直接目标与终极目标。

1. 直接目标

一般而言，一部法律的立法目的是该法律制度所要实现的目标，著作权制度目标可以从著作权法立法目的去探寻。诸多国家在其著作权法立法目的中均表明：一是保护作品作者的著作财产权以激励作品的创作；二是促进作品的广泛传播，实现作品的价值。如《日本著作权法》第 1 条之规定[1]，《韩国著作权法》第 1 条之规定[2]，以及我国现行《著作权法》第 1 条的规定[3]。著作权制度的直接目标也由此分为两种情形：一种情形在于著作财产权配置的静态效率，即实现鼓励创作的目标；另一种情形在于著作财产权配置的动态效率，即实现推动表达性作品广泛传播的目标。

可以看到，著作权制度直接目标要求既要保证作品得以源源不断地生产，也要保障作品得以广泛传播。作品源源不断地生产，社会公众才有资源得以利用。著作权客体资源的双重属性决定了效率在作品生产领域中的特殊形态。[4] 一方面要激励作品的创作，另一方面也要促进作品的广泛传播。所以，立法者给作品上利益配置权利是为了实现促进作品产出的目标。权

---

[1] 参见《日本著作权法》第 1 条之规定：本法目的在于通过规定有关作品以及表演、录音制品播放的作者的权利以及邻接的权利，在注意这些文化财产公正利用的同时，保护作者等的权利，以促进文化的发展。十二国著作权法翻译组：《十二国著作权法》，清华大学出版社 2011 年版，第 361 页。

[2] 参见《韩国著作权法》第 1 条之规定：本法的目的在于保护作者的权利以及与此相关的权利，促使作品公平利用，促进文化及相关产业的进步及发展十二国著作权法翻译组：《十二国著作权法》，清华大学出版社 2011 年版，第 509 页。

[3] 参见我国《著作权法》第 1 条规定：为保护文学、艺术和科学作品作者的著作权，以及与著作权有关的权益，鼓励有益于社会主义精神文明、物质文明建设的作品的创作和传播，促进社会主义文化和科学事业的发展与繁荣，根据宪法制定本法。

[4] 黄锫：“著作权合理使用判断的效率标准——法律经济学视角的分析”，载《浙江社会科学》2012 年第 1 期。

利所有者对权利进行动态流转是为了实现作品广泛传播的制度目标。

2. 终极目标

在著作权语境中，激励作品生产与广泛传播会存在冲突。保证作品最大化生产、激励作品的创作时，会满足创作者的利益最大化要求；但在保证作品最广泛传播时，需满足作品使用者的利益最大化要求。如果仅仅实现一种利益最大化，并不会产生矛盾，但如果两者想要同时实现利益最大化，则会产生不可调和的矛盾，如实现作品的最大化利用可能会损害作品创作者的利益。

举一个极端的例子，社会未在作品上设定著作权时，作品势必可以得到最广泛使用，因为任何人都可以在不付费用的情形下使用这一作品。但是在这种情形下，作品的产出会受到影响，因为作品上没有设定著作财产权，生产者生产劳动产品未获得回报也就没有动力再去生产，社会当中的作品也就会减少。

为此，著作权制度目标除了静态配置与动态配置直接目标之外，还存在静态配置与动态配置存在冲突时应促进作品广泛传播的终极目标。由于立法者在作品上设置著作权，创作者创作作品的自由程度会与著作权保护的程度建立联系。这种联系表现为当著作权保护程度越高，意味着容许后续创作者利用先前创作者作品的程度越小。[1] 所以，只有存在作品广泛传播这一终极目标时，著作权的直接目标才得以实现。

（二）符合效率原则的著作财产权配置会实现著作权制度目标

1. 著作财产权配置效率与直接目标的实现

著作权制度目标与效率原则有着密切关系。著作财产权配置是社会运行法律制度的重要方式之一。社会通过著作财产权配置的形式实现作品产出与作品传播的目标。著作财产权配置的经济学依据表明，著作财产权静态配置是克服作品增长不足的重要手段，著作财产权动态配置是促进作品传播的驱动力。易言之，通过著作财产权静态与动态配置实现著作权制度

[1] 杨利华、冯晓青："著作权扩张及其法律和经济学探讨"，载《法学论坛》2015 年第 3 期。

直接目标。

著作权制度目标的实现意味着著作权配置符合效率原则，因为不管是著作财产权静态配置还是动态配置，都会使配置主体的利益获得最大化。著作权静态配置效率表现为静态收益最大化，这与促进作品最大化生产的著作权制度目标相契合。著作财产权不同于著作权客体本身，其产出有其特殊性。著作财产权配置静态收益的特殊性在于著作财产权设定是否有助于形成约束机制保护作品生产者的利益，而这与著作权静态配置有着密切关系。当著作财产权静态配置能够激励作品最大化产出时，那么作品创作者会有动力去生产作品，此时作品产出得以最大化。易言之，当主体利益获得最大化时，创作者在经济利益的激励下，会不断地投入作品的产出中使作品得以最大化产出。从这个意义上来说，著作财产权静态配置效率会实现作品最大化产出。

著作财产权动态配置效率表现为著作财产权动态收益最大化。动态收益最大化的情形会使作品得到有效利用。权利的本质是配置稀缺资源的规则，著作财产权配置服务于作品广泛传播这一目标。这一目标会受到传播行为的影响，著作财产权体现的是主体之间的行为关系，设置著作财产权最终是控制和引导人们的行为。当著作财产权所控制的作品传播的某一行为转移到更有效利用作品主体手中之时，意味着作品可以得到有效利用，因为这一主体可以更好地传播作品，从而促进作品的广泛传播。如电影制片者从创作者手中获得网络文学改编权，可以将网络文学改编成电影，从而使网络文学得以广泛传播。从这个意义上来说，著作财产权动态配置效率实现了作品的最大化传播与利用。

2. 著作财产权配置效率与终极目标的实现

著作财产权配置会受到著作权客体影响。相比于物权之于有形客体，著作权客体作品作为一种无形客体，与物权存在诸如知识产品的生产动机、产生、用途、构建关系重要的不同之处，这四个不同之处对于著作权法律制度的设计也会产生影响。❶ 鉴于客体的特殊性，社会应当优先考虑

---

❶ Julie E. Cohen, What Kind of Property Is Intellectual Property, 52 Hous. L. Rev. 691 (2014).

著作财产权的动态配置而不是静态配置。著作权制度的终极目标在于作品的广泛传播且著作财产权动态配置可以实现作品广泛传播，因此，当著作财产权静态配置与动态配置相冲突而应遵循作品广泛传播时，著作权动态配置优先于静态配置，更进一步说，作品的广泛传播可以弥补静态收益的损失，是一种卡尔多—希克斯效率。

如果静态配置仅仅考量作品的激励创作，而不考虑作品的广泛传播，那么不仅会影响作品效用的发挥，也会影响作品的创作。静态配置保障著作权人个人利益的同时，创作者的表达成本也会增加，作品使用者接触作品的成本也会增加。经济学实证研究结果也表明，过于宽泛的静态配置，事实上不利于作品的创作。有学者实证研究结果表明，著作财产权保护范围和音乐作品的数量呈负相关，这意味着越严格的著作权法，越不利于表达性作品的出现。❶ 这还意味着高保护等于没有保护，反而阻碍了知识生产。如果著作权静态配置一味地扩大，不惜支付社会成本，人们就有可能放弃作品使用而选择无知识进步的生产方式。❷ 从这一角度来说，作为作者不应当对其创作的作品完全垄断，应当保障作品的广泛传播使后来创作者可以使用其作品，最终促进后来创作者作品的产出。

作品的产出总是不可避免地需要在现有存量知识基础上进行，这可以极大地节省作品再生产的成本。例如，汉字这种数千年前产生的知识直到今天还在知识创造中发挥着重要作用。作品创作作为一种传承性的活动，其创作难以离开先前作品而孤立地创作，作品的创作带有文化传承性，任何人的创作都依赖于前人知识。作品的广泛传播使这一切得以实现。

著作财产权动态配置优于静态配置还在于，作品生产作品平均成本的摊薄。作品的非竞争性使作品产量的增加伴随着平均成本的摊薄，也即边际成本不断下降，边际收益随之上升。❸ 易言之，人们创作成本会因作品的广泛传播而降低，所以作品需要广泛传播，这也是著作权法要设置作品

---

❶ 朱慧：《激励与接入：著作权制度的经济学研究》，浙江大学 2007 年博士论文，第 92 页。

❷ 张耀辉：“知识产权的优化配置”，载《中国社会科学》2011 年第 5 期。

❸ 黄锫：“著作权合理使用判断的效率标准——法律经济学视角的分析”，载《浙江社会科学》2012 年第 1 期。

保护期制度的原因之所在。立法者将作品著作权设定一定的保护期，在保护期过后任何人都可以免费使用，从而促进作品的广泛传播。

由此可见，作品的广泛传播是一种卡尔多－希克斯效率。卡尔多－希克斯效率表现为著作财产权配置的状态中的静态利益不会受损，且有助于动态配置。所以，从这个意义上来说，著作财产权配置卡尔多－希克斯效率会实现著作权制度的终极目标。

第二节　著作财产权配置效率原则与自然权利论

基于自然权利论的权利配置在解释著作权的正当性上有着优势，但是对于著作财产权配置来说，可能会使公众对著作权制度产生信任危机，因为著作财产权的非理性扩张极大地影响了公众获取作品的可能性。

一、著作财产权配置的自然权利论及其不足

（一）创作人原则下的著作财产权配置

自然权利哲学之于著作权制度发展有着重要影响，以至于人们可以说，正是自然法与自然权利理论造就了现代著作权制度的法理基石。自然权利论指出：劳动者从事的劳动和他的双手进行的工作，都正当地属于他。劳动者的劳动使共有物脱离了原来所处的共有状态，确立劳动者对它们的财产权。[1]

在这种观念以及技术发展的影响下，著作财产权范围不断扩张。著作财产权扩张与技术发展有着密切关系，以至于有研究者一针见血地指出："技术发展是著作财产权扩张最直接的原因。"[2] 事实上，著作权自孕育之

[1] ［英］约翰·洛克：《政府论》（第二篇），顾肃译，译林出版社2016年版，第18－19页。
[2] 冯晓青："著作权扩张及其缘由透视"，载《政法论坛》2006年第6期。

时就与技术纠缠在一起，著作权制度从一开始就是技术之子。❶ 著作权制度诞生源于技术发展，具有革命性的技术影响着著作权法的修订与完善。著作权权能扩张实质上是不断将新技术所形成的利益以权利形式配置给著作权人。著作权由最初的复制权发展到现在的广播权、改编权、信息网络传播权多项权能就是明证。

技术发展是著作财产权扩张的导火线，利益斗争则是著作财产权扩张的原动力。❷ 权利指向的对象是利益，社会将利益权利化，可能会影响其他主体利益。不同利益主体扛起有利于自身利益诉求的"大旗"，找寻有利于自己的权利配置原则。自然权利论进入作者的视野中，创作者基于自然权利论主张基于创造性劳动对作品享有绝对的、排他的甚至永久的控制权。

在著作财产权扩张上，创作人原则下的权利配置无疑有着重要的作用。自然权利论为知识产品的无限扩张提供了指导原则。在这一原则指导下，无论是抽象思想还是表达，似乎只要通过劳动所创造的智力成果都有可能获得财产所有权保护。❸ 虽然在唐纳森诉贝克特（Donaldson v. Becket）案❹中，英国上议院以 22 比 11 推翻了著作财产权自然权利论，反对作者享有普通法上的永久性权利，但是这并不影响创作者借助于自然权利论来扩张著作财产权。在 19 世纪行将结束之际，欧洲开始扩张著作财产权的范围，而作者权保护变成了战斗口号，自然权利论是他们的理论基础。

这一轰轰烈烈的权利扩张结果是，人们认为著作权具有不可穷尽性，著作权法把权利客体全部价值赋予作者。最终，自然权利配置论就以立法形式体现在法律规定中，一些国家法律规定将作品的利用方式全部配置给作者。在一些大陆法系国家中，权利配置体现了这一原则。《德国著作权法》第 15 条设立了一项一般著作财产权，这一权利不仅将目前已经存在

---

❶ ［美］保罗·戈斯汀著：《著作财产权之道：从古登堡到数字点播机》，金海军译，北京大学出版社 2008 年版，第 22 页。

❷ 易建雄：《技术发展与著作权扩张》，西南政法大学 2008 年博士论文，第 3 页。

❸ ［英］约翰·洛克著：《政府论》（第二篇），顾肃译，译林出版社 2016 年版，第 18－19 页。

❹ ［澳］布拉德·谢尔曼、［英］莱昂内尔·本特利著：《现代知识产权法的演进：英国的历程》，金海军译，北京大学出版社 2012 年版，第 15 页。

的所有作品利用方式配置给创作者，而且未来的作品利用方式也是如此。❶《法国知识产权法》第 L. 122. 1 条规定了创作者享有表演权和复制权，前者控制的范围为任何表演形式，后者为一切复制形式。❷《意大利著作权法》第 12 条规定，创作者享有以任何原始的或者演绎形式对作品进行经济性使用的权利。❸ 我国立法者也认为，作品新使用方式层出不穷，无论如何都列举不全，因此我国《著作权法》第 10 条设置了第十七项应当由著作权人享有的其他权利。❹

除此之外，我国司法实践中，一些法院在判决书说理中也表现出创作人原则的痕迹。在“广西广播电视报诉广西煤矿工人报”一案❺中，二审法院认为，电视节目预告表是电视台付出劳动的成果，电视台对该电视节目表享有民事权利。在“王某诉世纪互联通讯技术有限公司侵犯著作财产权纠纷案”❻ 中，法院认为，著作权人对其付出劳动的文学作品依法享有专有权。也就是说，即便这种权利在法律上并未规定，但是创作者只要付出劳动就享有对作品的专有权。上述两个案件表明，创作者基于对作品付出劳动的基础上，获得控制以任何方式和形式利用作品的权利。正因如此，著作权所保护的内容都有一个共同的事实，即被保护者为获得其所受保护的成果而投入了大量的智力劳动。❼

（二）创作人原则下著作财产权配置的不足

在技术发展的推动下，著作权内容不断扩张。无论是普通法国家还是大陆法国家，作者在利益驱使下不断寻求著作财产权扩张，以获取由新技术所带来的利益，最终在自然权利配置论的外衣下，不断地扩张著作财产权的权利内容。正如学者所说，“从历史角度看，无论是在普通法系国家

---

❶ ［德］M. 雷炳德著：《著作权法》，张恩民译，法律出版社 2005 年版，第 214 页。

❷ France, Code of intellectual property, arts. L. 111 – 1; L. 122 – 1.

❸ Italy, Copyright Law of 1941, art. 12 (2).

❹ 胡康生：《中华人民共和国著作权法释义》，法律出版社 2002 年版，第 61 页。

❺ 参见广西柳州地区中级人民法院民事判决书（1994）柳地法民终字第 127 号。

❻ 参见北京市海淀区人民法院民事判决书（1999）海知初字第 57 号。

❼ 联合国教科文组织：《著作权法导论》，张雨泽译．知识产权出版社 2009 年版，第 3 页。

还是在大陆法系国家，正是著作权保护主义者对自然权利的追求标志着新权利的诞生和原有权利的丰富”。[1]

在著作权发展过程中，技术有着重要的作用。虽然著作权在技术发展的推动下，权利内容的扩张有其合理性，著作权扩张也是著作权法发展的重要趋势，但是借助于创作人原则下著作财产权非理性扩张引发了人们的担忧。自然权利配置论所支持的这种绝对的、排他的甚至永久的控制权，完全忽视著作权与其他有形财产的显著差异。差异性的忽视所引发著作权非理性扩张会给著作权制度造成极大的影响，使社会公众对著作权制度产生重大信任危机。

第一，公有领域不断侵蚀。公有领域对作品的创造有着重要的价值，它哺育了著作权作品的诞生，是作品生成的合法前提。[2] 人类知识具有累积性和沉淀性特点，人们所创造的作品在一定程度上都需要借鉴前人知识的结果，处于公有领域的知识哺育着作品的诞生。但著作权不断扩张造成公有领域日益萎缩，其结果不仅会影响公共知识的日益消减，也会造成作品利用成本的不断增高，社会公共利益日渐式微。著作财产权的扩张保护给后来的创作者不断设置“路障”，使其创作变得日益艰难，人类知识文化的发展受到了巨大的阻碍。

第二，公众的反著作权情绪上升。近年来，反对著作权的声音日益高涨。“自由软件共享运动”“知识共享运动”（Creative Commons）等反著作权规范不断兴起。究其原因，乃是因为著作权边界的不断扩张，导致大量的反著作权规范不断形成。[3] 在著作权的原有权利范围和支配方式扩大之后，权利人控制重心也从对商业竞争者“不劳而获”行为规制，转向对消费者未经许可获取作品行为问责。[4] 作为普通消费者的最终用户不断进入

---

[1] W. R. Cornish and David Llewelyn. , Intellectual property: patents, copyright, trade marks and allied rights, Sweet & Maxwell, 2010, p. 37.

[2] 黄汇：“著作权法上的公共领域研究”，载《现代法学》2008 年第 3 期。

[3] 孙昊亮：“网络反著作权社会规范之反思”，载《知识产权》2014 年第 11 期。

[4] 唐毅：“著作权扩张的自然法思考”，载《理论界》2012 年第 12 期。

著作权法的调整范围。❶ 著作权扩张的利益集团采取推动立法缩小言论自由范围、利用技术措施限制他人接触作品，以及以格式合同对使用者强加不合理的限制手段❷，进一步激发了公众与著作权人的对立情绪。

第三，公众的表达自由受到影响。有学者指出，表达自由与著作财产权可谓一枚硬币的两面，它们之所以联结在一起，是因为两者都与知识的传播有关，只不过一个注重自由，另一个注重利益。❸ 著作权法与表达自由之间存在固有矛盾。著作权限制了人们传播言论的能力，因为表达材料受著作财产权保护时，流通或出售就有了法律限制。❹ 随着现代信息传播技术的发展，著作权扩张对表达自由的妨碍作用日益突出。在著作权扩张影响下，权利人通过“法律 + 合同 + 技术措施”的保护模式，不断地强化知识传播的利益方面，以强化其财产所有权。公众所使用的表达材料越来越受限，其所引发的效应严重恶化言论表达的自由环境。

第四，未能最大化利用作品。资源生产的目的是被利用。社会以法律形式在作品上设置排他性权利，目的是作品的最大化产出。但是社会为了能够使作品得以有效利用，也设置了一些制度（如合理使用等）来促进作品的广泛利用。然而，如果著作权配置采取的是创作人原则，那么作品可能存在利用不足问题。著作权人在创作人原则下权利范围会不断扩张，这无疑会影响人们接触作品的机会，从而影响作品的有效利用。

总之，自然权利论虽然可以很好地解释著作财产权的正当性问题，但是创作人原则在指导著作权配置上存在缺陷。著作财产权配置不同于著作权制度正当性本身，权利配置在于实现其功能，新兴利益的确认与权利冲突的权利优化配置。也即，在发生新兴利益时确认权利；在发生权利归属争议时，如何更好地优化权利配置，实现其利益的最大化。如果立法者仅

---

❶ Maria Lilla Montagnani, A New Interface Between Copyright Law and Technology: How User – Generated Content Will Shape the Future of Online Distribution, 26 Cardozo Arts & Ent. L. J. 719 (2009).

❷ 杨涛、张钦坤：“著作权扩张的负面效应解析”，载《出版发行研究》2015 年第 3 期。

❸ ［美］莱曼·雷·帕特森、［美］斯坦利·W. 林德伯格著：《著作权的本质：保护使用者权利的法律》，郑重译，法律出版社 2015 年版，第 100 页。

❹ Erwin Chemerinsky, Balancing Copyright Protection and Freedom of Speech: Why the Copyright Extension Act is Unconstitutional, 36 Loy. L. A. L. Rev. 83 (2002).

依据劳动贡献而简单地将新兴利益的权利与产生冲突的权利配置给作者，那么会导致著作权扩张，最终会引发公众对于著作权制度的质疑，导致公众的表达自由受到影响，影响作品的有效利用。

二、著作财产权配置效率原则对自然权利论的修正

（一）著作权的非理性扩张不符合制度的设定目的

知识产权制度变迁历史是著作权的扩张史。与专利权、商标权相比，著作权的扩张是最为突出的。[1] 从著作权发展历史角度来看，一个众所周知的认识是，著作权客体、内容、期限均呈现扩张趋势。著作权扩张的合理性表现为，其不仅是技术发展的产物，而且有着现实的需求。

新技术发展不断推动着法律规则的完善，技术改变人们所达成的法律共识。著作权作为“技术之子”，完善著作财产权体系、扩张著作财产权内容是其应对技术带来挑战的重要方式之一。技术发展所带来的作品利用方式与创作作品方式的增加使著作权制度需要以著作财产权内容与权项的增加来应对。因此，在新的传播技术不断涌现的情形下，为了应对技术给法律所带来的挑战，立法者推动著作权的扩张也就有其合理性。

从现实的需求而言，著作权扩张增加了原创者创作作品的激励，由此激励更多表达性作品的产出。如著作权范围的扩大势必会强化经济激励的效果，从而激励创作者加大对作品的投入。如果不对著作权范围进行扩张，那么可能会影响创作者对创作作品的投入。虽然著作权扩张并不意味着对作品经济回报的刺激等于著作权会自然地给原创作品确保一定的利润，它只是增加了对作品获得利润的机会，但是，扩张著作权会增加后续创作的收益，一定程度上可以弥补后续创作者投资竞争性作品的成本。因为当著作权得到扩张时，意味着对后续作品创作者早先享有著作权的作品控制能力会变弱，这样一来，原创作者对特定著作权作品市场的控制力会

---

[1] 冯晓青：《知识产权法利益平衡理论》，中国政法大学出版社 2006 年版，第 211 页。

增强。

著作权的扩张实质上是赋予特定信息排除竞争的著作财产权，这样创作者就可以通过向消费者收取高于边界成本的价格来弥补固定成本。知识产权法的目的是获取一种自然不具有竞争性的公共产品并人为地使其稀缺，允许所有者控制该产品的数量和价格。❶ 所以，著作权扩张会激励相关人员期望出版其作品以获得回报的同时，原创作者也因此获得激励。从这个意义上而言，著作权扩张有其合理性。

但是，这并不意味着可以非理性地著作权扩张。非理性扩张使著作权人获得足够的法律保护手段时，会与著作权法所寻求的制度目标相背离。因为著作权人可能会建立重叠著作财产权以及就已有作品积累租金，加之著作权人可能会不效率地延迟著作权保护期。如此一来，一旦创作者出版受保护的作品之后，著作财产权规则并非激励，而是为那些完全事后不能产生激励的附带获得提供寻租机会。这种过度的著作财产权保护最终会实际减少本可为社会公众与后来创作者所共享的公有领域资源的积累。❷

著作权的非理性扩张还会减损作品利用的经济效用，不符合著作权制度的设定目标。作品创设排他性权利的目的是使作品使用环节中获取更多的收益，促进作品的更多创造，而不是仅仅为了著作权人利益的实现。也就是说，其目的并非使著作权人通过强加额外交易成本，去阻碍具有经济效益的作品使用。

当新技术发展不断影响法律，不论是握在僧侣复制者手中的一支笔、古登堡的活字印刷机、录音机，还是 DVD，都是一把能带来两败俱伤的双刃剑。❸ 在创作人原则下，著作权人借助于新技术不断升级与利益的斗争，著作权已经出现非理性扩张。如何避免著作权的非理性扩张，是著作财产权配置不可避免要去面对的问题。

---

❶ Mark A. Lemley, IP in a World without Scarcity, 90N. Y. U. L. Rev. 460 (2015).

❷ ［美］迈克尔·A. 艾因霍恩著：《媒体、技术和著作权：经济与法律的融合》，赵启杉译，北京大学出版社 2012 年版，第 2 页。

❸ ［美］约翰·冈茨、［美］杰克·罗切斯特著：《数字时代盗版无罪》，周晓琪译，法律出版社 2008 年版，第 190 页。

（二）效率原则下著作财产权非理性扩张的避免

效率原则下著作财产权扩张可以以理性的方式进行，合理的著作财产权配置可以避免著作财产权的非理性扩张。效率原则下可以避免著作财产权非理性扩张，原因在于：

其一，从著作财产权配置目标来说。著作财产权配置的效率原则是追求作品的最广泛传播，最终使社会公众能从作品的广泛使用中得到效用最大化著作权制度目标。从这一目标出发，为了实现作品的最广泛使用，著作财产权配置不但会考虑著作权人利益，而且会考量其他著作权主体的利益最大化。著作权不同主体在追求效率最大化时会形成一种均衡，这种均衡不会造成著作权非理性扩张。因为均衡意味着不同主体之间的利益不会出现冲突，这也意味着这些主体在均衡的状态下实现各自目标，最终实现著作财产权设置的目标。

其二，从著作财产权配置过程来说。作品著作财产权化的终极目标之一在于作品的广泛利用，当著作权配置使作品在使用过程中获得更多利益，基于成本收益分析，此时也是收益大于成本。[1] 也就是说，著作财产权配置应当是现有著作财产权不足以保护著作权人利益时，才考量著作财产权范围的扩张。效率原则下的著作财产权配置是为了著作权在使用环节中取得更多收益，而非仅仅为了扩张而扩张。

其三，从著作财产权配置效果而言。著作财产权配置效率要求，著作财产权配置制度设计应当充分考量各种因素，各种因素考量的结果表现为著作财产权配置效果不会造成因制度设计而导致的权利扩张。例如，如果著作财产权配置会出现交易成本过大而抑制交易情形，那么依据效率原则著作财产权配置应当将著作权配置给利用效率较高的主体。不管是从创作者转移到使用者，还是使用者转移到创作者，其目的都是要实现作品的最大化产出与广泛传播。

总之，效率原则下的著作财产权配置不会存在绝对的著作权，效率原

[1] 和育东："知识产权法的效率价值及其实现"，载《电子知识产权》2006 年第 7 期。

则下的著作权扩张是理性的。虽然著作财产权在效率原则下也会扩张，但是它会受到著作权制度目标的限制。它不会赋予创作者绝对的著作权，因为只注重对著作财产权人利益最大化保护可能对使用者利益造成较大损害。著作权是一种相对著作财产权，这一性质体现了著作权的适度保护。效率原则下的著作财产权配置符合适度保护原则，因为效率原则追求知识的最广泛利用，不会过度阻碍社会公众利益。

第三节　著作财产权配置效率原则与功利主义论

基于功利主义的著作财产权配置在促进作品传播方面有着重要的作用，但是功利性原则在面对新技术所带来的创作者与使用者之间的利益冲突问题上也会捉襟见肘。

一、著作财产权配置的功利性原则及其不足

（一）功利性原则下著作财产权配置

在权利配置中，除了自然权利配置论以外，另一种主张是功利主义哲学。功利主义哲学的观点认为：著作权法以法定形式赋予权利人控制作品利用之权，是法律所赋予之有限独占奖励。根据功利主义理论，著作权法为作者提供了一定期限内排他性权利作为激励，以激励创作者创作具有文化价值的作品。[1] 也就是说，著作权制度的存在是为了促进社会所重视的创造性和艺术性作品的创作与传播。

功利主义论认为，以配置著作权的形式赋予创作者控制一些作品利用行为是有必要的，因为如果没有著作权，那些对作品感兴趣的人会简单地

[1] Stewart E. Sterk, Rhetoric and Reality in Copyright Law, 94 Mich. L. Rev. 1197 (1996).

以各种形式利用作品，而不用向作者支付费用。这样一来，创作者会发现他们的经济回报太小，不足以弥补所付出的表达成本。在这种情形下，作者可能无法创作，社会福利可能会受损。所以，为了解决这一问题，社会应当授予作者以著作财产权。

根据功利性原则，著作权范围必然是有限的，因为著作权会给社会带来成本。其一，著作权所有者会对他的作品收取垄断价格，使获得作品机会的人数将会减少。其二，著作权增加了未来作品的制作成本，因为它禁止从现有作品中借用，使未来的作者创作变得更难。所以，著作权法的目标应当是“在符合激励创新的前提下给予的保护越少越好”。[1]

美国版权立法与司法实践是典型的功利主义的代表。美国宪法授予国会制定著作权法以促进科学和实用艺术的进步。在美国司法实践的早期案例中，法院把著作权激励创作以提升公众福利作为第一位，而给予作者报酬作为第二位。[2] 创作型作品被鼓励和授予报酬，但是这种激励必须服务于提升扩大公众接触文学、音乐和其他艺术作品的可能性。著作权法的直接影响在于确保作者有合理的回报。

在索尼案中，美国最高法院也认为，著作权的存在仅仅是为了刺激有用作品的创造，国会授予作者的垄断特权既不是没有限制，也不主要是为了提升特定私人利益而设计，其是有限制的权利授予。它的设立理由是为了公众获得更多作品的目的可以被实现。正是在这个意图下，通过授予一个特别报酬以给予作者劳动果实，从而允许社会公众可以接触这一智力劳动的果实。[3]基于此，美国版权法上的著作财产权配置也是在利益博弈过程逐步完善。

传播权的发展是典型的例证。广播技术的产生扩展了作品传播方式以及范围。根据1790年《美国版权法》，在公开场合表演作品并不侵犯作者权利。随着技术发展，美国在1909年对其《版权法》进行修订，在公开

---

[1] Mark A. Lemley, Property, Intellectual Property, and Free Riding, 83 Tex L. Rev. 1031 (2005).

[2] Wheaton v. peters, 33U. S. (8Pet.) 591 (1984).

[3] Sony Corp. of America v. Universal City Studios, Inc. , 464 U. S. 417, 429 (1984).

场合表演作品行为开始受到著作权规制，不过加以限定条件，即以“营利为目的向公众表演”。一开始，权利人对于该项权利并未重视，随着人们公开表演场所的增加，权利人开始意识到该项权利的重要性。但是法律规定公开表演权是存在“营利性”限制条件，作品使用者只需要为他们欣赏作品的行为支付费用，至于在一些诸如餐厅、酒吧等场所中表演作品的行为是否属于营利性则存在争议。

由于权利人看到在此类场所中传播作品有利可图，其开始寻求控制这项权利。鉴于此种表演行为过于分散导致维权成本高，权利人开始寻求合作方式以维护权利，组成以作曲家、作家和出版者为集体的维护音乐著作权的机构进行维权。权利人在与涉及音乐表演的机构进行一系列诉讼之后，迫使霍姆斯法官认定餐厅和酒吧演奏作品须向权利人付费。[1] 权利人为了获得对作品传播行为的控制，除了针对餐厅、酒吧等商业机构诉讼之外，还展开对广播组织的诉讼，在一系列的诉讼之后，广播组织也向权利人支付版税。于是，权利人获得了控制作品广播的权利。

从上文分析可以得出这样一个结论，在功利性原则下的著作财产权配置中，立法者的政策选择会受到不同利益团体的影响。在著作权立法过程中，存在两大利益团体，一方是以作者为代表的权利人，包括出版商等，另一方是包括广播组织、公众在内作品使用者。功利性原则下权利配置的过程是上述两方利益博弈的过程，博弈的结果会体现在立法上。

（二）功利性原则下著作财产权配置的不足

如果说自然权利配置论赋予著作权的正当性是先验的、向过去寻找依据，认为有劳动或经济利益就应当享有权利，功利性原则是后果主义的、向未来寻找依据。[2] 功利性原则下著作财产权配置主要关注权利外在价值而非内生价值。申言之，功利性原则关注的是著作财产权配置是否带来用处，各主体的利益保护问题则应当服从这一安排。在功利主义配置论下，不同利益集团会进行利益博弈，立法者在听取各方意见之后，会尽可能避

[1] Herbert v. Shanley Co. , 242 U. S. 591 (1917).

[2] 和育东：“从权利到功利：知识产权扩张的逻辑转换”，载《知识产权》2014 年第 5 期。

免著作财产权的非理性扩张。但是，其也存在一定的缺陷。

功利性原则会导致不同利益主体之间存在利益博弈。利益博弈的结果在一定程度上会损害未形成利益集团的群体利益。对于著作权法的设计与平衡利害关系人之间的利益冲突而言，政策的形成过程有着非常重要的地位且发挥着相当关键的作用。[1] 但是任何政策的形成都会呈现一种现象，越是容易被组织起来的利益越容易得到反映，而未能组织起来的利益则难以体现。[2] 也就是说，在一些政策形成过程中会存在一个偏差。即便从总量上看，政策形成是一个社会多数利益的要求，但是那些分散开来、未被组织的利益却未能得到足够重视。具体到著作权领域，在每一次新技术所形成的作品新用途，著作财产权主体的私人利益与社会公众的公共利益之间的利益博弈就会出现。这种博弈的结果会使法律在应对技术变革时存在滞后性。

法律制度的滞后性会影响创作者与使用者之间的利益，造成两者之间的冲突。在著作财产权领域，随着新传播技术的发展，著作权人与社会公众之间的界限变得越来越模糊，两者之间的著作财产权冲突也因为相应的制度设计不合理而愈演愈烈。这种冲突在新技术时代尤为明显。一方面，著作权人为了保护作品著作财产权、维护其合法利益，使用技术措施来限制公众对作品的接触，但公众因这些技术措施而使用作品的范围不断缩小。另一方面，作品使用者尝试使用破解技术措施的手段来实现其表达自由权，却侵犯了著作权人的利益。

在技术推动下，作品使用者大量使用享有著作财产权保护的作品，包括 PPT 演讲、个人网站、社交网站[3]，很多百度百科的内容都是著名的“粉丝”指南。在一篇名为《侵权之国》（*Nation*）的论文中，约翰·汉拉尼安（John Tehranian）教授进行了一项他称为“gedanken experiment”的

---

[1] ［日］田村善之著：《田村善之论知识产权》，李扬等译，中国人民大学出版社 2013 年版，第 134 页。

[2] Neil K. Komesar，Imperfect Alternatives：Choosing Institutions in Law，Economics，and Public Policy，University of Chicago Press，1994，p. 53 – 97.

[3] Brian D. Wassom，Copyright Infringement in Worship Services：Problems and PotentialSolutions，36 J. Arts Mgmt. L. & Soc'y 127（2006）.

实验，他计算了一位大学教授在回复电子邮件、复印文章、背诵诗歌时可能要承担的潜在著作权责任。他得出的假设数字超过 1200 万美元。❶

这种冲突在历史上体现得淋漓尽致，如 1895 年自动钢琴的普及使著作权人与使用者之间产生的权利冲突❷，1984 年索尼的作品录制技术使著作权人与使用者之间产生的权利冲突❸，P2P 技术所引发的著作权人与使用者之间的权利冲突。❹ 然而基于功利主义的美国国会在私人使用问题上摇摆不定，使这类问题的解决出现不同的处理结果，无疑会影响著作权人与使用者之间的利益平衡。

二、著作财产权配置效率原则对功利主义论的修正

（一）著作财产权配置应注重主体间的利益平衡

利益分配是法律制度设计所考量的重要因素，利益左右着人们的行为。法律规范是依靠调整人的行为以实现各种利益的获取与让渡。❺ 作品的创作、传播和利用过程存在诸多主体，这也使著作权制度体现了包含创作者、使用者、传播者在内的多数主体之间的利益。一般而言，著作权制度设计是在作品所涉及的创作者、使用者、传播者之间寻求一种公正或合理的利益妥协。❻ 但是由于参与主体的多样化，不可避免地会存在利益冲突，最为典型的是以著作权人为代表的私人利益和以使用者为代表的公共利益。

毋庸置疑，创作者的应有利益应该得到保护。创作者群体利益得到保

---

❶ John Tehranian, Infringement Nation: Copyright Reform and the Law/Norm Gap, 2007 UtahL. Rev. 537 (2007).

❷ ［美］保罗·戈斯汀著：《著作权之道：从古登堡到数字点播机》，金海军译，北京大学出版社 2008 年版，第 53 页。

❸ Sony Corporation of Amercia et al. v. Universal City Studios, Inc, . et al. 464 U. S. 417, at 589 (1984).

❹ A & M Records, Inc v. Napster, 239 F. 3d 1004, at 1004, at 1022 (9th Cir, 2001).

❺ 王珊："论知识产权法对利益冲突的平衡"，载《政治与法律》2016 年第 1 期。

❻ 丛立先：《网络著作权问题研究》，武汉大学出版社 2007 年版，第 113 页。

护，其才能够为创新提供持续有效的激励，社会的作品数量和质量也因此得到更新与进步。正是在著作权法的保护之下，创作者的利益才得以保障，从而促进其进一步创新。如果没有对著作权人私人利益的尊重，整个著作权制度也将失去其应有的规范起点。基于此，著作权法通过权利配置的形式，赋予作者以专有著作财产权，以使作者可以控制对作品利用行为，从而获得作品著作权许可或转让收益。

无传播则无利益，无利益则无著作财产权。著作权是在传播中产生的著作财产权，社会不仅要激励作品的创造，也要保护传播者的利益以激励作品的广泛传播与使用。许多人都认为，如果没有激励机制，很少有人会认为创新是值得的；许多人也承认，盲目模仿他人的创新本质上是错误的；并且许多人认为，创新只有在借鉴前人的基础上才能实现。在添加足够的新的、有用的内容的同时，复制以前的内容本身就应该被允许作为一种创新。[1]作品使用者的利益反映了社会公众对普及科学文化知识的要求。使用者又是潜在的创作者，他们的利益也应得到保护。因此，社会应保护使用者的利益，允许使用者合理利用作品，使其成为潜在的后来的创新者，最终才能促进整个人类文明的发展。

著作权制度是建立在保护创作者的基础之上的一项制度，这一制度有助于激励作品的创作。但是如果没有相应的传播机制，作品也难以实现其效用，对于社会而言无疑是一种损失。然而，仅仅单方面考量传播者利益的著作财产权配置不符合效率原则，它没有使作品的社会效用达到最佳状态。正因如此，在索尼案中，法官认为：作者的著作财产权并不完全是排他性的，著作权法试图通过平衡作者创作动机和社会对不受阻碍的思想传播的兴趣以更好地促进科学与实用艺术的创作与传播。[2]

因此，著作财产权配置应注重主体间的利益平衡，既要保障著作权人的利益，同时也要保障使用者的利益。

---

❶ Michael D. Pendleton，Balancing Competing Interests in Information Products：A Conceptual Rethink，14 Info. & Comm. Tech. L. 241 (2005).

❷ Sony Corp. of Am. v. Universal City Studios，Inc.，464 U.S. 417，429 (1984).

（二）效率原则下著作财产权主体间利益的平衡

实现主体间的利益平衡是效率原则下著作财产权配置的应有之义。效率原则下的著作财产权配置有助于主体间利益平衡的实现。

首先，效率原则下的著作财产权配置兼顾各方利益。著作财产权配置功利性原则片面考量某一方面的利益，但这一结果是，著作财产权配置不符合利益最大化的要求，难以有效实现著作权制度目标。效率原则下的著作财产权配置会实现主体间的利益平衡。著作权法的本质是要在创作者和使用者之间建立一种最优的均衡关系。不管是过于强调著作权人利益，还是过于强调提升社会公众利益，均不可取。效率原则下的利益平衡是从利益博弈中寻求均衡，实现各自利益的最大化，这样不仅符合著作财产权各自的主体利益，而且有助于实现著作权法的立法目标。[1]

其次，效率原则下的著作财产权配置是追求著作财产权各主体的利益平衡。如果利益各方用相同的话语体系表达对立的立法诉求，那么会不可避免地损害到未参与利益博弈主体的利益[2]，这也易使利益主体博弈时间长，导致著作权法修订停滞不前。效率原则可以避免利益博弈而忽视少数利益主体的利益情形发生。因为效率原则下的著作财产权配置存在一套标准，权利人与使用者在面临新问题时，按照这一标准不会出现新的利益博弈。效率原则不会将某一方主体利益放在相对重要的位置，而会兼顾各方利益。

最后，效率原则下著作财产权可以缓解利益冲突。社会的不断发展，更多的利益不断涌现，这些相互交织的利益不可避免会发生利益冲突，作为作者希望能够获取更多的著作财产权，从而取得更多的经济利益；作为社会公众希望可以更多地使用作品，从而获取知识。如果对作品著作权过度保护而忽视社会公众利益，社会公众很可能采取侵权性行为使用作品，如非法下载网络作品。但是如果过分强调社会公众利益保护，那么创作者

---

❶ 丛立先："论著作权制度中的利益博弈与利益平衡"，载《政法论坛》2013 年第 3 期。

❷ 熊琦："中国著作权立法中的制度创新"，载《中国社会科学》2018 年第 7 期。

的积极性会受到打击，不利于著作权产业的发展。[1] 效率原则下的著作权配置符合知识的广泛创作与传播，当存在某一冲突时，按照动态配置优于静态配置，此时不管创作者利益还是使用者利益均得到了最大化，缓解了创作者与使用者之间的利益冲突。

小 结

法经济学主要运用经济学方法对法律问题进行研究，立足于经济学分析一系列法律问题的有力工具这一基础之上。效率是法经济学中的核心，为了使著作财产权配置制度能够实现其设定目标，本书选取效率这一法经济学核心概念对著作财产权配置进行评价。

在不同语境下，效率存在不同的形态。著作财产权配置效率原则是指通过著作财产权配置实现收益最大化。著作财产权配置包括两种形式：静态配置与动态配置，与之对应，前者是著作权配置静态效率，后者是著作权配置动态效率。在效率原则指导下，著作财产权的静态与动态配置在一定程度上可以实现著作权制度直接目标。当两者存在冲突时，如果一方的效用的增加能够弥补另一方效用的损失时，那么此时的情形属于卡尔多—希克斯效率。鉴于著作权客体特殊性，著作权静态配置与动态配置冲突时，动态配置收益可以弥补静态配置的损失。著作权配置终极目标是作品得到最大化传播，动态配置可以促进作品的最大化传播。也就是说，卡尔多—希克斯效率是著作财产权动态配置优于静态配置的情形。

著作财产权配置存在自然权利论与功利主义论，但是两者均存在缺陷。自然权利论的著作权非理性扩张使公众产生了对著作权制度的信任危机；功利主义论的利益博弈未注重利益平衡，使创作者与使用者之间的冲突未能有效解决。可见，虽然创作人原则与功利性原则是著作财产权配置

[1] 陈燕红：“网络语境下我国音乐作品著作权保护研究——以利益平衡为论证展开范式”，载《河北法学》2015 年第 1 期。

原则，但是其也存在缺陷，需要予以修正，否则著作权制度设定目标难以实现。效率原则对创作人原则与功利性原则进行了修正，符合效率原则的著作财产权配置会实现著作权制度目标。这也是效率原则的学理依据。

第三章 著作财产权的静态配置效率

本章运用效率原则分析著作财产权静态配置。实现作品产出最大化是著作财产权静态配置目标，静态效率原则下的著作财产权配置可以实现这一目标。静态效率的判断标准取决于作品产出与投入资源的构成。作品的产出会受到创作者投入的资源、投资者投入的资本资源以及公有领域资源的影响。由于这些资源的存在，使得著作财产权的静态配置发生在创作者与社会公众之间以及创作者与投资者之间。为此，本章将运用效率原则分析上述主体之间的著作财产权静态配置。

第一节 著作财产权静态配置及其效率标准

著作权静态配置在于实现其静态收益。在著作财产权静态配置中，作品产出会存在不同资源的投入，这些资源投入会影响作品的静态收益最大化。静态收益最大化意味着著作财产权静态配置符合效率，效率的判断标准取决于作品产出与资源投入构成。

一、静态配置的特征与类型

（一）著作财产权静态配置的特征

著作财产权静态配置是立法者以法律形式对作品利益设定著作财产权

以及将其配置给不同主体的制度。著作财产权的静态配置有以下特点。

1. 主体的特殊性

著作财产权静态配置的主体一般是立法者，这是由著作财产权静态配置的功能所决定的。著作财产权静态配置的主要功能之一在于新兴利益的权利确认。权利会给著作权人一个稳定的收益预期，而这种预期应当具有权威性。相较于私人主体而言，公权力机关作为著作财产权配置的主体具有权威性。清晰的产权制度有助于定分止争。不同主体在发生涉及不同权利利益冲突时，立法者可以通过法律配置权利的形式解决所产生的纠纷。举例而言，某甲享有一块土地所有权，如果立法者没有以权利配置的方式设置地役权，那么在其他人不得不经过该土地时，会与土地所有者产生纠纷。而通过立法者配置权利，土地所有者和土地使用者就可以围绕地役权进行谈判协商以达成地役权使用协议，从而解决纠纷。

2. 内容的法定性

著作财产权静态配置具有法定性。主体之间的权利义务设定形式包括法定形式与意定形式。前者主要是立法者以法律形式确定某项利益，后者是当事人就某项事务签订协议，在他们之间形成某种权利义务关系。静态配置的著作财产权是法定权利，其对应着作品利益。著作财产权静态配置立法者在私人之间、私人与社会公共利益之间就一项新产生的、以前从来没有为任何人所有的利益之上设定权利，并将这一权利配置给主体，从而影响相关人之间的关系、预期和利益。立法者通过法律的形式赋予某一主体以著作财产权，著作权主体获得著作财产权以后，也就享有这种稳定预期利益。正因如此，静态的著作财产权配置需要以法律形式而非意定形式来实现。

3. 结果的静态收益性

著作财产权静态配置的结果收益性意味着作品的产出。著作财产权对应着利益，在作品上设置著作权意味着创作作品的主体获得由作品所带来的利益，从而有经济诱因去从事作品的生产。因为通过著作财产权的静态配置会形成有效约束。作品的公共产品属性使得任何人利用作品均不会影响其他人的利用，而市场机制在此类物品的产出方面会出现失灵。静态著作权配置为作品的利用划定了一定边界，形成约束机制，可以有效解决市场失灵。与其他领域一样，著作权客体的稀缺性是客观存在的事实，竞争是对稀缺资源的争夺，而设置财产权则是对竞争手段的约束。如果缺乏约束，竞争必然会陷入弱肉强食的丛林世界，从而导致极大的交易成本，造成租金耗散。通过设定财产权的方法，能够以著作财产权的排他性实现定分止争，从而降低交易成本，并使资源流入善用者手中。

由此可见，著作财产权静态配置的特点在于主体的特殊性、内容的法定性、结果的静态收益性。

（二）著作财产权静态配置的类型

在权利配置中，存在外部与内部配置的类型。所谓外部配置是指立法者将某一利益以权利化的形式赋予主体，形成权利主体与社会之间的外部关系；所谓内部配置是指立法者将已有权利基于某种标准在不同主体之间进行分配，形成不同主体之间的内部关系。具体到著作财产权静态配置中，则包括创作者与社会公众之间的外部配置以及创作者与投资者之间内部配置两种类型。

1. 创作者与社会公众之间的外部著作财产权配置

创作者与社会公众之间的外部著作财产权配置主要是立法者就作品的利益在创作者与社会公众之间进行的合理分配。创作者与社会公众之间的著作财产权配置有以下两个原因。

一方面，创作者投入的创造性劳动会增加社会的作品总量。创作者的创作行为会为社会增加可供人们欣赏与使用的作品，付出了创造性劳动。作为对这种行为的回报，立法者把作品所体现的利益赋予创作者，这种利益需要形成权利才可以得到有效保护。也就是说，社会需要通过法律的形式将创作者所创作的作品利益予以权利化，并将这一权利配置给创作者。

另一方面，作品创作不可避免地需要利用到前人的知识，也就是说，任何的创作都需要借鉴前人的知识与材料。这些前人知识属于公有领域资源，在这一情形下，创作者创作的作品不能由其完全独占享有。从劳动与获取的对等性来看，人们不应对其没有付出劳动的成果获得报酬。公有领域资源应当由社会公众享有而非创作人享有。因此，著作财产权配置中也就存在创作者与社会公众之间的静态配置。

2. 创作者与投资者之间的内部著作财产权配置

创作者与投资者之间的内部著作财产权配置主要源于作品产生的资源，这既包括创作者投入资源，也有来自投资者的报酬、薪金、物资设备等资本要素资源。自然人可以在独立状态下自主决定关于作品创作的相关细节，也可能在受到一定干涉情形下从事作品的创作行为。也就是说，作品的创作可能存在投资者资本资源介入的情形。

投资者资本资源介入会在以下情形中发挥作用。第一种情形是投资者与创作者存在劳动关系，投资者（雇佣者）付给创作者以薪金，创作者在职务活动中的创作行为。第二种情形的创作是由委托者发起，以酬金的方式委托受托者创作作品，受托者（创作者）的工作只需以自己的专业技能将委托者所要求的表达出来。第三种情形来自越来越多作品创作需要依赖大量投资。这些作品创作一般需要大量创作人员以及大量投资才能完成。例如，对于电影作品、大型软件作品而言，仅仅依靠单一自然人，很难有该类型作品产出。如果没有投资者的资金投入，很难产生这些作品。比如，一些好莱坞影片动辄几亿美元的投入，如《加勒比海盗 4》制作成本高达 3. 78 亿美元，《复仇者联盟 2》制作成本高达 3. 65 亿美元，这些优秀作品的产生离不开投资者的投资。可以预见，如果没有投资者投资此类作品的生产，那么人们很难欣赏到这些优秀的作品。当然，电影作品的创作行为是一种智力劳动，离不开创作人员如导演、编剧、舞美等人员的智力劳动。但是对于一部投资如此之高的电影作品而言，如果投资者不享有著作财产权，那么它的投资将难以得到有效保障。为此，著作财产权静态配置需要对投资者的资源予以考虑。

所以按照创作人与投资者（受托者）之间基础法律关系的性质，可以把资本资源介入创作的作品划分为劳动雇佣关系下的职务作品与委托创作合同关系下的委托作品[1]，以及需要大量投资才能产生的作品。

---

[1] 李芬莲、向波：“非独立创作作品及其著作权归属法律问题分析——兼论我国《著作权法》中‘法人作品’的修改建议”，载《电子知识产权》2016 年第 5 期。

二、静态配置收益所投入的资源

著作财产权静态配置在于实现作品产出这一静态收益。静态收益的产生需要资源的投入，静态收益会因资源投入的不同而有所不同。

（一）作品产出所投入的资源

任何产品的产出都需要投入一定资源。有形产品的产出离不开有形资源的投入。在有形物质生产中，如果存在劳务投入者与财力投入者分离的情形，那么产品的所有权往往是由提供薪金、资金和生产资料的一方所享有，而对于提供劳务的一方而言，往往仅取得事先约定的劳务报酬。也就是说，对于有形产品的产出而言，不同的资源组合会得到不同的产出。有效率的资源组合可以使产出最大化，但前提是这些资源可以物化为有形资源。

然而，作品和作品生产的特殊性改变了这个惯例。作为精神产品的作品，其生产也离不开资源的投入，但著作权客体是一种智力产品，它的产出很难物化为一种资源投入。与有形产品资源投入有所不同，作品产出需要多方面资源投入。这些资源不仅是源于不同主体，而且资源构成很难物化为有形资源进行比较。当然这并不意味着这一问题难以解决。

作品投入与作品产出是否有效率，与作品产出资源投入的构成有着密切的关系。一方面资源配置效率要求，以最小资源投入获得最大化产出，作品产出与资源投入的构成影响着资源配置效率。另一方面资源投入的构成与资源所有者有着密切的关系。资源所有者是著作财产权配置所考量的重要因素。这是因为不同主体投入的资源在作品产出的影响会有所不同，并且不同的所有者在利用资源方面有着不同的能力。在作品产出投入的资源中，包括创作者投入的资源与投资者投入的资源以及公有领域资源。

（1）公有领域资源。公有领域与资源是指不属于任何主体的资源，其主要包括不受著作财产权保护的部分，如前人所积累的知识。这些资源包括思想、已过保护期的作品、不受著作权法保护的客体等。使用者使用这些资源并不会产生成本，创作者在使用这些资源时无须为这些资源支付费用，因为它不属于任何主体。易言之，这些资源是由全体社会公众所享有。

（2）创作者投入的资源。创作者投入的资源主要包括作品的生产所付出的智力表达成本，如创作者所付出的独创性表达、时间等成本，还有诸如创作者为了创作作品投入的一些培训成本、器材等资源，如摄影师所购买的一些拍摄器材等资源。

（3）投资者投入的资源。投资者投入的资源是指作品的生产所付出的非智力的一些成本，主要是指资本。作品产出的资本资源主要是指雇佣者投入的薪金资源、委托者投入的报酬资源，以及视听作品创作所必需的场地、器材、资金等物质资源。

总而言之，作品产出所需的资源主要包括公有材料、创造力、知识储备、时间、报酬、薪金、物资设备、投资等要素。这些资源要素有些来自社会，如处于公有领域的内容；有些来自创作者，如创造力、知识储备、时间等；有些来自投资者，如报酬、薪金等。

（二）作品产出所投入资源的作用

作品产出投入的资源比较复杂，这些资源在作品产出的作用也有所不同。作品产出资源投入的复杂化使资源投入的构成会影响作品产出的数量与多样化。

创作者投入的资源可以促进作品数量的增长。作品的无形性与非消耗性使作品产出与有形物产出所投入的资源不同。作品的创作需要创作者的资源投入，虽然作品作为无形性客体并不稀缺，但是有价值的作品是稀缺的，而且是特别稀缺的。这也意味着社会需要通过创作者的资源投入来获取大量的有价值作品。从这个意义上来说，在作品的产出中，创作者投入的资源起着至关重要的作用。

创作者投入的资源既会使社会的作品数量绝对增长，也会增加作品的丰富度。作品的丰富度决定了人们选择精神文化产品的多样性。只有不断丰富作品的内容，人们才可能获取不同类型的作品。例如，人们可以看到各种题材的网络文学作品，欣赏到不同类型的画作，听到不同风格的音乐，正是创作者投入的资源，这些不同类型的作品才得以产出。

创作者投入的资源在作品产出中有着重要的作用，但投资者资本资源的投入也不可忽视，甚至可以说非常重要，因为它不仅可以丰富作品的形态，还可以提升作品的产出。著作权客体会随技术的发展而不断扩充，虽然说技术是扩充著作权客体范围的直接导火索，但是真正的原因在于，作品创作中的资本资源发挥着重要的作用。如资本资源在软件作品、地图作品、实用艺术作品、视听作品等的产出中有着重要的意义。

就电影作品而言，虽然我国的电影作品的题材越来越丰富，质量也越来越好，但是相比于好莱坞影片，我国的电影作品仍然存在一定的差距。再如软件作品，虽然经过多年的努力，我国软件产业得到大规模发展，但是我国与美国在软件产业发展上的差距仍然存在。如何使投资者去投资优秀电影作品、软件作品的生产，这是著作财产权静态配置效率所要回答的问题。对于投资者而言，他们是理性主体，他们需要考虑在约束条件下用经济学的最大化方法求解，以便考虑是否投资电影作品、软件作品的生产。如果仅仅是考虑大众获取这些电影，而不考虑电影生产者的利益，从长远来看，人们所获取的不同题材、不同类型电影作品将会越来越少。在这个意义上来说，投资者的资本资源在此类作品的产出中有着重要意义。

当然，任何作品的创作都离不开公有领域资源。公有领域资源的作用在于其孵育了作品的创作。每一部新作品都是以它之前的作品为基础的，这是一个真理，以至于它长期以来虽是陈词滥调、被人引用，但没有被质疑。在任何作品的创作中，作者的行为都更类似于翻译和重组，而不是从海洋的泡沫中创造出阿芙罗狄忒。作曲家重新组合他们以前听到的声音；剧作家把他们的角色建立在从真实的人类和其他剧作家的角色中提取的片段上；小说家从他们生活的经历以及前人的小说中提取相应的情节；软件开发者使用他们在其他软件中找到的逻辑；律师形成旧的论据以适应新的事实；电影摄影师、演员、编舞、建筑师和雕塑家都参与适应、改造和重组已经以某种其他形式存在的东西的过程，这不是寄生，这是创作的本质。在缺乏强有力的公有领域资源的情况下，其中大部分都是非法的。[1]也就是说，公有领域资源的作用会极大促进作品的产出。

三、静态配置的效率标准取决于作品产出与资源投入构成

（一）作品产出与资源投入的影响度

创作作品是依比例配置资源投入生产、产生新价值的过程。[2] 一般而言，作品创作行为由创作者实施，其生产资源也是由创作者所投入，但是在某些情形中，作品产生所需的生产资源并非完全来自创作者。也就是说，作品的创作会存在投资者资源的介入。作品产生的这种因果关系揭示了作品创作所含的要素以及提供者。[3] 然而，问题在于这些资源的投入都需要获得回报，那么如何在这些主体之间进行合理的权利配置以促进静态收益的最大化？有效率的静态配置是回答这一问题的答案。

效率原则下，通过著作财产权配置可以获得作品产出这一静态收益最大化。静态收益在于作品产出，它是立法者通过法律形式将作品上的利益权利化，并将这一权利按照一定标准在不同主体之间配置，由此所获得的收益。著作财产权的静态收益会受到不同作品资源投入的影响而存在不同的著作财产权配置类型。当作品的产出仅仅由创作者所投入，也即作品的产出并未受到其他资源的介入时，著作财产权的静态配置只需要考量创作者所投入的资源与公有领域资源即可。但是，当作品的产出受到投资者资本资源的介入时，作品产出这一静态收益会受到创作者投入的资源与投资者投入的资本资源两部分影响。前者指与具体作品直接相关，是创作者为作品产出所投入的资源；后者指一部分不关涉具体作品的创作，但对于自然人作者维持创作能力而言是必需的间接资源，其投入主要包括维持作品

[1] Jessica Litman, The Public Domain, 39 Emory L. J. 965 (1990).

[2] 蒋舸："雇佣关系与法人作品构成要件"，载《法律科学》2014 年第 5 期。

[3] 许辉猛："论委托作品条款的适用范围——以非独立创作作品的作品类型为视角"，载《河南财经政法大学学报》2012 年第 5 期。

创作的投资。在这种情形下，如何区分这两种资源在权利配置中的作用？这一问题的回答需要考量不同主体投入的资源影响度。经济学的观点认为，所谓影响度指如果对于财产的平均收入影响倾向更大的一方，那么得到的剩余份额也应该更大。[1] 在著作财产权静态配置中，影响度的判断受到主要资源、风险承担、成果利用等因素的影响。[2]

1. **主要资源**

作品创作的本质是创作者按照比例配置资源从而产出作品的过程。作品创作随着社会发展与技术进步，其投入的资源也会发生改变。在早期，作品的创作主要是原子化的个人活动，随着社会的发展包括作品创作在内的许多社会活动都在朝集体行为方向演变，作品创作资源也从个人投入的资源向投资者投入的资本资源演变。这也意味着，狭义的创作虽然只能由创作者所完成，但是对于文学、艺术、科学产品的产出已然不是由创作者一力所承担，作品创作生产要素变得复杂化。这种转变使得在考虑作品著作财产权配置问题时，不能不权衡作品产出的主要资源的投入情况。也就是说，如果作品产出主要依赖创作者投入的资源，那么创作者投入的资源属于主要资源；如果作品产出主要依赖投资者的资本资源，那么资本资源属于主要资源。

2. **风险承担**

著作财产权配置之所以还与风险承担紧密相关，是因为作品的创作中各要素投入者的风险偏好各不相同。不管是创作者的资源投入，还是投资者的资本资源投入，均意味着需要承担一定的风险。投入成本越多，风险越高，当然，风险也意味着回报，风险承担不同意味着回报模式也因之而异。例如，对于仅仅存在创作者投入资源的情形中，风险是由创作者一人承担，那么预期回报也应当由其享有。从雇佣作品法律规定中可以看到，在雇佣关系中，对于一部作品的风险承担而言，被雇佣者对于作品的创作是旱涝保收。在这种情形中，只有雇主需要面对市场风险，所以作品的著

---

[1] 吴春岐：“效率视野中委托作品著作权归属分析”，载《制度经济学研究》2003 年第 2 期。

[2] 蒋舸：“雇佣关系与法人作品构成要件”，载《法律科学》2014 年第 5 期。

作权应赋予雇主。

3. 成果利用

作品的产出并不是结束，作品的产出需要最充分的利用才符合效率。对于成果利用而言，不同的主体利用效果有所不同。有的主体能够实现作品的最大化利用，有的主体可能在作品的利用方面存在欠缺，不能实现作品价值最大化。一般而言，对于产出的成果利用能力高的主体应当配置著作财产权，以发挥其效用。但是，这是否意味着成果利用率较高的主体就应全部配置著作财产权，答案应当是否定的，因为著作财产权配置还存在其他条件，立法者不能仅仅因为成果利用率高就将著作财产权配置予这一主体。只有在其他条件同一的情形下，成果利用率越高的主体，著作财产权配置的影响度也越高。

（二）著作财产权静态配置效率标准的表征

著作财产权静态配置效率原则意味着静态收益最大化。问题在于，作品的产出所投入的资源具有复杂性，这里的资源包括创作者投入的资源、投资者投入的资本资源、公有领域资源。社会公众、创作者、投资者对产出的作品的索取权会形成著作权差异性效率集合，这种差异性效率的集合使著作财产权静态配置效率标准需要考量作品投入资源的构成。因此，著作财产权静态配置效率标准取决于作品产出与资源投入构成。

在著作财产权静态配置中，作品的产出都离不开创作者投入的资源与公有领域资源。当作品的产出仅存在创作者投入的资源时，那么此时著作财产权静态配置只发生在创作者与社会公众之间；当作品的产出存在投资者资本资源介入时，那么此时著作财产权静态配置会发生在创作者与投资者之间。前者的情形属于外部著作财产权静态配置，后者属于内部著作财产权静态配置。因此，著作财产权配置效率标准分为以下两种情形。

（1）外部著作财产权静态配置。一般而言，著作财产权静态配置是社会以赋予垄断著作财产权的形式激励创作者创作作品，作为对创作者创作作品的回报。基于理性人的视角考量，当社会在作品所体现的利益赋予著作财产权时，那么创作者越有动力去创作作品。因为创作者投入的资源越多，意味着作品的产出越多。并且当社会在作品上赋予的权利越多时，静态配置的收益也会越大。

但是作品中会存在公有领域资源，公有领域资源不属于任何主体。公有领域资源的存在会影响到作品利益的分配，如果赋予著作财产权范围过大或者著作财产权内容过多时，那么可能会损害社会公众对公有领域资源享有的利益。易言之，在这种情形下，著作权制度目标可能未得到实现。为此，外部著作财产权静态配置情形下效率标准还在于，作品的著作财产权静态配置应当是能实现著作权人的利益，且不损害社会公众利益。如此一来，静态配置方可实现效率原则所要求的静态收益最大化。

（2）内部著作财产权静态配置。在这种情形中，著作财产权静态配置是否符合效率标准，取决于在作品产出当中的创作者的投入资源与投资者的投入资本资源影响度，影响度的衡量因素在于主要资源的投入、风险承担、成果应用这些因素。作品产出与资源投入构成的影响度会因上述因素的不同而不同。这些因素在著作财产权静态配置中的作用是综合的，不能仅仅看其中一种因素，需综合分析。具体而言，如果创作者投入的资源的影响度高于投资者投入的资本资源的影响度，那么创作者与投资者之间的著作财产权配置应当优先考量创作者的利益分配。如果创作者投入资源影响度低于投资者投入资本资源的影响度，那么创作者与投资者之间的著作财产权配置应当优先考量投资者的利益分配。在一部作品中，创作者投入的资源的影响度可能较高，而投资者投入的资本资源影响度较低，也有可能反之。

综上所述，著作财产权静态配置效率标准取决于作品产出与资源投入的构成，作品产出与投入的资源获得静态收益越大越有效率。著作财产权静态配置效率标准分为外部与内部两种情形，外部静态配置的标准表现为对作品上的利益进行权利化，并且对作品所体现的利益赋予的权利越多，那么此时的静态收益越大；但是由于作品中存在公有领域资源，需要考量是否会影响社会公众对公有领域资源所享有的利益。内部静态配置的标准表现为，如果作品的产出存在资本资源的介入，那么此时应当考量创作者与投资者投入资源的影响度。

第二节 创作者与社会公众之间的著作财产权静态配置

在作品产出投入的资源中，包括创作者投入资源与公有领域资源。立法者以积极赋权的形式向创作者配置著作财产权以回报创作者付出的资源。创作者不能对公有领域资源享有著作财产权，社会公众对作品公有领域资源利益的享有是对著作财产权进行消极限制的方式来加以实现。

一、创作者与社会公众之间的著作财产权静态配置方式

（一）著作财产权的积极赋权

著作财产权积极赋权是赋予创作者享有独占使用作品并由此获得报酬的形式。著作财产权积极赋权的方式表现为立法者将作品上体现的利益以权利化形式配置给创作作品的主体。著作财产权积极赋权本质上是将作品中创作者投入的资源以著作财产权的形式进行保护，从而使作品创作者获得设置在作品上的利益。因为当作品受到著作财产权保护时，第三人想要传播和利用这一作品会受到法律限制。[1]

这种限制使创作者得以获取利益回报，在利益回报的推动下，创作者会创作出能够为作品使用人和社会带来直接经济价值的智力成果。智力成果的创造需要创作者投入资源，这些资源体现在创作者所付出的成本中。例如，创作者创作一部小说，其所付出的成本主要包括学习的成本、写作花费的时间成本、出版发行的成本，等等。社会应给予创作者回报，创作者才会有继续创作的动力。

---

[1] Erwin Chemerinsky, Balancing Copyright Protection and Freedom of Speech: Why the Copyright Extension Act is Unconstitutional, 36 Loy. L. A. L. Rev. 83 (2002).

为了使私有资源得到回报，著作权法通过积极赋权，赋予作者以著作财产权。从利益回报而言，著作财产权积极赋权的表现为著作权人在其作品被传播前获得足以激励其投资的收益预期。著作财产权积极赋权会给拥有著作财产权的人以利益回报。它使人们可以收获他们所播种的东西。例如，考虑到如果没有任何人可能在时间 2（收获时节）侵占该资源，那么投入者可以在时间 1 投入资源以获得回报。假设没有这种预期，那么人们会丧失这种播种的激励，从而减少作品的产出。[1] 现代著作权制度的核心是将作者所创作的文学、艺术和科学作品视为一种财富、一种财产权。

著作权制度的积极赋权可以激励创作最早由美国学者提出，该学者认为："没有收获的预期，就无人劳力播种。"[2] 在梅泽诉斯坦（Mazer v. Stein）案[3]中，美国法院也指出："将有价值的、可执行的著作财产权赋予创作者，可以激励文学与艺术作品的创作，这种通过赋予专有权给予创作者是推动公共利益的最好方式。"

著作财产权积极赋权的经济理由不仅限于创作激励，其设定目的还在于使交易费用减少，促进作品市场交易，转移信息资产，实现其最高价值的使用。法律可以通过清晰、简单地积极赋权来降低谈判成本，从而使私人物品有效配置。

考虑到交易费用时，著作财产权的积极赋权较为强烈，通过将著作财产权配置给作者而不是使用者，极大地节约交易成本。[4] 著作财产权积极赋权是在创作者与社会公众之间进行。一些作品虽然在经过著作权保护期之后进入公有领域由社会公众享有，但将著作权授予一群封闭的群体而非社会公众，仍然是行之有效的机制。理由有二：一是由作品使用人确定著作权人比创作者确定使用人更容易；二是如果将著作财产权赋予创作者，

---

[1] ［美］威廉·M. 兰德斯、理查德·波斯纳著：《知识产权法的经济结构》，金海军译，北京大学出版社 2016 年第 2 版，第 15－16 页。

[2] Paul Goldstein, Case and Materials on the law of intellectual property, 5 th edition, Foundation press, 2002. p. 6.

[3] Mazer v. Stein, 347 U. S. 201 (1954).

[4] William M. Landes & Richard A. Posner, An Economic Analysis of Copyright Law, 18 J. Legal Stud. 325 (1989).

那么只有那些实际上希望使用作品的人才需要获得许可。也就是说，创作者只需同一大群人中的小部分作品使用者签订许可合同。相反，如果社会公众的每一成员都有权使用作品，那么创作者需要同每一个能够获得他作品的人签订合同，而这无疑会使交易成本过高。[1]

总之，立法者以积极赋权的方式将著作财产权配置给创作者，以回报创作者所投入的资源，既存在合理的经济正当性，也有着交易成本降低的合理性。

（二）著作财产权的消极限制

在作品的产出中，创作者创作作品不可避免地会使用公有领域资源，公有领域资源所对应的利益归属于社会公众？著作权法以积极赋权的形式将著作财产权配置给著作权人，如何将作品中的公有领域资源的利益配置给社会公众？著作财产权消极限制无疑是有效的手段。作品是无形物，无法进行分割分别赋予著作财产权。为了阻止著作权人对公有领域资源的占有，著作财产权有必要进行消极限制。

消极限制是指对著作财产权保护的范围进行限制。不同于有形财产权，作品的著作财产权不存在一定的固定边界，需要通过消极限制来确定著作财产权保护边界。消极限制体现在对著作财产权的保护范围上，这种限制使著作财产权的保护范围会因公有领域而存在一定的边界。也就是说，消极限制是在享有著作财产权保护的作品中，划出有限的范围，供非著作权人无偿使用。

消极限制的存在契合了作品利用特征。作品作为知识的一种，社会公众需要利用包括受著作财产权保护在内的知识以增长智识。创作者所创作的新表达性作品，它既存在创作者所付出的创造性资源，如创作者的构思、表达等，也存在对已有作品中的材料进行借鉴，这些借鉴的内容包括以往作者的人物、场景等诸如此类的东西。如果没有著作财产权的消极限制，那么后创作者就难以利用作品创作者的作品进行创作。正如美国法官

---

[1] Wendy J. Gordon, An Inquiry into the Merits of Copyright: The Challenges of Consistency, Consent, and Encouragement Theory, 41 Stan. L. Rev. 1343 (1989).

斯托里（Story）所说：“每一本文学、艺术和科学方面的书籍都存在借用，而且必须借用和使用许多前人的内容和使用过的内容。”[1]

此外，著作财产权范围与社会福利之间有着密切的关系。著作财产权范围过大或者边界模糊，将构成著作权人利用著作财产权为了少数人的经济利益而控制多数人的行为。作品中的公有领域资源有着重要的作用，它是保证创作者得以有效运用各类素材从而实现顺利创作的源泉，也是实现资源有效配置的保障。如果人人都对公有领域资源予以垄断，前述公地悲剧的情形将会发生。创作者不能对公有领域资源的利益予以垄断，从这个意义上来说，创作者所创作的作品当中的公有领域资源不应由创作者享有。

创作者对公有领域进行占有，也不符合等价原则。如果社会配置给创作者对其所创作的作品以绝对权利，那么无疑会使作品中的公有领域资源被创作者独占。任何人对其付出的劳动应是其获得相应的报酬之内，而不能获得超出这一额外的收获，例如侵权的填平原则，民法当中的不当得利的返还等就是例证。并且，在著作财产权实施成本大于收益的情况下，即使著作财产权配置到著作权人手中，著作权人既无法利用，也无法转移，这会徒然造成社会资源的浪费。

综上，著作财产权消极限制取决于创作者作品中的公有领域资源。也就是说，当作品中有公有领域资源存在时，应在作品著作财产权划出一定的范围供公众使用。这不仅符合作品的利用特征，也避免了社会资源的浪费。

二、创作者与社会公众之间的著作财产权静态配置效率分析

（一）积极赋权效率分析

创作者投入的资源对应着著作财产权积极赋权。著作财产权静态配置

[1] Emerson v. Davies, 8 F. Cas. 615, 619 (C. C. D. Mass. 1845) (No. 4, 436).

中的积极赋权意味着社会给创作者所付出的私有资源以回报，确保创作者投入的资源能够得到相应的利益，从而促进作品的产出。有效率的积极赋权意味着著作权人投入的资源获得了回报。社会通过积极赋权的形式使著作权人获得控制作品市场利益的权利。但是积极赋权不能损害社会公众的利益，具体而言，创作者与社会公众之间的积极配置是否有效率可以考量以下因素。

其一，创作者投入的资源是否获得利益回报。创作者投入资源是否获得利益回报表现为作品上的利益是否得以权利化。作品是由创作者投入的资源所产出，作品所体现的利益如果没有上升为权利，那么很难保护其利益。因为作品具有公共属性，作品上的利益只有上升为权利，获得法律强制力保护之后，才能克服他人对作品利益的损害。因此，当社会配置著作财产权给创作者时，创作者才会获得利益回报，因为权利对应着利益。

著作财产权静态配置是为了实现客体之利益，这一利益需通过作品传播加以实现。易言之，作品的传播行为是实现作品利益的方式，而非任何作品利用行为都可以实现作品经济利益。譬如权利人作品上翻译利益的实现，在于控制翻译后传播作品的行为。对于普通人而言，其翻译一部作品，但并未传播，则其并未有损著作财产权的经济利益。所以说，创作者与社会公众之间积极赋权在于著作权人是否获得作品传播上的利益。如果一项著作财产权配置会获得经济利益，那么立法者应对此项利益配置著作财产权。反之亦然，如果一项著作财产权积极赋权不但未能给著作权人带来利益，反而影响作品利用，那么就不应当积极赋予著作财产权。

其二，著作财产权积极赋权是否会造成社会资源的浪费。在作品中存在公有领域资源较多的情形下，立法者应对著作财产权进行消极限制。如果积极赋权的结果会增加实施成本，那么可能会造成社会资源的浪费。因为宽泛的权利会诱使寻租行为，获取垄断收益，垄断收益的存在会造成社会资源的浪费。也就是说，在一些情形下，作品的积极赋权会造成社会资源的浪费。在此种情形中，社会需要对作品的利用进行消极限制，以减少社会资源的浪费。一方面，不应该在该项利益上设定著作财产权，而是应将其放在公有领域中，供公众自由使用，即赋予公众消极的“使用权”[1]，另一方面，对著作权进行限制，使公众可以在不付费的情形下使用该作品。

所以，对于创作者与社会公众之间的著作财产权静态配置而言，如果积极赋权不会造成社会资源的浪费且会激励作品的产出时，那么对作品进行积极赋权越有效率。但是，当对作品进行积极赋权会造成社会资源的浪费时，反过来说虽然作品当中的公有领域资源一定，但是会增加其他社会成本[2]，那么此类的著作财产权静态配置不符合效率。因为宽泛的积极赋权会诱发寻租行为，获取垄断收益，这样会导致社会资源的低效分配。[3]

总而言之，著作财产权积极赋权的效率在于，当著作财产权积极赋权不损害社会资源的或者有利于社会资源的减少时，那么其符合效率，因为积极赋权会带来静态收益。

（二）消极限制效率分析

公有领域资源对应着消极限制。著作财产权静态配置中的消极限制意味着，在作品中公有领域资源越多，越需要对作品著作财产权保护范围进行限制。如果消极限制有助于社会成本的减少且不损害著作权人市场利益时，那么对著作财产权进行消极限制符合效率原则。其判断标准在于，当作品中公有领域资源越多，那么著作权人的著作财产权范围会受到限制；反之，公有资源越少，那么社会赋予创作者的著作财产权范围越广。这也与美国著作权法关于合理使用判定四要素须考量作品性质相吻合。创作者与社会公众之间的著作财产权消极限制是否符合效率还可以考量以下因素。

其一，作品中的公有领域资源利益是否由社会公众享有。消极限制有着保障公有领域资源利益由社会公众所享有的作用。作品公有领域资源中的利益不属于著作权人的商业利益。著作权人的利益主要是通过作品市场

---

[1] 在这里，“使用权”并非一种法定权利，而是支配或利用资源的行为，其视为“权利”的消极限制。

[2] 如限制了作品的接触，增加了公众获取作品的成本。

[3] Glynn S. Jr. Lunney，Reexamining Copyright's Incentives—Access Paradigm，49 Vand. L. Rev. 483（1996）.

的控制来实现，那么对于不属于作品市场利益部分应当由社会公众享有。如此一来，不仅作品中的社会公众利益得以保障，还会促进作品的有效传播与利用。因此，作品中的公有领域资源利益是否由社会公众享有在于，作品中的非商业利益部分是否由社会公众享有。

其二，著作财产权范围是否符合作品中资源投入的构成。创作者与社会公众之间的著作财产权静态配置可以通过公有领域资源的利用来加以实现。但是，著作财产权会因作品的无形性而影响其内容的界定，因为著作权配置是立法者在作品上设定著作财产权，作品的无形性会影响著作财产权内容的清晰性与保护范围的可预测性。如果没有对著作财产权保护范围进行限制，对于像高交易成本但没有任何损害的情形、损害为负且默示同意的情形、损害为正但属于生产性使用的情形而言[1]，会极大地增加社会成本，阻碍著作权制度目标的实现。

著作权消极限制的考量因素表现为私有资源与公有资源的构成，那么如何区分作品当中两者的构成？这一问题之所以存在，是因为作品投入的资源具有无形性。对此，有两条路径可供选择。

第一，作品的性质。作品性质与作品所占用的公有领域资源有着密切关系。如果一部作品是新闻事实类、史实类作品，那么这部作品所占用的公有领域资源多于虚构类的作品。易言之，如果是纯属虚构的文学作品，那么这类作品的著作财产权保护范围大。对于事实类的作品，著作财产权的保护范围会较小，消极限制也会更多，对于此类作品的保护应当是消极限制多于虚构类作品，反之亦然。例如我国著作权法中关于新闻作品的法定许可制度。之所以对新闻等事实类作品作过多的限制，是因为新闻类作品中的公有领域资源较多，所以需要社会对其进行限制。

第二，作品创作的时间。对于作品创作的时间可以借鉴专利法的新颖性来区分，具体而言，在创作者创作某一作品之前，如果社会上存在此类作品元素，那么意味着这种作品存在较多公有领域资源。如果此类元素的作品在创作之前从未出现，那么意味着这种作品存在较少公有领域资源甚

---

[1] ［美］威廉·M. 兰德斯、理查德·波斯纳著：《知识产权法的经济结构》，金海军译，北京大学出版社 2016 年第 2 版，第 140－147 页。

至没有。

当然这只是一种思路，在发生具体案件时，法院仍然需要具体问题具体分析。也就是说，如果可以证明公有领域资源比率较高，那么社会公众（使用者）未经许可利用作品行为构成侵权的可能性比较低。

第三节　创作者与投资者之间的著作财产权静态配置

在作品产出中，除了创作者投入的资源之外，还存在投资者资本资源介入作品产出的情形，这时需要在创作者与投资者之间进行著作财产权静态配置。投资者的资本资源在作品创作中有着重要的作用。在不同的主体手中，投资者的资本资源存在不同的类型，主要包括制片者、雇佣者、委托者。所以创作者与投资者之间的著作财产权静态配置分为创作者与制片者、创作者与雇佣者、创作者与委托者这三种情形。

一、创作者与制片者之间的著作财产权静态配置

（一）视听作品著作财产权静态配置争论

电影作品抑或视听作品[1]，其特点在于创作主体的复杂性与创作成本的高昂性。创作主体的复杂性表现在视听作品包含多种作品类型，有音乐作品、美术作品、文字作品等，如视听作品拍摄需要剧本完成拍摄，而剧本是一种文字作品。整个视听作品集合了这些内容，这些内容并非一人创作完成。剧本由编剧完成、音乐作品由音乐家完成、美术作品由画家完

[1] 随着互联网科技的发展，微电影、微视频、网络直播等新型作品出现，传统“电影作品”的法律制度无法满足现实需要，国际上逐步使用“视听作品”的概念。2021 年 6 月 1 日最新施行的《中华人民共和国著作权法》中即为“视听作品”。如无特殊说明，本书当中的视听作品包括电影作品。

成。创作成本的高昂性表现在视听作品或电影作品的创作一般需要大量的投资才能完成。

视听作品创作主体的复杂性与创作成本的高昂性，使视听作品著作财产权配置变得较为复杂。《保护文学和艺术作品伯尔尼公约》虽然把“电影作品和以类似摄制电影的方法表现的作品”作为著作权法保护的客体，但是并未对“电影作品”的著作权归属作出统一规定，各成员有权依据国内法自行制定“电影作品”的归属制度。❶

为此，各国对视听作品著作财产权归属采取一些特殊的制度设计。如《美国版权法》第 201 条（b）规定，电影作品作为雇佣作品，雇佣者享有对电影作品的著作权。❷《英国版权法》第 11 条（2）规定，除合同另有规定，雇主为电影作品的著作权人。❸《意大利著作权法》第 45 条规定，电影作品著作权归属于作品制作人享有。❹《日本著作权法》第 16 条规定，对电影作品付出独创性贡献的都是作者，但是排除被改编的电影作品中的小说、剧本。❺ 可以看到，不同法系国家对于视听作品的著作权归属有所不同，英美版权法适用“视为作者”原则，“电影作品”的著作权归雇主。大陆法系著作权法多数适用“创作者是作者”原则，“电影作品”是合作作品。

我国 2010 年《著作权法》关于“电影作品”著作权归属制度设计兼采英美法和大陆法的做法，既规定制片人享有著作权，又规定导演、编剧等享有署名权和报酬权。❻ 这也造成我国关于电影作品法条之间出现矛盾、与基本法理相悖、与实践严重不符的情形。一方面直接简单规定电影作品著作财产权归制片者所有，另一方面又将署名权赋予导演、编剧等人。电

❶ 刘波林译：《保护文学和艺术作品伯尔尼公约（1971 年巴黎文本）指南》，中国人民大学出版社 2002 年版，第 68 页。

❷ 十二国著作权法翻译组：《十二国著作权法》，清华大学出版社 2011 年版，第 785 页。

❸ 十二国著作权法翻译组：《十二国著作权法》，清华大学出版社 2011 年版，第 572 页。

❹ 十二国著作权法翻译组：《十二国著作权法》，清华大学出版社 2011 年版，第 290 页。

❺ 十二国著作权法翻译组：《十二国著作权法》，清华大学出版社 2011 年版，第 370 页。

❻ 我国《著作权法》（2010）第 15 条规定：电影作品和以类似摄制电影的方法创作的作品的著作财产权由制片者享有，但编剧、导演、摄影、作词、作曲等作者享有署名权，并有权按照与制片者签订的合同获得报酬。

影作品的作者是制片者，还是导演、编剧等人，不能转让人身权利为何又发生了转让。

为此，诸多学者针对《著作权法》（2010）关于视听作品著作财产权归属所存在的问题进行了讨论。有学者指出：我国著作权法对于视听作品的著作权归属，应明确视听作品的创作者为作者。[1] 但也有学者反对这一观点，该学者认为电影作品中有事实作者与法律作者。虽然视听作品是由创作者实际创作其为事实作者，但是制片者是“视听作品”的法律作者，著作权由制片者享有而事实作者不享有著作权。[2]

视听作品创作主体的复杂性与创作成本的高昂性所造成的视听作品的争论仍在持续。如何实现视听作品著作权归属合理化，是立法者、学者和产业界所要解决的问题。

2020 年新修正的《著作权法》也对视听作品著作财产权归属作出相应修订。根据修正后的《著作权法》第 17 条规定：视听作品的著作财产权配置给制作者，包括编剧、导演等作者享有利益分享权。[3] 然而，虽然我国《著作权法》对视听作品著作财产权归属作出完善修订，但是仍然未逃脱著作权立法体系和逻辑混乱的窘境。

（二）视听作品著作财产权归属的效率分析

视听作品的创作不同于一般作品，其创作主体的复杂性与创作成本的高昂性，使其权属安排较为复杂。作品的创作离不开创作者的资源投入，但是有些作品的产出除了创作者的资源投入之外，还需要投资者资本资源的介入，视听作品就是如此。这两种资源的投入会影响视听作品著作权静

---

❶ 张春艳：“我国视听作品著作权归属模式之剖析与选择”，载《知识产权》2015 年第 7 期。

❷ 李伟民：“视听作品著作权主体与归属制度研究”，载《中国政法大学学报》2017 年第 6 期。

❸ 现行《著作权法》第 17 条规定，视听作品中的电影作品、电视剧作品的著作权由制作者享有，但编剧、导演、摄影、作词、作曲等作者享有署名权，并有权按照与制作者签订的合同获得报酬。前款规定以外的视听作品的著作权归属由当事人约定；没有约定或者约定不明确的，由制作者享有，但作者享有署名权和获得报酬的权利。视听作品中的剧本、音乐等可以单独使用的作品的作者有权单独行使其著作权。

态配置，也即影响这一类作品的著作权归属。视听作品著作权归属之所以有争论，是因为人们对视听作品的制作者投入的资本资源与包括导演、编剧等创作者投入的资源影响度的认识存在差异。

一般来讲，这两种资源是有限度的，但重要性不一样。著作财产权静态配置效率标准意味着，作品著作财产权归属于作品产出投入资本资源与智力资源影响度较高的主体。如此一来，才能更多更好地创造出经济和社会价值更大的作品。影响度在不同的作品类型中其体现有所不同。不可否认，在不同社会、不同历史时期或不同人群背景下，创作者投入的资源与投资者投入的资本资源的影响度是不同的。但就视听作品而言，投资者的资本资源的影响度高于创作者投入的资源。

首先，视听作品的主要资源是资本资源。可能有观点认为，在作者权法系，作品被认为是作者思想、情感和智力劳动的产物。作品与作者更被视为父与子的关系。作品的创作往往更依赖于创作者投入的资源，而不是包括资本资源在内的物质资源。这与一般物质生产是有所区别的。[1] 但是这并不能否定资本资源在视听作品中的重要性。视听作品是分工细致、投入较多的作品类型，相比于创作者的资源，资本资源更为重要。一部电影的制作成本非常巨大，如上文所述，有些视听作品的创作投入高达10多亿美元。如果没有投资者的投资，一部优秀的电影作品很难被创作出来。坦率地说，对于导演、编剧，即便再有才华，也很难在没有投资的情形下将一部成本高昂的电影拍摄出来。电影作品创作不同于一般文学艺术的创作，它离不开资本资源。

其次，视听作品的风险特别巨大。随着传播技术的发展，作品的传播成本非常低，甚至为零。新技术的发展不仅是人们进行创作的新工具，同时也是使用者非法利用作品的新手段。[2] 盗版者对网络大电影几乎可以实现“秒盗”，半小时完成抓取，3 小时完成盗版更新。盗版者对于视听作品的盗版会极大地影响视听作品的收益。从某种意义上来说，盗版行为会扩

---

[1] 许辉猛：“论委托作品条款的适用范围——以非独立创作的作品类型为视角”，载《河南财经政法大学学报》2012 年第 5 期。

[2] 梁志文：“网络服务提供者的著作权法规制模式”，载《法律科学》2017 年第 2 期。

大作品的广泛传播，但对于权利人来说，其利益会遭到较大的损失。一些潜在的投资者看到，如果没有法律对其利益加以保护，可能会影响其进一步投资拍摄电影，那么会使电影作品的类型越来越少。可见作品的广泛传播虽然会降低使用者接触作品的搜寻成本，但是会减少作品的收益，将减损电影作品的创作，作品不断增加的目标就难以达到，蛋糕未能做到最大。相比于创作者而言，投资者抗风险能力要高于创作者，投资者可以通过各种形式，对高投入的资本进行风险转移。

最后，视听作品的投资者著作权利用效率高。在现代，视听作品的投资越来越大，将视听作品的著作财产权配置予投资者符合稀缺资源利用效率。[1] 这有利于激励投资者投资此类作品生产，有利于形成经济活动的竞争规则且不会阻碍作品的传播，因为投资者为收回其投资成本，必然会采取各种方式使作品得以广泛传播，从而获取收益。例如，电影作品在电影院上映之后，会将著作财产权出售给网络平台，利用网络平台进行放映；随后将该著作财产权出售给电视台，在电视台中进行放映。这一过程的进行会使作品这一稀缺资源得到充分利用。此外，与一般自然人相比，投资者具有一定的团队，能够应对不同主体在作品著作财产权许可谈判各种情况。也就是说，投资者能够充分利用著作财产权，其成果利用能力一般高于创作者。

所以，不管是从主要资源，还是风险承担以及成果利用，视听作品当中的投资者投入的资本资源比创作者投入的资源影响度高。

二、创作者与雇用者之间的著作财产权静态配置

（一）职务新闻作品著作财产权静态配置争议

《著作权法》（2010）关于职务作品规定分为一般职务作品与特殊职务作品两类。根据《著作权法》（2010）规定，一般职务作品著作财产权配

---

[1] 田志康：“知识产权归属的法律效率原则、标准和影响因素”，载《科技与法律》2002 年第 2 期。

置给法人职工的自然人，但是法人享有使用权、分享许可他人使用收益权。特殊职务作品著作财产权配置给法人。[1]

这一条文符合著作财产权配置效率原则。在一般职务作品中，法人并不对某一具体作品产出投入资源，仅仅是为创作者提供薪金。也就是说，一般职务作品中，资源投入的大部分是由作为法人职工的创作者所付出。所以，一般职务作品著作财产权配置给创作者。但是由于作为投资者的法人为创作者提供薪金等间接资源。因此，法人获得作品的使用权以及分享许可他人使用收益权。

在特殊职务作品中，创作者主要利用法人的物质技术条件创作作品，并且这一作品的风险责任是由法人承担。也就是说，这些作品的产出直接资源是来源于法人所提供。从这个意义上来说，我国《著作权法》（2010）关于职务作品的著作财产权配置符合效率原则。

然而，第三次修正后的《著作权法》（2010），将记者职务作品从一般到特殊职务作品这一修订引发不小争议。2010 年《著作权法》将记者职务作品著作财产权归属于记者，属于一般职务作品。但是新修订的《著作权法》将记者职务作品著作财产权归属于设定为特殊职务作品。

著作财产权归属的这个变更，引起不小争议。支持的观点认为：新闻作品的著作权归属，从一般职务作品到特殊职务作品符合利益平衡。[2] 支持的观点主要从信息传播效率的角度分析。全媒体时代，媒体发生转型，媒体产业化使媒体单位更为重视新闻作品上的利益。在市场经济条件下，如果新闻媒体单位享有新闻作品的著作权，那么会提升信息传播的效率，

---

❶ 《著作权法》（2010）第 16 条：公民为完成法人或者其他组织工作任务所创作的作品是职务作品，除本条第二款的规定以外，著作财产权由作者享有，但法人或者其他组织有权在其业务范围内优先使用。作品完成两年内，未经单位同意，作者不得许可第三人以与单位使用的相同方式使用该作品。有下列情形之一的职务作品，作者享有署名权，著作财产权的其他权利由法人或者其他组织享有，法人或者其他组织可以给予作者奖励：（一）主要是利用法人或者其他组织的物质技术条件创作，并由法人或者其他组织承担责任的工程设计图、产品设计图、地图、计算机软件等职务作品；（二）法律、行政法规规定或者合同约定著作财产权由法人或者其他组织享有的职务作品。

❷ 王伟亮："从'一般职务作品'到'特殊职务作品'——利益平衡视角下的新闻职务作品著作权归属分析"，载《青年记者》2014 年第 31 期。

降低信息交易成本。全媒体时代，新闻作品的市场化使新闻作品具有较大的经济价值，但如果新闻作品著作财产权仍归属于记者，无疑会增加新闻传播的成本，如新闻媒体之间关于新闻作品谈判和转让的成本。[1] 从这个角度来说，报刊等新闻出版者的利益应当得到尊重。[2]

反对的观点则认为，当前新闻作品著作权归属有失公正。如果立法者将新闻职务作品归属新闻媒体，那么可能存在不符合伦理精神的嫌疑。因为相较于媒体而言，记者处于不平等的地位，将作品归属于媒体会有失公正。[3] 正因如此，有研究者就指出，新闻作品著作权归属不仅不应强化法人作品著作权归属，而是要取消法人新闻作品的相关规定。除此之外，还应强化新闻记者利益的保护，设立新闻记者经济著作财产权的最低保障制度。[4] 持这一立场的学者还认为，不管是从著作权立法目的、大陆法系著作权特点，还是从作品独创性原则与法律可操作性看，都应将新闻作品著作财产权配置给新闻记者。当然，为了实现法人与记者的劳资利益平衡，可同时规定单位两年的专有使用权。[5] 也有观点认为，从传媒产业的发展角度而言，新闻职务作品的著作财产权归属应当坚持两大原则：一是约定优先原则，二是最低著作财产权保障原则。在这两项原则指导下充分发挥新闻职务作品著作权归属制度保护著作财产权、平衡利益和激励创新的功能，最终促进我国传媒产业更好更快发展。[6]

（二）职务新闻作品著作财产权归属的效率分析

新闻作品著作财产权归属问题，存在著作财产权博弈与利益关系失衡

---

[1] 邹举："论新闻职务作品的著作权归属：兼议《著作权法》相关条款的修改"，载《国际新闻界》2013 年第 10 期。

[2] 郑艳馨、孙昊亮："全媒体时代'报刊转载'法定许可制度的完善"，载《青年记者》2015 年第 31 期。

[3] 刘海明："记者职务作品著作权归属的伦理反思"，载《编辑之友》2014 年第 8 期。

[4] 翟真："中国新闻作品著作权归属制度及完善"，载《中国出版》2018 年第 12 期。

[5] 李国庆："论记者职务作品的著作权归属"，载《新闻界》2013 年第 13 期。

[6] 王国柱："我国媒体职务作品著作权归属制度的完善——以《著作权法》的第三次修改为契机"，载《出版发行研究》2015 年第 2 期。

的现象。而这一现象产生的根源在于调整新闻作品著作财产权归属制度。[1]

从效率的角度分析，职务新闻作品的产出是由作为创作者的记者投入资源及作为投资者的媒体单位付出资本而产出的。新闻作品的著作权归属应当既考量新闻记者的资源投入，也需保障媒体单位资本资源的投入可以获得回报。问题在于这两种资源的影响度如何，同理，这需要用到上文提到的效率标准加以检视，比较这两种资源的影响度。

首先，从主要资源来看。与其他类型作品相比，在新闻作品的产出中，作为投资者的法人媒体投入的资本资源比作为创作者的记者投入的资源更加重要。法人媒体在新闻作品的产出中有着举足轻重的作用。新闻作品在于其时效性，对于突发事件的报道是新闻作品的特点。坦白来说，在对突发事件报道中，第一时间赶到现场并将其发回消息比是谁撰写或者解说、拍摄该消息要重要得多，而这离不开媒体在这一方面的资源投入。为了获取一手消息，媒体需要投入大量资本资源，如建立记者站、安排协调采访，等等。这些对于单个记者来说，比较难应对。此外，为了能够全方位地报道新闻，媒体需要购买专业设备，这些专业设备的购置费用必定由媒体所承担。这些资源的投入不菲，单一记者难以承担。所以，在新闻作品的产出中，媒体投入的资源属于主要资源。

其次，从风险承担来看。媒体承担风险能力比记者承担风险能力强。在媒体市场化之前，我国媒体是一种“事业单位”，由财政拨款，无须过多考量新闻作品经济利益问题。媒体之间的互相转载新闻被视为理所当然，互换新闻几乎是传统媒体的通行做法。随着媒体市场化到来，媒体企业性质进一步凸显，一些媒体不再由财政拨款。媒体经济独立性使媒体越来越重视新闻作品的著作权利益，保护媒体利益更是促进媒体融合和体制转型的关键。正因如此，媒体投入大量资源势必会面临大量风险，如果不能保护其著作权利益，那么可能没有媒体愿意生产新闻作品。这无疑对作品产出产生不利影响。当其他媒体实施抄袭、转载等侵权行为时，媒体维护其著作财产权较之于记者而言更有优势，因为相较于记者，新闻媒体作

---

[1] 王素：“新闻作品权利归属与行使中的利益平衡——以新闻媒体内部的著作权法律关系为视角”，载《出版广角》2016 年第 15 期。

为诉讼方其诉讼能力有着明显的优势。

最后，从利用成果来看。新闻作品著作财产权配置给媒体，有助于新闻作品的利用。随着全媒体时代的到来，媒体产业化日益显现出新闻作品的商品性，媒体之间的新闻作品交易与共享已然是常态。按照现行《著作权法》规定，虽然媒体享有对新闻作品的排他性优先使用权，但这并不意味着媒体享有对外授权的能力，因为媒体并没有新闻作品的完整著作权。在这一情形之下，会导致甲媒体允许乙媒体转载与使用新闻作品时，甲乙之间签订的合同效力存在疑问。将新闻作品著作权配置给媒体，不仅可以避免此类情形的发生，还可以减少彼此之间的谈判与转让程序，降低交易成本，提升媒体对新闻作品的使用效率和经营收益。

所以，在新闻作品的产出中，不管是从主要资源，还是风险承担以及成果利用，作为投资者的媒体单位投入的资本资源比作为创作者记者投入的资源影响度高。

三、创作者与委托者之间的著作财产权静态配置

（一）未明确约定下委托作品著作财产权静态配置困境

我国《著作权法》对于委托作品的著作权归属作出了相应的特殊制度设计，一是如果存在合同约定的情形下，作为民事权利的著作权由委托人与受托人合同约定，二是如果当事人未约定或约定不明，著作权属于受托人。[1] 委托作品著作权归属争议主要发生在第二种情形中。我国著作权法对合同未作明确约定或者没有订立合同的，著作权属于受托人的制度设计受到不少争议。

有学者指出：委托作品涉及的单向度倾向受托人之规定，会扩大受托

[1] 参见《著作权法》第19条规定：受委托创作的作品，著作权的归属由委托人和受托人通过合同约定。合同未作明确约定或者没有订立合同的，著作权属于受托人。

人的利益而忽略委托人的利益。[1] 该学者以摄影照片的著作财产权归属为例，随着人们生活水平提高，越来越多的人去拍摄艺术照片。这里就存在一个问题，艺术照片的著作权归属于谁。之所以存在这一问题，是因为除了法律专家学者外，一般人去拍摄艺术照片时，很难会想到跟照相馆产生著作权纠纷，所以不会与照相馆签订委托合同时约定照片著作权归属。退一步讲，即便委托人与照相馆签订合同，也是照相馆所提供的格式合同。根据照相馆提供的格式合同，著作权必然属于受托方。这是因为很多人拿到合同后，很少仔细阅读相关条款，而直接签名。如此一来，艺术照片的著作权十之八九归属于照相馆。

根据这一观点，在这种情形下，委托人的利益难以得到保障。一个人去照相馆拍摄了艺术照片，其只能获得照片载体的所有权，却不享有照片的著作权。根据法律规定，其只能自己欣赏照片或者在不属于向公众传播的亲属之间传播。但是如果想要上传到互联网，则必须征得著作权人照相馆的同意，否则会侵犯照相馆的著作权。艺术照的著作权对于照相馆而言，除用于为难消费者之外，没有更多的使用价值，因为如果照相馆想要使用艺术照片也可能会侵犯消费者的肖像权。可见，这种简单的规定是否有助于委托作品的利用效率是值得商榷的。[2]

这种情形在司法实践中引发诸多争议。司法实践中，如果存在合同，则遵循意思自治的原则；但是如果不存在合同时，如何分配委托作品的著作财产权会存在争议。一种意见认为，未明确约定委托作品权属应归属于创作者享有，在“史某某与孙某某等著作财产权合同纠纷上诉案”[3] 中，法院认为，对于约定不明的委托作品著作权归属于作者享有。另一种意见认为，委托作品的著作权可以归属于委托人。在“张某某与中央电视台著作权纠纷上诉案”[4] 中，法院认为，因对委托作品的使用所产生的责任由中央电视台承担，所以中央电视台享有委托作品相关权益并无不当之处。

---

[1][2] 石金钢：“委托作品的著作权归属——兼评《著作权法修改草案》相关规定”，载《中南民族大学学报（人文社会科学版）》2012 年第 6 期。

[3] 湖北省高级人民法院民事判决书（2009）鄂民三终字第 18 号。

[4] 北京市第一中级人民法院民事判决书（2002）一中民终字第 485 号。

当然，也有法院直接判决归委托人所有，在“杨某某诉修建灵塔办公室著作权纠纷案”[1] 中，法院就判决灵塔的著作权归灵塔办公室，即委托人。

为了解决司法实践中的争议，最高人民法院发布司法解释以澄清这一问题。根据司法解释的规定，对于未明确约定使用范围的委托作品著作权归属，委托人可以在委托创作的特定范围内免费使用该作品。[2] 从理论意义上而言，这似乎比较公平地协调了委托者与受托者之间关于委托作品产生的权益。[3] 但却对特定目的范围的判断标准语焉不详，导致使用范围难以确定。也就是说，这一问题仍然存在争议。

（二）未明确约定下委托作品著作财产权归属的效率分析

对于委托作品制度目的的实现而言，准确适用委托创作关系、委托创作的合同约定、委托人获取的权益三个核心要素有着重要的影响。[4] 针对未明确约定下委托作品著作财产权归属，有观点指出未明确约定下的委托作品的著作财产权归属，可以根据委托人身份属性、经营范围、特定目的以及作品使用方式等因素来加以认定。[5] 此外，也有观点认为，在委托作品中，委托人的利益应当予以保护，未明确约定归属的委托作品仅仅以强制性规定配置给受托人损害了参与创作的委托人利益。至于如何保护委托人利益可以根据委托作品当中的独创性部分完成不同，来确定著作财产权归属，以保护参与创作的委托人著作财产权。[6]

虽然这些观点有其合理性，但也存在不足之处。委托作品特殊属性在于委托作品中既存在资本资源的投入，也存在智力资源投入。如果著作权归属仅考量独创性会陷入独创性判断的桎梏之中，而仅考量委托人身份、经营范围等属性来进行利益的平衡并未从本质上去解决这一问题。委托作

---

[1] 西藏自治区日喀则地区中级人民法院（1995）日中民初字第07号民事判决书。

[2] 《最高人民法院关于审理著作权民事纠纷案件适用法律若干问题的解释》第12条。

[3] 如司法解释规定在委托创作的特定目的范围内免费使用委托作品的权利。

[4] 陈明涛：“委托作品权利归属法律适用标准之探讨”，载《社会科学》2015年第2期。

[5] 宋慧献、张今：“作为为他作品的委托作品：目的价值与权利分配”，载《电子知识产权》2018年第1期。

[6] 潘霞：“委托作品著作权归属及其完善”，载《出版发行研究》2014年第7期。

品的著作权归属存在创作人原则下的受托者、功利性原则下的委托者。在这种情形下，创作人原则与功利性原则的著作财产权配置指导力均已不足。

委托作品不存在合同约定或约定不清晰情形下所造成的争议，其产生的根源在于委托者与受托者对他们投入的资本资源与投入资源影响度的认识存在差异。按照效率原则，这种情形下的著作权归属可以分析两者主体在作品的创作中所付出的资源影响度来确认其著作权归属。委托作品的产出资源投入中包括作为创作者的受托人投入的资源与作为投资者的委托人投入的资源。也就是说，未明确约定的委托作品著作权归属需要对这两种资源进行比较以确定其归属，这时需要用到上文提到的效率标准加以检视。

本书认为，在委托作品中，投资者投入的资源影响度小于受托者投入的资源。首先，就主要资源而言。委托作品中，作为创作者的受托人与委托人协商委托事宜时，受托人一般会将创作作品的成本考虑到报价中。例如，人们委托摄影师拍摄摄影照片时，摄影作品的创作并不会因为没有委托者投资而不能产生委托作品。例如，即便甲不进行委托创作作品，乙也有可能委托其他摄影师去创作委托作品。也就是说，在委托关系中，作为投资者的委托人投入的资本资源不会影响委托作品的创作。因为委托合同成立之前，委托人就承担了诸如专业器材、智力等这一具体成本，所以离开资本资源，受托者也可以完成作品创作。因此，在委托作品中，作为投资者的委托人投入的资本资源与作为受托人的创作者投入的资源相比较，创作者投入的资源为主要资源。

其次，就风险承担而言。委托人与受托人之间的关系是孤立的、短期的、临时的，这些关系使受托人很难要求委托人承担创作作品的主要成本。不管是创作作品的设备成本、场地，还是创作者谋生与继续教育的成本，风险都是由受托人自己承担。例如，受托人作为摄影师，其前期的摄影技术的培训、摄影器材的购买等都是由受托人所承担。在没有人委托其创作摄影作品时，这些资源的投入可能成为机会成本，存在较大风险，但是这些风险却都是由受托人（摄像师）承担。

最后，从成果利用看。受托者的利用效率比委托者的利用效率高。再以摄影作品为例，作为创作者的摄影师为某一委托人拍摄一幅摄影作品，对于委托人而言用处较大，因为其可能只是想利用该摄影作品的物权，摄影作品的物质载体照片。诚然，如上文学者所提到的例子，艺术照片的拍摄者在行使其著作财产权时会受到肖像权的影响，但是这并不能否定摄影师对摄影照片作品权利的利用较低。例如，如果摄影师开设了一家照相馆，那么摄影师可以利用这一著作财产权权能的展览权以实现推广照相馆，起着良好的广告效应。而且对于委托人而言，如果在相关创作中并无长期利益，那么在降低作品传播成本方面也就未必能取得规模优势。从这个意义上来说，受托人对创作成果的利用也比委托者高。

所以，在未明确约定的委托作品的产出中，不管是从主要资源，还是从风险承担以及成果利用来看，作为投资者的委托者投入的资本资源比创作者投入的资源影响度低。

小　　结

著作权的客体无形性，使作品会存在外部性，造成作品生产动力不足的市场失灵。著作财产权静态配置可以克服这种市场失灵，立法者通过静态配置著作财产权的形式，赋予创作者对作品以垄断权，从而激励创作者创作作品，增加人类的作品储量，从而实现著作权制度目标。

在效率原则指导下，著作财产权静态配置可以实现著作权制度目标，也就是说，符合效率原则标准的静态配置可以实现著作财产权制度目标。静态效率标准取决于作品产出与资源投入构成。一般情形下，作品产出投入的资源中只有创作者投入的资源，然而，社会和经济的发展导致作品的创作会存在资本资源的介入。所以，作品的产出会存在公有领域资源与创作者投入的资源以及投资者投入的资本资源。

作品的产出中，如果没有资本资源的介入，那么此时仅仅发生创作者与社会公众之间的外部著作财产权静态配置；如果存在投资者资本资源的介入，那么此时会发生创作者与投资者之间的内部著作财产权静态配置。

在外部著作财产权静态配置中，作品存在创作者投入资源与公有领域资源，此时，著作财产权静态配置存在于创作者与社会公众之间。创作者与社会公众之间的著作财产权配置取决于创作者投入资源与公有领域资源，其方式是在积极赋权与消极限制中寻求有效率的制度安排。著作财产权积极赋权如果能够促进作品静态收益最大化，且不会造成社会资源增加，那么符合效率。由于作品中存在公有领域资源，所以需要对作品的著作财产权进行消极限制。如果作品中公有领域资源越多，那么著作财产权的消极限制范围也越多。

在内部著作财产权静态配置中，作品创作会存在投资者的资本资源介入，资本资源会由制作者、雇佣者、委托者等不同主体投入，因此，在内部配置中，著作财产权静态配置存在于创作者与投资者、创作者与雇佣者、创作者与委托者之间。创作者与投资者之间的著作财产权静态配置是否符合效率，取决于创作者投入的资源与投资者投入的资本资源的影响度。如果投资者投入的资源高于创作者投入的资源影响度时，那么作品著作权配置应当偏向于投资者；如果创作者投入的资源高于投资者投入的资源影响度时，那么作品著作权配置应当偏向于创作者。当然，不管是哪种情形均会存在公有领域资源，在内部著作财产权配置完成之后，著作财产权静态配置仍然需要考量作品中的公有领域资源。

第四章　著作财产权的动态配置效率

本章运用效率原则分析著作财产权动态配置。著作权既是技术发展的产物，也是市场经济发展的产物，著作权动态配置在于实现著作财产权动态收益。效率原则下的著作权动态配置会促进作品的广泛传播，著作财产权动态配置通常表现为著作财产权交易过程。交易是著作财产权动态配置的重要方式，其包括自愿交易与非自愿交易。在市场竞争原则下，市场主体之间的著作财产权自愿交易会使双方利益最大化。自愿交易在交易成本较低的情形下可以有效进行，但在较高交易成本情形下，需要法律加以干涉，以润滑交易，这种在法律干涉下的交易被称为非自愿交易。本章主要围绕著作财产权动态配置效率展开，研究著作权动态配置中的自愿交易与非自愿交易效率问题。

第一节　著作财产权动态配置方式与效率标准

著作财产权动态配置目的在于实现著作财产权流转价值增值的动态收益。由于资源配置的实质是资源上权利的配置[1]，著作财产权作为作品上的权利，其动态配置有助于实现作品的有效配置，实现其广泛传播。交易是著作财产权动态配置的主要方式，但是交易存在交易成本。著作财产权

[1] 吴汉东："合理使用制度的经济学分析"，载《法商研究》1996 年第 2 期。

动态配置的效率标准取决于交易成本。

一、交易是著作财产权动态配置的主要方式

（一）著作财产权交易的概念与特点

在市场环境中，不同当事人对于权利的不同估价是权利发生交易的源头。作为经济学的常见概念，交易是人们经济活动的基本组成单位，交易是界定不同主体之间的权利交换关系。[❶] 关于交易，康芒斯指出："交易是一种合法控制权转移的单位，是财产权利的互动行为。"[❷] 由此可以看到，交易是在不同主体之间实现权利转移的经济行为，它源于不同主体对权利的估价不同。

著作财产权交易是指作品著作权人将作品著作财产权作为一种特殊的商品，以许可、转让、质押、出资等方式与其他人进行交易的经济行为。许可是著作财产权交易的常见形式。著作财产权许可存在两种情形，一种是专有许可，另一种是非专有许可。著作财产权专有许可是指著作财产权被许可人除自己可以实施该项专有使用权之外，还可排除许可人自己实施；非专有许可则不同，著作财产权被许可人只能自己实施，不能排除著作权人再进行许可。[❸]

著作财产权交易之所以发生，原因之一在于创作者在对自己作品利用的能力上存在欠缺。比如说，作者自己不能对作品进行出版印刷，但对于出版商而言，其在作品利用方面有着优势，在这种情况下，作者须委托他人对作品进行利用。这也是为什么在现实生活中，著作财产权的主要使用几乎总是许可他人使用。当一本烹饪书的出版商在其最新出版的书中加入一份食谱，当一家医学杂志重新发表了一篇学术文章，当一家电影公司制

---

❶ 黄少安：《产权经济学导论》，山东人民出版社 1995 年版，第 158 页。

❷ ［美］康芒斯著：《制度经济学（上册）》，于树生译，商务印书馆 1997 年版，第 73 页。

❸ 吴汉东：《知识产权基本问题研究》（第二版）（分论），中国人民大学出版社 2009 年版，第 168－169 页。

作了一部票房大卖的续集时，所有人都会向著作权所有者寻求许可。

著作财产权交易存在交易主体的特殊性、交易内容的复杂性、交易客体的无形性、交易方式的多样性等特点。[1]

（1）交易主体的特殊性。著作财产权交易主体较为特殊。一般而言，作品上的署名者即为作者，但作者不一定是著作权人。也就是说，有权交易著作权一方并非原始创作者，这是因为著作权交易限于著作财产权，而不是涉及著作人身权。此外，在一些特殊作品中，著作权主体也较为特殊，如合作作品、演绎作品的著作权主体，其著作权主体更为特殊。

（2）交易内容的复杂性。在著作财产权交易中，交易的内容较为复杂，因为它不是一项著作财产权，而是一束权利。著作财产权交易内容既可能涉及著作财产权束中的某一项，也有可能涉及一束著作财产权中的某几项或一整束。此外，随着国际著作权贸易的发展，国际之间的著作财产权交易日益繁荣。虽然《伯尔尼公约》对著作权作出了一般性规定，但是各国对于著作权的规定仍不尽相同，这也使著作财产权交易变得更为复杂。

（3）交易客体的无形性。与有形财产权相比，著作权交易客体具有无形性。著作权交易是著作权人对其享有的著作权进行变动的过程。在有形财产权交易中，有形客体与其财产权具有同一性，有形客体在财产权发生转移时，一般客体也会发生移转。但是著作财产权则不同，作品是著作权的载体。著作权客体的无形性意味着作品的移转并不必然导致著作权移转。

（4）交易方式的多样性。根据著作财产权交易是否出于自由意志表达来许可著作财产权，著作财产权交易又分为自愿交易与非自愿交易。自愿交易是指著作权人按照意思自治原则，通过与被许可人签订合同，许可使用人根据合同规定的内容和范围使用其作品；非自愿交易是指在某些特殊情形下，著作权人受到外力干预而非自愿进行的著作权许可交易。

---

[1] 来小鹏：《著作权交易制度研究》，中国政法大学出版社 2009 年版，第 17 - 19 页。

（二）交易实现了著作财产权的动态收益

著作财产权动态配置是权利在不同主体之间进行流转以实现其优化配置的过程。交易是实现其动态收益的重要方式，通过著作财产权交易，著作权人将作品中的一项或多项著作财产权提供给著作权经营者和使用者获取报酬的同时，也有助于著作权的市场增殖。

第一，著作财产权价值的实现有赖于交易。从著作财产权价值实现角度而言，知识产权价值实现不同于物权。在物权领域中，财产和财产权利是一致的，无须进行区分。也就是说，有形物所有权即使不经过交易，仅通过静态的持有也能实现其经济价值。例如，一块面包所有者无须转移，可以自己吃掉这块面包来填饱肚子，实现其价值最大化。但是，著作财产权则不同，著作权人自己行使著作财产权并不能实现其效用最大化。著作财产权内容可以简单地概括为作品以复制、传播等作品使用行为的规则。对于一部作品而言，著作权法赋予其控制作品多重利用方式。这些利用方式是作品的价值实现方式。如果创作者创作一部作品仅仅利用某一种价值，那么作品可能没有得到最大化利用，会造成作品资源的浪费。例如，某人创作了一部作品，著作权法赋予其对作品复制权、改编权、摄制权、信息网络传播权等，如果作品著作权人仅仅利用复制这一作品的传播方式，显然未能实现其价值最大化。

第二，著作财产权的期限性使其需要交易来实现其收益。不同于有形财产权，只要其不消灭，权利便可一直存在，对于著作财产权而言，法律规定着严格的存在期限。我国《著作权法》第 23 条规定：自然人享有的著作财产权期限为身前加死后 50 年。也就是说，著作财产权期限届满便流入公有领域而不复存在。换言之，如果著作财产权不在法定期限内进行流转，那么意味着其没有通过动态流转而使主体获利，最终著作财产权本身这一存量也将不复存在。易言之，若著作权人不在法定时间内将著作财产权这一存量转化为流量实现其经济利益，那么在期限届满后也就不复存在。这对著作权人而言无疑是一种较大损失。

第三，交易可以实现著作财产权的增殖。现代著作权法会鼓励创作者创作出有影响力的作品，并为这些作品的商业化提供诸多便利。[1] 著作财产权可以为著作权人带来经济利益，受让人基于转让合同，取得了作品的著作财产权。著作权人可以利用著作财产权获得利益，成为这些利益的受用者，受让人可以利用转让的权利获取利润。随着著作财产权的不断交易，其利益得以不断生成，这也意味着著作财产权利益具有再生性。除此之外，著作财产权交易的增殖还在于，著作财产权的每一项具体权能都能进行细分。[2] 例如，作品传播是作品价值实现的重要方式，作品著作权人享有广播权、表演权，著作权人可将同一作品的表演权转让给演出单位，广播权转让给广播单位，翻译权转让给翻译人等，从而使作品产生更大的社会效益。

第四，著作财产权交易是创作者经济来源的手段，交易会满足创作者获取经济来源的需求。作品创作不可避免地需要耗费创作者大量成本，在社会不给予作品创作补偿的情况下，创作者创作作品的动机必定会因此受损。而通过著作财产权许可使用，著作权人至少能禁止一定的作品使用形式，从而令创作者在边际成本之上收回成本。[3] 换言之，著作财产权交易使著作权人获得了长期稳定的效益。而且对于大多数作品而言，创作者个人的控制能力总是十分有限，如果作品仅仅由作品创作者控制，无疑会损害社会利益。通过著作财产权的许可使用，在某种意义上起到为作品广告宣传的作用，尤其是创作者未涉猎的领域，会给创作者带来意想不到的额外收益。

综上，虽然著作财产权也具有排他性的特征，但它与一般的财产所有权不同，其无法以排他性占有而直接实现著作权人的利益增长，只有动态配置才能实现著作财产权的优化配置。交易是动态配置的重要方式，正是在著作财产权交易机制作用下，全体作品消费者实现了利益满足。易言之，通过交易实现了著作财产权的动态收益。也就是说，交易不仅会实现

---

[1] 叶姗："著作权保护的现代发展：从侵权限止到交易励进"，载《河北法学》2009 年第 4 期。

[2] Oren Bracha，Standing Copyright Law on Its Head – The Googlization of Everything andthe Many Faces of Property，85 Tex. L. Rev. 1799（2007）.

[3] 杨志祥："著作权许可使用的经济学分析"，载《学术论坛》2007 年第 7 期。

著作财产权延伸应用的价值最大化[1]，还使创作者利益得到了保障。

二、动态配置效率标准取决于著作财产权交易成本

交易会实现著作财产权动态收益。由于交易成本的存在，交易并非总是顺畅进行，在现实生活中交易成本如同摩擦力一样真实存在。虽然交易成本的存在是一些交易存在的前提[2]，但过高的交易成本会阻碍有效交易的进行。一般而言，作品使用者使用受著作权保护作品的交易成本包括搜索成本、确定著作权人偏好的成本和谈判的成本。[3] 这些成本会受到著作权交易主体的确定性、著作权交易内容以及著作权设权方式的影响。

（一）著作财产权交易成本的构成

著作财产权交易是存在成本的。交易成本对著作财产权交易的影响体现在，交易成本越高，著作财产权交易的可能性越小。这是因为，如果交易成本过高，作品的价值会消耗在流转过程中，不仅会造成交易方利益的损失，还会导致社会资源的浪费。也就是说，高昂的交易成本会阻碍资源的有效利用与分配。在较高交易成本的情形下，如果仍然继续交易，那么会增加社会成本，最终导致著作财产权动态配置无效率。

著作财产权交易会由于下述原因而造成成本高昂：一是著作财产权交易存在主体特殊、内容复杂等特点；二是著作财产权交易双方的有限理性与机会主义做法，使著作财产权交易存在不确定性。[4] 高昂的交易成本会阻碍著作财产权优化配置，使得促进作品高效利用的著作权目标难以实现。如果著作财产权交易因交易成本过高而未能进行，那么著作财产权以及作品的价值难以发挥，会引发社会资源的浪费问题。也就是说，著作权

---

[1] 蔡琳："论知识产权权利的动态属性"，载《人民论坛·学术前沿》2017 年第 15 期。

[2] David M. Driesen & Shubha Ghosh, The Functions of Transaction Costs: Rethinking Transaction Cost Minimization in a World of Friction, 47 Ariz. L. Rev. 61 (2005).

[3] Oren Bracha, Standing Copyright Law on Its Head – The Googlization of Everything and the Many Faces of Property, 85 Tex. L. Rev. 1799 (2007).

[4] 邓辉："论知识产权交易费用的降低"，载《知识产权》2000 年第 3 期。

交易不应发生在过高的交易成本情形中，以避免社会资源的浪费。在这之前需要考察著作财产权交易存在哪些交易成本，换言之，著作权交易的成本由哪些构成。

著作财产权交易成本由哪些构成，需要考察交易的过程。市场环境下，交易成本是通过市场这只“无形的手”所产生的费用。著作财产权交易费用来源于作品使用权交易发生的成本。一般而言，一项作品著作财产权交易分为寻找交易对象、与交易对象进行谈判达成协议签订合同、履行合同这三个步骤。与之对应，著作财产权交易成本可以分为，搜寻交易主体的成本（搜寻成本）；与交易主体谈判的成本（谈判成本）；履行合同的成本（履行成本）。也就是说，著作财产权交易包括搜寻成本、谈判成本与履行成本。

（1）搜寻成本。搜寻成本是指寻找交易方的费用。搜寻成本主要由确定著作财产权状态成本和确定著作权人成本所构成。具体而言，搜寻成本包括获得与交易方有关信息的费用，主要包括获取作品著作财产权信息、收集作品价格信息、传播作品价格信息、获取作品质量信息等费用。搜寻成本与当事人使用作品的方式有着密切的关系，如果作品使用者使用整部作品，当事人搜寻著作权交易主体相对简单，交易成本也较低；如果使用者欲使用多部作品，那么搜寻量会大大增加，成本则迅速增加。此外，搜寻成本还与商品与服务的类型有关，如果是独特的商品或服务，则搜寻成本高；如果是标准化的商品或服务，则搜寻成本低。

（2）谈判成本。谈判成本指著作财产权交易双方对交易事项进行讨价还价的成本。谈判是交易双方交流的过程，交流有多种成本，如租用会议室、雇用速记员，以及在谈判中花费的时间。谈判成本与著作财产权市场成熟程度有着密切关系。如果著作财产权市场相对成熟，那么在作品使用权交易形式、期限、价格等标准就会相对确定，这种情形谈判就相对简单，谈判成本也会相对较低。谈判成本还与著作财产权交易当事人的偏好有关，一些当事人由于存在各种偏见导致谈判成本过高。例如，当著作权人反对使用他的作品，但最初著作权人和使用者都对许可有兴趣时，这种额外成本将在谈判过程中产生。此外，谈判成本与谈判人员的多少也有密切关系。如果谈判的成员较少，那么谈判成本低；如果谈判人员多，尤其是他们又彼此分散时，谈判就会变得更加昂贵和困难。

（3）履行成本。履行成本主要包括两个部分：用户发布其使用作品时的成本和著作财产权所有者监控其作品使用的成本。如使用者可能会发布他打算使用的相关作品时产生的一些成本，反过来，著作权人也会因为试图弄清他们的作品是否会被使用而付出代价。监控作品使用的成本是执行著作财产权交易合同、监督合同履行、解决合同纠纷发生的费用。著作权交易合同起草的成本主要包括起草、讨论、确定著作财产权交易合同的成本。由于订立契约时当事人可能因无法预知的情况需要强制执行对方履行协议，或者激励对方完成协议。在有限理性的情况下，此类因协议而产生的成本是履行成本。履行成本与市场法治化的程度、当事人的品行关系较大。❶

综上，著作财产权交易成本是影响著作财产权交易的重要因素。交易是著作权动态配置的重要方式，对于著作财产权动态配置效率而言，需要分析社会为此所付出的交易成本。著作财产权交易成本主要包括搜寻成本、谈判成本以及履行成本。

（二）著作财产权交易成本的影响因素

上文回答了交易成本的类型，那么哪些因素会影响著作财产权的交易成本？笔者认为主要有以下三个因素。

1. 著作财产权交易主体的复杂性

在具体的著作财产权交易中，交易主体指有权从事著作财产权交易的双方或者多方当事人。交易主体包括供给方与需求方，供给方指享有著作财产权并供给著作财产权的一方，需求方指希望获得他人著作财产权以利用作品的一方。

著作财产权交易主体因其特殊性而变得复杂，其复杂性是影响著作财产权交易成本的因素之一。一般来说，在包括著作财产权交易在内的任何

---

❶ 王鹏："作品使用权安排的法经济学分析——以交易成本为视角"，载《知识产权》2011年第4期。

交易中，需求方最为关心也需要予以明确的问题是，他们和谁交易，向谁购买。换言之，作品潜在使用者若想购买作品使用权，那么需求方需确定作品的著作权人是谁。

在实践中，一些纠纷之所以产生，是因为买方与不享有著作财产权的卖方交易所引起。需求方交付了作品使用权的对价，却未获得作品使用权，最终导致需求方在使用作品时，被真正的著作权人告其侵权。当然，不可否认的是，在这些无效交易中，需求方很可能是善意的，甚至于卖方也可能是善意的。但是这些交易纠纷仍然会产生，其原因在于著作财产权交易外观的特殊性，其特殊性表现为著作财产权交易缺乏为公众所知悉的明显外观形式。正如学者所说："著作财产权交易的最大特点在于，著作财产权交易行为缺乏为公众所知悉的明显外观形式，而这意味着交易双方之外的第三人难以准确知悉有关的著作财产权交易状况。"❶

但是潜在使用者若要使用作品又必须确定著作权人的身份，找到他、联系他，以获得许可费用的报价，来合理地协商许可。❷ 问题的关键在于，当作品使用权的许可不易获得时，潜在的使用者很可能会发现获得许可证的道路是漫长且令人沮丧的。在这种情形下，著作财产权交易主体的不确定性可能会导致侵权行为的发生。由于潜在使用者查找和联系著作权人的成本较高，他们可能选择放弃使用，或者选择冒险进行未经许可的侵权性使用。相应地，著作权人得到的报酬和激励将受到影响。❸

除此之外，如果存在一些特殊情形，那么著作财产权交易主体更不易查询。例如特殊职务作品因其署名归属创作者，但是著作财产权却属于单位，对潜在使用者而言无疑会增加确认主体的成本。再如，著作财产权有期限性，对于自然人而言，作者终身加上死后50年。在合作作品中，如果合作创作者去世，那么作品著作财产权归属发生转移，需求方寻找著作财

❶ 徐聪颖："著作权转让中的交易风险规避问题分析"，载《电子知识产权》2006年第3期。

❷ Yafit Lev – Aretz, The Subtle Incentive Theory of Copyright Licensing, 80 Brook. L. Rev. 1357 (2015).

❸ 吕炳斌："著作权登记制度革新的第三条道路——基于交易的著作权登记"，载《比较法研究》2017年第5期。

产权主体变得困难。对于特殊职务作品而言，通常为发表之日后50年，而潜在使用者要知道发布日期才能知道作品是否仍受保护变得更为困难。所以，著作财产权主体的复杂性是影响著作财产权交易成本的重要因素，易言之，主体的复杂性会使确定著作权主体的搜寻成本过高。

2. 著作权客体的无形性

在著作财产权交易中，由于著作权客体无形性特点，使确定著作财产权交易内容存在一定的困难。正如学者所言，“著作财产权特点在于客体共享而利益排他”[1]，著作权客体与客体利益相分离的特点，使著作财产权交易双方均难以确认交付作品的外观形式。加之，著作权客体规范领域本身就比较模糊。当某一行为人使用作品当中的一个表达时，确定这一行为是属于侵权盗用还是合理使用，对于这一领域有着专有知识的律师而言尚难把握，对于普通人来说更是如此。例如，对于改编权的交易而言，如果不能确定著作财产权的保护范围，那么很难确定著作财产权的保护边界。毋庸讳言，这会增加双方当事人的交易成本。

而且，著作权客体具有非排他性，它指一个人拥有一种作品，不会影响其他人对该物品的拥有。著作权客体作品物化到载体中进行消费时不会被消耗，不同的主体可以在相同或相异的空间、时间内对同一知识进行利用，这种利用行为不会使作品的使用出现竞争性。而这一特点会使潜在的著作财产权使用者增加搜寻成本。即使著作权法提供了明确的理论答案，潜在的著作财产权使用者仍将面临巨大的搜索成本，因为一个潜在的用户需要识别著作财产权的当前持有者，这并不是一件容易的事。如识别音乐作品或电视节目的作者可能需要调查。即使找到了原作者，要追踪潜在的著作财产权转让也需要额外的搜索。

总之，著作权客体的无形性一方面使著作财产权交易双方在判断作品利用行为是受著作财产权保护内容还是保护表达形式，抑或不受著作财产权保护的内容方面存在困难，另一方面也给著作财产权潜在使用者造成诸多不便，增加了潜在使用者的搜寻成本。

---

[1] 朱谢群：《创新性智力成果与知识产权》，法律出版社2004年版，第145页。

3. 著作财产权设权方式的特殊性

不同于物权的设权方式，著作财产权采取以用设权的方式来设置权项。这种方式意味着著作财产权是通过赋予著作权人以许可权的方式来强制地对财产利益进行排他性配置。著作财产权许可是著作权人与被许可人约定被许可人可以以何种方式利用著作财产权。问题在于，我国著作权法规定了十余项著作财产权，要想清晰界定各权项之间的界限与联系，不仅是一般公众，而且对知识产权学者来说都不是一件容易的事，例如，信息网络传播权就是一个例子。信息网络传播权很容易使人们望文生义地理解为只要在信息网络传播中传播作品，就属于著作权人的控制范围。然而，事实是，对于网络定时播放行为与网络转播行为并未落入该著作财产权的范围。由此表明，著作财产权设权方式的特殊性无疑会增加人们确定著作财产权范围的成本。

著作财产权特殊的设权方式还会造成界定成本的增加。易言之，如果著作财产权权项界定不合理，那么会增加著作财产权交易成本。著作财产权以用设权的方式使著作财产权呈现一种碎片化。权利碎片化产生的原因在于著作财产权的设权方式。著作财产权以用设权方式使著作财产权表现为适用于各种作品使用类型并由其技术性质所决定的一束权利。比如说，复制权控制复制行为、信息网络传播权控制交互式传播行为、广播权控制作品广播的行为等。著作财产权的碎片化导致每项著作财产权都需要单一授权。易言之，碎片化的著作财产权会给其许可带来困难。因为众多的碎片化著作财产权，被许可人若要实现其目的，需要精准地掌握某一项著作财产权所控制的行为，否则，会因为未能获得某一项著作财产权而导致侵权的发生。

比如，若被许可人需要获得在网络上直播某一作品的授权，由于信息网络传播权、广播权都不能规制该行为，那么著作财产权许可目的不能实现。在实践中，为了避免此类情形发生，当事人会使用复杂的合同表达文本，这无疑会增大著作财产权交易的合同表达成本，如当前一些许可人与被许可人签订地毯式覆盖作品传播行为的作品传播合同。即便如此，最后仍未解决有效保护的问题。在“央视国际诉百度案”❶ 中，以及“霍元甲案”❷ 中，由于著作财产权权项设置不合理，增加了合同的表达成本，导致发生诸多争议。这不仅浪费了社会资源，而且增加了著作财产权交易双方的合同表达成本。因此，著作财产权项界定的不甚合理，为当事人之间的著作财产权许可行为带来了表达困难。著作财产权设权方式的特殊性是产生这一问题的原因之所在。也就是说，著作财产权设权方式的特殊性会增加公众理解的难度，影响著作财产权许可交易的成本。❸

（三）著作财产权动态配置效率标准的表征

交易是实现著作权动态收益的重要手段，交易成本会影响交易的进行。交易成本的影响包括交易成本的实际发生和希望避免交易成本而产生的制度选择。❹ 在多人社会中，存在人与人之间的竞争，要决定竞争的准则，相应制度就会出现。交易成本将决定哪种制度会被采用。❺ 根据上文的分析，著作财产权配置效率原则要求，以最少投入，获取最大的收益。

最大化收益不仅意味着收益最大化，也意味着资源投入最小化。在高昂交易成本的情形下，如果仍然继续交易，那么此项交易并未达到收益最大化。因此，基于成本收益分析，在高昂的交易成本仍进行著作权交易的情形下，著作权动态配置不符合效率原则。易言之，在著作财产权动态配置语境中，需要考量著作权交易成本，只有在交易成本低于著作权交易所带来的收益时，此时的著作权动态配置才符合效率原则。并且交易的收益与交易成本比率越大，则著作权动态配置越有效率。

换言之，著作权动态配置效率标准在于著作权动态收益与著作权交易成本之比。当著作权交易成本一定时，著作权动态收益越大，那么著作权动态配置越有效率；当著作权动态收益一定时，著作权交易成本越小，那么著作权动态配置越有效率，可用以下公式表示：

---

❶ 北京市第一中级人民法院（2013）一中民终字第3142号民事判决书。

❷ 北京市高级人民法院（2009）高民终字第3034号民事判决书。

❸ 王文敏：“著作财产权的类型化及其运用”，载《法律方法》2017年第1期。

❹ 冯玉军：“法律的交易成本分析”，载《法制与社会发展》2001年第6期。

❺ 周燕：《交易费用与公共经济》，中央编译出版社2017年版，第96页。

动态配置效率=著作权动态收益/著作权交易成本

综上所述，著作财产权动态配置在于实现著作财产权的动态收益。交易是著作权动态配置的重要方式，但交易存在交易成本。著作财产权动态配置效率在于以最小的交易成本，促进著作财产权的动态流转，实现著作权动态配置收益最大化。所以，著作权配置效率标准意味着当著作权动态配置以较小交易成本实现最大化的动态收益；反之，当著作权动态配置以较高交易成本未能实现著作权动态收益最大化时，那么此时著作权动态配置不符合效率原则。

第二节 著作财产权动态配置之自愿交易

著作财产权自愿交易的功能在于，通过交易双方的自愿谈判，使双方可以竞争性价格将作品使用权达至最能发挥其效用的主体手中，实现著作权自愿交易收益最大化。市场原则是保障交易双方以竞争性价格交易的基础。

一、著作财产权自愿交易的市场原则

（一）市场原则是保障著作权自愿交易有效进行的基础

根据经济学原理，如果允许自愿交换，即市场交换，那么资源总会趋于其最有价值的用途。[1] 在权利配置中，作品的著作财产权静态配置不是结局而是开始，著作财产权应进行合理转移与流通。由于不同主体对作品的利用效率有所不同，所以有必要通过自愿交易使著作财产权从低效率利用者手中转移到高效率利用者手中，实现著作权动态收益最大化。

[1] ［美］理查德·波斯纳著：《法律的经济分析》第七版，蒋兆康译，法律出版社 2012 年版，第 12 页。

市场原则下，著作权人将著作财产权在市场中自由交易，实现著作财产权收益最大化。市场竞争对于自愿交易而言有着重要的意义，因为市场原则使著作财产权交易双方可以进行自愿谈判从而产生合作剩余。

例如，假定一位小说家创作小说的成本为25元，小说家将这部小说的使用权进行交易。当小说家把这部小说交易给甲时，其获得收益为20元；当小说家把这部小说交易给乙时，其获得收益为30元。根据这一假定，该小说使用权通过自愿交易会转移到效用为30元的乙手中。由于小说家对这部小说的估价要低于小说的购买者，存在谈判的余地。假定交易是自愿的，那么小说家不会接受少于25元的出价，而乙也不会出价高于30元，也就是说，小说的使用权可能在25~30元之间。

这个例子反映出自愿谈判的结果，对于双方而言是互利的。市场原则下的自愿交易会使谈判双方利益最大化。确切地说，双方的交易可以使一种资源从估价较低的人手中转移到估价较高的人手中。著作财产权这种资源从估价25元的创作者手中转移到估价30元的乙手中，将创造出5元的价值。这种资源经由交易被转移到更有价值的使用者手中而创造出来的价值称为合作剩余。成功的谈判可以产生这种剩余，最终可以使著作财产权得以最优配置。换言之，有效率的结果总可以通过自由市场谈判达到。

而且，市场原则是在交易当事人的意思自治下发生的行为而形成。著作财产权私权性质的确立，使著作财产权作为财产可以在平等主体之间进行交易。著作财产权的行使于是被定性为以意思自治为原则的民事行为，而这是将市场竞争原则适用于著作权制度的最基本前提。[1] 著作权市场中，市场主体通过市场竞争，基于自愿谈判而达成协议，最终形成著作权自愿交易。

合同是市场主体进行交易的主要方式。市场经济条件下，合同有着重要的作用，通过当事人的合同行为达成某种交易，进而实现某种资源的交换，促进市场经济的发展。而著作财产权自愿许可的明显优点是，它通过尊重合同双方当事人的自主权，以交易的方式将资源转移给最佳使用者来

---

[1] 毛翔："市场优先原则在知识产权领域中的应用"，载《重庆大学学报》（社会科学版）2018年第6期。

提高经济效益。[1] 也就是说，通过著作财产权自愿交换，著作财产权被转移到潜在使用者的支付意愿衡量最高价值的用途之中。申言之，当作品使用权被配置到最能实现其价值用途的手中时，人们可以确定的是著作权动态收益得到最大化。

市场原则保障了著作权自愿交易收益最大化，它是自愿交易的基础，因为它通过尊重当事人意思自治来实现著作财产权交易的合作剩余，从而实现著作财产权动态配置双方收益最大化。当著作权动态配置动态收益最大化，且交易成本因自愿交易而降低或者不变时，那么此时著作权动态配置符合动态配置效率原则。

（二）著作财产权自愿交易的市场竞争性

在市场经济条件下，市场意味着竞争，通过竞争形成均衡，这种资源配置是有效率的。[2] 正如学者所说，“法律效率的首要原则是市场竞争原则”[3]，著作财产权自愿交易需要促进公平竞争。著作财产权是一种合法的“垄断权”，从表面而言，似乎著作财产权这种带有垄断权与竞争相矛盾，但是著作权制度是在限制竞争的基础上促进竞争。与所有市场行为一样，著作财产权交易市场同样面临著作权人滥用市场支配地位、经营者串通等影响经济秩序的行为。加之，著作财产权本身的特殊性，使此类问题在著作财产权交易领域表现得更加复杂。

虽然垄断可以增加著作权人利益，但是对于市场交易中的著作权使用者而言，其利益也会受到损失，并且这种损失并没有在其他地方得到弥补。垄断行为显然不符合效率要求，垄断限制了作品的广泛利用，与著作权制度目标相背离。著作财产权自愿交易是著作权人正当行使著作财产权的过程，这一过程可以产生合作剩余，使著作权动态收益最大化。但是如

---

[1] Patrick Masiyakurima, The Effectiveness of Judicial Licensing in Copyright Law, 54 J. Copyright Soc'y U. S. A. 799 (2007).

[2] 田志康：“知识产权归属的法律效率：原则、标准和影响因素”，载《科技与法律》2002年第2期。

[3] 吴春岐：“效率视野中的委托作品著作权归属分析——兼评《著作权法》第十七条”，载《制度经济学研究》2003年第2期。

果著作权人滥用著作财产权，无疑会影响公平竞争环境。

在著作财产权交易中，如果著作权人利用其支配性地位，限制他人或者对著作财产权受让人加以不当限制，或者利用自己“垄断性”权利所形成的支配地位，那么其可能利用支配地位获取垄断价格，在这种情形下，著作权动态收益并未最大化。因为这种情形不仅会影响其他著作权主体进入市场的难度，也会阻碍著作权制度目标的实现。

例如，近年来在大力推动音乐作品正版化的同时，也引发了影响竞争的问题。著作财产权独家交易问题就是其中一个典型例子。[1] 从作品使用者角度来说，音乐独家许可使可选择的范围变得狭窄。音乐作品的著作财产权独家许可模式可能会造成网络音乐服务商据此占据优势提升市场份额，占据或巩固其市场支配地位，在一定程度上可能会提高其他竞争主体的获取成本，导致新主体进入市场困难，由此引发反垄断法的规制。

以教材为例，如果教材著作权人利用其特殊的著作财产权地位，对于他人实施限制竞争的行为，那么有可能会阻碍作品的创作与广泛传播。因为按照著作权法的规定，对于教辅如果依据教材编写，会侵犯著作财产权，教材作为关键设施，对下游的教辅市场可谓具有先天之锁定效应。[2] 为此，著作财产权自愿交易应当保障竞争。

（三）著作财产权自愿交易的市场优先性

市场经济的本质表现为市场是决定资源配置的决定性力量，易言之，在资源配置上市场具有优先性。市场优先原则指在经济活动中应最大化发挥市场作用，至于国家干预的手段，其仅限于市场力量所不及，且可能引发资源配置无效率的场合。[3] 市场优先原则源于经济法当中的“谦抑干预”理论。根据市场优先原则，应当充分发挥市场对资源配置的决定性作用，权力干预只有在市场失灵条件下才能对经济进行干预，权力不应当主动对

---

❶ 宁立志、王宇：“叫停网络音乐市场著作权独家交易的竞争法思考”，载《法学》2018 年第 8 期。

❷ 宋慧献、苏艳英：“教材与教辅著作权之争的反垄断法分析”，载《中国出版》2015 年第 13 期。

❸ 刘大洪：“论经济法上的市场优先原则：内涵与适用”，载《法商研究》2017 年第 2 期。

经济领域事务进行过度干预。

著作财产权交易是重要的经济活动，市场优先原则在著作财产权领域有着应用必要性。著作财产权作为私权品格，使其可以被纳入这一理论体系，而享有适用市场优先原则的资格。此外著作权法还有着经济学血统，知识产权法的经济法化，使市场优先原则在著作权法有适用的必要性。[1]所以，著作财产权自愿交易的市场优先原则有着可能性与必要性。当然，从国家层面来说，包括著作财产权在内的知识产权是政府公共政策的制度选择[2]，这就导致著作权制度受到许多政府政策的影响。即便如此，著作财产权自愿交易仍然应当以市场优先原则来进行。

根据市场优先原则，著作财产权交易作为市场经济的重要一环，市场优先原则在著作财产权自愿交易中应当具有优先性，市场优先原则下所形成的资源配置均衡是有效率的。换言之，对于著作财产权自愿交易而言，应当遵循市场优先原则，国家对于著作财产权自愿交易不应过度干预。

综上，著作财产权自愿交易市场竞争原则有着重要的意义。著作财产权市场竞争原则与市场优先性原则会保障市场主体以意思自治的方式达成著作财产权自愿交易。在市场原则下所达成的自愿交易有助于著作财产权交易双方收益最大化。也就是说，在市场原则下，著作财产权自愿交易有助于实现著作权制度目标，促进作品的效用最大化。

二、著作财产权自愿交易的著作权集体管理

（一）著作权集体管理是自愿交易行为

著作财产权因其设权方式的特殊性与主体的复杂性，会阻碍自愿交易的顺利进行。以音乐作品大规模使用为例，大多数人都有过去 KTV 唱歌的经历，为了满足不同主体的需求，一家 KTV 需要使用大量的音乐作品，而

[1] 毛翔：“市场优先原则在知识产权领域中的应用”，载《重庆大学学报》（社会科学版）2018 年第 6 期。

[2] 吴汉东：“知识产权本质的多维度解读”，载《中国法学》2006 年第 5 期。

这些作品由不同的著作权主体享有。如果 KTV 需要跟每首歌曲的著作权人一一进行交易，交易成本无疑高昂。如果加上这些著作权人存在合作作者或者存在继承人的情形下，这意味着 KTV 需要与大量作品中既复杂又庞大的著作财产权主体进行谈判交易。这不仅会影响著作权人利益的实现，也会影响其使用者利益的实现。

为了解决这一问题，著作权人寻求将其著作财产权进行集体管理，以便于著作财产权能顺利进行交易，实现其利益。为此，著作权人组建集体管理组织，管理其著作财产权。著作权集体管理组织最早可追溯到 1791 年，当时法国著名剧作家博马舍倡议成立“戏剧立法办公室”。[1] 著作权人既可以加入著作权集体管理组织，也可以不加入。随着集体管理组织在集体授权中的优势，集体管理组织在许多国家得以建立，集体管理组织有时是在政府机关的支持下建立的，但大多数都是私营实体。[2]

作为为著作财产权交易提供市场的集体管理组织，是以促进著作财产权的交易，实现著作权人利益为设立宗旨，也就是说，著作权集体管理组织设立的目的是节约交易成本，以促进交易的进行。著作权集体管理组织是私人组织。著作权集体管理作为著作财产权动态配置的制度创新，其有别于其他制度的特征在于是将集中许可建立在私人自治基础之上。私人自治表现在两个方面：一是在功能上，私人自治表现为集体管理组织自治；二是在合法性上，私人自治应表现为存在多数集体管理组织。[3]

这两个方面意味着集体管理组织的著作财产权交易是基于意思自治的前提下所进行的行为，著作权集体管理的私人自治意味着意思自治。易言之，著作权集体管理组织可以存在多家集体管理组织，而著作权人也可以寻求不同的集体管理组织管理其著作财产权。

作为市场主体，著作权人与集体管理组织所签订的著作财产权管理行

---

[1] David Sinacore Guinn, Collective Administration of Copyright and Neighboring Rights: International Practices, Procedures and Organizations. Boston: Little Brown and Company, 1993, p. 81 – 82.

[2] ［加］丹尼尔 · 热尔韦编著：《著作权和相关权的集体管理》，马继超、郑向荣、张松译，商务印书馆 2018 年版，第 5 – 7 页。

[3] 熊琦：“论著作权集体管理中的私人自治——兼评我国集体管理制度立法的谬误”，载《法律科学（西北政法大学学报）》2013 年第 1 期。

为是基于意思自治行为。著作权人既可以将著作财产权交由集体管理组织管理，也可以自己管理著作财产权。著作权人自己管理著作财产权是自愿与作品使用人直接签订协议，而著作权人与集体管理组织签订授权协议，集体管理组织与使用人再进行授权许可，著作权人与使用者发生间接关系。从这个意义上来说，著作权集体管理组织与著作权人签订的著作财产权管理协议是一种自愿交易的行为，只不过这种自愿交易行为是发生在著作权人与集体管理组织之间，而非著作权人与直接使用者之间，但其本质上仍属于自愿交易行为。

（二）著作权集体管理有助于减少自愿交易的成本

著作权领域中因著作权客体的无形性、著作财产权主体的复杂性、设权方式的特殊性使交易成本高的情况变得更为普遍，且著作财产权碎片化所带来的高昂交易成本会影响著作财产权交易的顺利进行。著作权集体管理组织可以有效解决这一问题，著作权集体管理组织在降低交易成本方面有着制度优势，其被视为解决著作财产权规模化授权与降低授权成本并扩大著作财产权作品许可范围的最佳规则。[1]

著作权集体管理组织的经济功能在于节约著作权人与使用者之间的交易成本，以便增加作品的有偿使用，促进作品的动态流转，它被视为可以处理著作财产权许可问题的一种积极方式。在统一许可的安排下，作品使用者更容易获得作品使用许可证，其中包括他们想使用的所有材料。当双方交易成本很高的时候，集体许可可以促使市场交易的达成。[2]

首先，著作权集体管理可以降低搜寻成本。集体管理是为了解决著作权人难以与使用者商谈与发放许可而存在的。[3] 著作权集体管理组织功能具有节约交易成本、“润滑”交易市场的功能，不仅能够降低著作权人的

---

❶ 陈可欣、林秀芹：“英国引入延伸性集体管理的论争及其启示”，载《东南学术》2016 年第 6 期。

❷ Robert P. Merges，Contracting into Liability Rules：Intellectual Property Rights and Collective Rights Organizations，84 Cal L. Rev. 1293（1996）.

❸ 王迁：《著作权法》，中国人民大学出版社 2015 年版，第 393 页。

信息成本与维权成本，而且可以降低使用者的搜寻成本。[1] 集体管理组织在集中化方面的优势可以得到确认，特别是降低由于潜在的许可方预期的搜索成本。通过降低搜寻成本，“搭便车”在很大程度上被消除。因为潜在的侵权者发现，侵权的成本将高于获得许可的成本。规模化的集体管理组织能够在其成员和用户之间分担高昂的交易成本，因此著作权集体管理使许可更便宜，并进一步促进著作财产权市场。这种节省成本的做法可以用来建立基金会，以协助创作更多的新作品以及传播文化。[2]

其次，著作权集体管理可以避免因著作权人偏好而造成的高交易成本。著作权集体管理是将著作财产权受让给著作权集体管理组织管理。集体管理组织对于著作权人的著作财产权进行管理从而与潜在使用者建立关系。由于集体管理组织相对于个人著作财产权管理具有突出的经济优势，它有助于减轻作者、著作权人与使用者之间的信息不对称，而且不会因个人偏好而阻碍交易。但是如果由著作权人管理著作财产权，那么可能因其个人偏好而阻止著作财产权交易，但著作权集体管理组织通过简化识别和定位著作权人来节省交易成本，或者通过创造机会来重复交易、互惠谈判，而不是较为昂贵的一次交易。如此一来，可以避免因著作权人偏好而造成的高交易成本。

最后，著作权集体管理可以降低谈判成本。集中化和标准化是效率的前提，这是贯穿于每一个解决方案的相同主题。集体管理组织的标准化会降低谈判成本、促成交易的进行。著作权集体管理可以允许著作财产权所有者共同定价，从而产生潜在的市场力量，从集体管理中节省成本和通过合作定价获得市场力量。集体管理组织颁发的一揽子许可，这种许可有两个显著的特点：一是它们允许被许可人使用集体管理中的任何作品；二是许可证费用与作品的使用数量和使用次数无关。[3] 许多个人使用受著作财

---

[1] 向波：“著作权集体管理组织：市场功能、角色安排与定价问题”，载《知识产权》2018年第7期。

[2] Zijian Zhang, Rationale of Collective Management Organizations: An Economic Perspective, 10 Masaryk U. J. L. & Tech. 73 (2016).

[3] Stanley M. Besen; Sheila N. Kirby; Steven C. Salop, An Economic Analysis of Copyright Collectives, 78 Va. L. Rev. 383 (1992).

产权保护的作品，对用户的价值相对较小，而且著作财产权所有者通常无法从经济上对每一次此类使用进行监视并获得报酬，著作权集体管理可以克服这种困难。通过提供集中的著作财产权管理，著作权集体管理降低了谈判成本，允许更多的交易发生。

（三）市场原则下著作权集体管理组织的准确定位

著作权集体管理的功能离不开著作权集体管理组织，著作权集体管理组织是著作权集体管理制度的核心。我国《著作权集体管理条例》对著作权集体管理组织的性质、设立条件、程序都作出明确规定。[1] 由于各种原因，关于其定位与性质问题始终模糊不清，甚至将其定位为行政管理单位，充满了行政干预色彩，对著作财产权交易限制过死。[2] 过度的行政干预不仅会影响著作权人利益，也对著作权集体管理组织的功能实现造成严重损害。[3] 与此同时，随着其会员规模的增加，其市场控制能力逐渐增强，著作权集体管理组织还会走向垄断，这种垄断性的集体管理行为有损公平竞争的市场秩序和社会公众福利。[4]

行政化的著作权集体管理在减少著作权交易成本过程中，也减少了著作权动态配置收益。举个现实中的例子：音著协代表著作权人收取卡拉OK 版权费，首次待分配的版权费总额 1.2 亿元，扣除税金后，首先由“中文发数字科技有限公司”提取 960 万元，剩余部分的 50% 为歌曲版权人所得，另外的 50% 为运营成本、宣传成本等。这样，名义上为保护著作权人利益的卡拉 OK 版权收费，著作权人所得还不到全部收费的一半，最大的“利益均沾”者竟然是有关主管部门下属的文化公司。[5]

在这些因素的影响下，一些“类集体管理组织”应运而生。所谓“类集体管理组织”是指未经行政机关审批成立、但从著作权人处获得与著作

---

[1] 《著作权集体管理条例》第 3 条、第 7～16 条。

[2] 卢海君：“论我国著作权集体管理组织的法律地位”，载《政治与法律》2007 年第 2 期。

[3] 黄先蓉、常嘉玲：“我国著作权集体管理机制的发展困境与对策研究”，载《中国编辑》2017 年第 1 期。

[4] 王洪友：“著作权集体管理的反垄断预防机制”，载《出版发行研究》2018 年第 3 期。

[5] 晏扬：“著作权集体管理不能官僚化”，载《法制日报》2012 年 4 月 26 日。

权集体管理组织无实质性差异的著作财产权市场主体。[1] 它的出现迎合了市场需求，因为不管是著作权人还是使用者，都希望能够提升效率、降低成本，以便既可帮助著作权人减少损失，也可帮助使用者便捷获取和接触作品。[2] 正是在这样的背景下，许多著作权人转而将其著作财产权授予类著作权集体管理组织。但是，在实际运作中类集体管理组织却遭到了质疑。[3]

本书认为，“类集体管理组织”是基于市场原则所建立的。著作财产权自愿交易的市场优先性与竞争性意味着行政机关不应过度干预。只有在市场发生失灵时，行政机关的权力介入才被认为正当。从这个角度来说，著作权集体管理组织不应受到过多的行政干预，应当保持其市场优先性。

特别是在互联网环境下，允许其他市场主体组成新的集体管理组织，创制符合互联网商业模式和网络用户需求模式的许可模式，是促进互联网内容产业发展的重要手段之一。著作权产业发展对著作财产权授权许可机制的效率要求越来越高，而允许“类集体管理组织”的存在，不仅有助于提升著作财产权交易，还满足了互联网内容产业的不同授权需求。加之，作为集体管理之外的另一种竞争形式，允许“类集体管理组织”开展著作财产权管理业务，这不仅有利于更好地维护著作人利益，还可以提升著作权集体管理组织的服务效率和服务质量。

一些学者也呼吁应注重发挥著作权集体管理组织的市场功能[4]，避免著作权集体管理行政化，应认清、摆正相关主体的角色位置[5]，取消著作权集体管理组织唯一性、全国性和非营利性的设立要求规定[6]，允许产业

---

[1] 陈小珍：“类著作权集体管理组织的诉权”，载《人民司法》2017 年第 25 期。

[2] 熊琦：“非法著作权集体管理司法认定的法源梳解”，载《华东政法大学学报》2017 年第 5 期。

[3] 胡姝阳：“非法著作权集体管理被叫停”，载《中国知识产权报》2016 年 1 月 27 日第 9 版。

[4] 袁杏桃：“著作权集体管理组织反垄断问题研究”，载《知识产权》2017 年第 5 期。

[5] 向波：“著作权集体管理组织：市场功能、角色安排与定价问题”，载《知识产权》2018 年第 7 期。

[6] 熊琦：“音乐著作权许可模式的转型路径选择”，载《法学家》2014 年第 1 期。

主体自行创设集体管理组织。[1]

有鉴于此，本书建议，著作权集体管理组织应进行准确定位：其一，著作权集体管理组织的市场性，著作权集体管理组织应充分尊重著作权人的自主意志与合法利益，减少行政干预著作权集体管理组织事务；其二，著作权集体管理组织的竞争性，著作权集体管理组织可以采取自由竞争的模式进行设立，对其放松管制，允许产业主体根据市场需求自行创设集体管理组织。

第三节　著作财产权动态配置之非自愿交易

在交易成本较低的情形下，著作财产权自愿交易方可有效进行，但是著作财产权交易会存在交易成本过高情形，从而引发市场失灵。其过高的情形主要包括搜寻成本过高、谈判成本过高以及垄断著作财产权，在这种情形下，非自愿交易有着合理性，符合效率原则。

一、著作财产权非自愿交易源于市场失灵

（一）搜寻成本高导致的市场失灵

著作财产权交易的客体无形性是造成它搜寻成本高的原因之一。著作财产权之所以发生交易，是因为著作财产权需求方有着使用作品的需求。但是获取利用作品的相关信息却非常高昂，因为作品自创作完成之日自动产生著作权，无须履行著作权登记手续，这意味着著作权潜在使用者寻求著作财产权许可的交易成本可能非常之高，特别是对于广播电台等大规模使用音乐作品的机构而言可能是一个天文数字，甚至于使其无法运营。

---

[1] 卢海君："论我国著作权集体管理组织的法律地位"，载《政治与法律》2007 年第 2 期。

而且，作品一旦创作出来发表并传播，著作权人很难控制其后续传播与利用。一般来说，著作权人对首次传播与利用行为较易控制，换言之，潜在使用者也较容易搜寻到作品著作权人。但是在作品首次公开发表并传播后，往往潜在的使用者很难搜寻到作品的相关信息。这种偶尔使用作品的情形尚且如此，如果使用者需要经常使用大量作品，那么使用者可能面临巨大搜索成本的问题。因为这些作品的主体多而且比较分散，即便能够找到这些主体，但是搜寻这些作品的相关信息又是一笔不菲的费用。

著作权交易主体存在较大不确定性是这一问题产生的原因之一。著作权交易主体的不确定性会引起著作权侵权行为的发生。由于作品的潜在使用者查找和搜寻著作权人的成本高昂，有的潜在使用者会选择放弃使用，而有的使用者可能选择冒险进行未经许可的侵权性使用。这无疑影响著作权机制的有效运行，使著作权人的利益受损。[1] 易言之，搜寻成本的高昂堵塞了部分潜在作品使用者与著作权人就作品使用权进行协商的渠道。

此外，搜寻成本过高还会导致作品的合理报酬受到影响。在著作财产权市场中，某些作品市场需求较大，但是却缺乏弹性。比如说音乐作品、文字作品以及电影作品等，这些作品的价格可能较低，但是属于人们所需要的，此类作品的需求较大，因为许多人不可避免地会用到这些作品，在网络环境中，这些作品的利用与传播行为发生数量较为频繁与庞大，而著作权人想要完整地获取作品利用信息、并从中获取报酬较为困难。这也导致即便存在侵权性使用，著作权人花费高昂成本获取了作品利用人信息，著作权人可能基于诉讼成本与收益考量，选择部分侵权行为主张权利，著作财产权合理报酬的实现无疑会受到较大影响。

可见，在搜寻成本高的情形下，市场机制出现失灵，其不仅难以满足潜在使用者的需求，使其通过侵权的手段获取作品，还会造成著作权人的利益损失。

---

[1] 吕炳斌："著作权登记制度革新的第三条道路——基于交易的著作权登记"，载《比较法研究》2017 年第 5 期。

（二）谈判成本高导致的市场失灵

按照经济学的市场原则，通过当事人之间谈判而自愿达成的著作财产权动态配置是有效率的。成功的谈判，可以使著作财产权实现最优配置，但谈判有时会成功，有时会失败，谈判失败的原因在于谈判成本过高。

著作财产权交易谈判成本高的原因在于：其一，作品是一种体验商品而非搜索商品。体验商品是指消费者如果不实际使用，难以体验其真实品质；而搜索商品的品质在购买时就已体现出来。[1] 依据博弈论的观点，体验商品风险值和合作解等信息属于私人性质。具体到作品著作财产权交易中，作品的创作者掌握更多的信息，传播者对于市场信息则有着优势，著作财产权交易的谈判在此时会变得复杂。在谈判过程中，著作权人与使用者都会寻求对方的底线，以取得对方最大利益，而这会出现过度寻求自身利益的情形，使谈判发生破裂。也就是说，如果谈判双方对于对方让步底线判断出现偏差，就会导致谈判失败。

其二，作品潜在使用者使用众多作品的情形下，作品谈判的成本会变得高昂，引发谈判破裂。如前文所述，如果使用者需要使用大量作品，那么其需要与众多著作权人就每一件作品的许可费用进行谈判，加之一一确定每一件作品的使用费率，可想而知其谈判费用之高昂。在这种情形下，一些使用者宁愿冒着法律风险，而未经许可使用他人作品。易言之，作品著作财产权交易未成功，谈判发生破裂。

谈判成本过高还会导致经谈判所达成交易的收益低于谈判成本。假设这样一种情形，著作财产权自愿交易的成本相对其潜在利益而言是非常之高，以至于在任何需求著作权作品使用人与著作权人之间，这种交换都不可行。在这种情形中，当事人就作品使用权进行谈判，著作权使用人可能也愿意付给著作权人费用，后者当然也乐意接受，从而完成著作财产权交易。但是问题在于，这种著作财产权交易谈判成本对于收益而言非常高昂，例如，作品使用人可能只是想引用其中简短的一段话，如果仍然采取

[1] 臧洪涛："著作权许可使用制度的经济分析"，载《河北经贸大学学报》2006 年第 3 期。

自愿谈判进行交易，无疑会给社会造成巨大的资源浪费。在这样的情形下，市场谈判可能存在失灵的情形。

可见，由于作品性质的特殊性，加之著作财产权交易的主体广泛性以及某些情形下潜在收益低于谈判收益，市场会因为谈判成本过高而导致失灵。

（三）垄断著作财产权导致的市场失灵

垄断意味着不完全竞争。当买者或者卖者可以左右一种商品的价格时，这种情形被称为不完全竞争。❶ 不完全竞争会使资源产出从生产可能性边界上移至边界，从而使资源的产出低于有效率的水平。如当垄断下的卖者以漫天要价获取超额利润之时，资源配置是无效率的。

著作财产权是作者享有的专有权。从各国对著作财产权的规定来看，著作财产权是一种法定的带有垄断性质的权利。由于人的行为是理性选择的结果，理性人所要追求的是自身利益最大化。对于著作权人而言，其追求利益最大化过程所形成的锁定效应是作为理性人自主选择的结果，并不属于违法行为。而在市场环境下，著作财产权交易的功能实现作品最大化利用，也不属于违法行为。

然而，问题在于如果著作权人利用其市场优势，在著作财产权交易中寻求垄断利益，如拒绝作品使用人的许可，那么著作财产权交易会因著作权人的垄断行为而存在不完全竞争导致市场失灵。著作权人是有着市场优势的，因为著作权人可以控制其作品在市场上的完全替代品的上市交易。如此一来，形成著作权作品的市场力。事实上，在存在可预见的作品需求市场时，理性的著作权人会出版发行更多作品。作品需求数量即便难以预见，社会公众也可通过作品著作财产权再销售获得作品。

但是，在市场力的影响下，著作权人会因著作财产权专有性而不可避免与不适当的垄断产生联系，并且，随着市场力的增加，著作权人在不完全竞争的价格上获得垄断利润。而这种通过利用市场力获得的垄断利润，

---

❶ ［美］保罗·萨缪尔森、威廉·诺德豪斯著：《微观经济学》，萧琛译，人民邮电出版社2008年版，第31页。

会回过头来产生作者通过确立超过竞争价格所得到的负重损失。[1] 这也意味着由著作权法创造的作品人为稀缺性，最终会导致社会的负重损失，这种损失来自著作权人对接近现有作品的垄断，而垄断则会导致市场失灵。

总之，与有形物不同的是，作品的无形性会使其交易成本过高。首先，由于作品属于一种独特的商品，具有无形性，会使其搜寻成本较高。其次，作品的非排他性使其他人消费并不影响第三人消费，也就意味着许多人都应与其进行谈判，谈判成本较高。最后，从执行成本而言，作品的非竞争性使作品一经公布，作者很难控制作品的传播，执行成本高。所以，这些成本可能会非常之高，甚至会导致交易难以进行，需要法律介入，以解决市场失灵。

市场会因交易成本过高而失灵。对于著作财产权交易而言，由于搜寻成本过高、谈判成本过高以及垄断权利使得著作财产权交易发生失灵。在这种情形下，著作财产权动态配置除了自愿交易以外还存在非自愿交易的情形。至于非自愿交易是否符合著作财产权动态配置效率，则是下文需要回答的问题。

二、著作财产权非自愿交易的效率分析

自愿交易能够产生合作剩余，这是亚当·斯密以来的经济学家们反复强调的一个基本原理。但是存在搜寻成本、谈判成本、垄断权利的情形下，会阻碍合作的进行，发生市场失灵。为确保合作剩余的实现，社会通过权力介入，设定非自愿许可交易。

（一）非自愿交易符合著作财产权动态配置效率

为了最小化因搜索成本、谈判成本、垄断著作财产权给著作财产权交易带来的损失，法律提供了非自愿交易制度供给。

与自愿交易不同，非自愿交易是著作财产权交易受到外力干涉的结

[1] 冯晓青：“论知识产权的专有性——以‘垄断’为视角”，载《知识产权》2006 年第 5 期。

果，并非出于著作权人的自由意愿。非自愿交易主要包括法定许可与强制许可两种形式，法定许可指作品著作财产权使用者如果想要利用他人受著作财产权保护的作品，不用与著作权人进行谈判，而可以根据法律规定直接使用；强制许可指著作财产权使用者如果想要利用他人受著作财产权保护的作品，不用与著作财产权进行谈判，而可以根据法律规定向法定机关申请使用。❶ 两者的区别在于是否需要申请与审批程序。

问题在于，非自愿交易在什么情况下才可以说符合效率。虽然在动态配置中效率没有定义为只有自愿交易才能产生的东西，但是按照自愿交易转移资源的情形，人们仍坚信这种转移包含收益的最大化，因为当事人双方都预期交易能使他们境况更好，否则交易就不可能发生。

1. 非自愿交易促进了著作财产权交易

非自愿交易也能促进著作财产权的交易，交易能够使双方产生收益，否则非自愿交易不能进行。非自愿交易的收益表现为，它能够降低市场失灵所带来的高额交易成本对交易的影响。因为非自愿交易可以降低过高的搜寻成本、谈判成本，润滑交易。如前文所述，过高的搜寻成本、谈判成本会阻碍著作财产权交易的进行和协议的达成。如果由于各方未能就著作财产权交易达成协议，那么会失去著作财产权动态配置的收益，造成社会资源的浪费。非自愿交易的制度设定功能在于，它可以将私人之间因协调失败所导致的损害降到最小。正如法定许可制度通过法定价格机制维持对著作权人的激励，补偿著作权人的损失，这种法定价格机制也使交易双方消除搜寻成本，减少谈判成本，从而克服过高的交易成本。❷

通过权力介入著作财产权市场，可以打破市场交易壁垒。著作财产权市场中，当搜索成本、谈判成本、垄断著作财产权过高而导致著作财产权交易市场出现传播壁垒或缺乏竞争性时，法定许可制度可以促进交易双方合作。❸ 这是因为非自愿交易可以通过创设法定交易条件弱化著作财产权的排他性，从而降低作品利用的交易成本，使作品使用者无须与著作权人

---

❶ 王清：《著作权限制制度比较研究》，人民出版社2007年版，第258页。

❷ 熊琦："著作权法定许可的正当性解构与制度替代"，载《知识产权》2011年第6期。

❸ 付继存："著作权法定许可的立法论证原则"，载《学术交流》2017年第9期。

进行协商。[1] 易言之，非自愿许可之所以有效，是因为在高额交易成本或策略性行为等特定条件下，以权力的介入来克服信息成本的能力和动力都优于单个交易人，具体地说，是因为以非自愿许可方式的许可使用费制定者属于交易中的重复交易方，其在克服信息成本的能力和动力都优于作为一次交易的单一著作权人。[2]

与此同时，非自愿交易降低交易成本还可以产生合作剩余。例如，假设一件作品对于著作权人来说，它的价值为5000元；对于使用者来说，价值为7000元。如果著作权人因交易成本过高而不能与使用者达成协议，那么此时的不合作的解的价值为5000+7000=12000元。但是如果通过权力的介入，使作品使用权以6000元予以成交，而该交易为此付出的交易成本1000元，此时合作的解的价值为5000+7000+2000-1000=13000元，合作剩余13000-12000=1000元。如果采取的是非自愿交易的话，可以节约1000元的交易费用，那么此时的合作剩余增加到2000元。所以，在交易成本过高的情形下，非自愿交易机制可以促进著作财产权交易，实现著作财产权动态配置的收益。

2. 非自愿交易实现了作品的广泛传播

如前文所述，著作财产权交易可以促进作品的广泛传播，著作财产权是对作品的配置机制，符合效率原则的著作权动态配置有助于作品广泛传播。但是，在著作财产权交易中，作为理性人的交易主体都想追求其自身利益的最大化，加之，著作权交易会因谈判成本、搜索成本的高昂，阻碍其交易，这会极大地影响作品的广泛传播。如果存在著作权人利用支配地位形成垄断，则更不利于作品的广泛传播。

但是，在著作财产权非自愿交易的情形下，通过非自愿许可弱化著作权人的著作财产权，从而使使用者可以按照法定条件，对作品进行特殊使用，维护社会公众获取作品的使用权，促进作品的有效利用。也就是说，非自愿交易机制契合了作品广泛传播的目标，因为非自愿许可的立法目的也是从鼓励作品广泛传播，使作品使用者更充分享受文明进步成果。正如

---

[1] 熊琦：“著作权法定许可的正当性解构与制度替代”，载《知识产权》2011年第6期。

[2] 梁志文：“著作权法上的‘选择退出’制度及其合法性问题”，载《法学》2010年第6期。

学者所言，“法定许可制度目标在于调整创作者与传播者的关系，简化著作财产权许可手续，从而促进作品的二次使用”。[1] 比如说，音乐作品的专有许可，如果大量音乐作品存在专有许可，无疑会影响人们欣赏风格各异的音乐表演，损害音乐文化的多样性，通过非自愿许可对此种专有许可进行限制具有正当性。[2]

并且，著作财产权非自愿交易在保障使用者获得作品使用权的同时，也未忽视著作权人利益的保护。在某些情形下，由于市场失灵的存在，使使用者难以获得作品使用权，但是又存在利用作品的必要，如果简简单单地将其归于消极限制，可能会损害著作权人的利益。立法者利用非自愿许可制度既可以保证作品利用之自由，又可要求使用者支付法定报酬，从而保障著作权人利益不受损失。

综上所述，市场这只无形的手，也有失灵的时候，对于著作财产权交易更是如此。一方面著作权客体的无形性特点使著作财产权交易成本易变得更加高昂，另一方面著作财产权具有公共效用，它还肩负着促进作品有效利用的使命，虽然著作财产权交易当中的自愿竞争是著作财产权有效配置的应有之义，但是由于市场失灵，非自愿交易机制存在合理性与必要性，其也是实现著作财产权有效配置的重要方式。著作财产权动态配置的非自愿交易有着重要的意义，非自愿许可制度降低了交易成本，促进了作品的广泛传播，同时也没有对作者和传播者的福利产生损害，是有效率的制度规范。

（二）非自愿交易范围的限定性

非自愿交易中的强制许可、法定许可是否能够有效降低交易成本，有学者对此表示怀疑。有研究者指出，法定许可在降低交易成本方面效果甚

---

[1] 吴汉东：“中国区域著作权制度比较研究”，载《中国社会科学》1998 年第 4 期。

[2] 王迁：“著作权法限制音乐专有许可的正当性”，载《法学研究》2019 年第 2 期。

微，同时又会产生各种不必要的行政成本。[1] 根据该观点，在法定许可中，不管是著作权人，还是使用者都在花费大量智力、物力成本来说服政府部门，以期获得对自己有利的法定许可条款，这增加了行政寻租所带来的浪费。所以，非自愿许可条款中，除了统一规定的固有低效之外，支持行政权力机关执行这些费用只会增加交易成本。[2] 在这种情形下，一些研究者就指出，无论非自愿许可在过去多么有用，但是现在已经不再是促进作品创作的有效手段，应该予以废除。[3]

废除非自愿交易的制度观点并不可取。虽然在强制交易发生的环境中重构与市场交易相似的条件比较困难，但是取缔所有的强制交易是非常无效率的，这相当于取缔市场，因为所有的市场交易均存在某些未补偿的第三方效应。[4] 当然，废除非自愿交易的观点虽不可取，但也反映出非自愿交易的不足之处，如非自愿许可制度的许可费用制定方法确实难以取得著作财产权保护与作品利用效率之平衡。非自愿交易的目标在于降低交易成本，但其也需要克服使用费中的信息成本问题。这对于法院、著作权行政管理部门等许可费用制定者而言，是难以掌握足够信息来确定作品的真实价值，而这是产生行政成本的原因之所在。

有鉴于此，在既保障著作权人利益，也能有效运行该制度的前提下，为了有效促进著作财产权交易，非自愿交易制度的适用范围需要进行限制。否则非自愿交易制度的存在不仅会使作者处于非常不利的位置，进而减少创作的激励，而且还会增加额外的行政成本。

从著作财产权动态配置效率的角度看，市场优先原则是著作财产权动态配置的应有之义，非自愿许可应当是弥补市场机制所带来的搜寻成本过高，不应过于扩大非自愿许可的范围。而且，著作财产权作为一种私权，

---

[1] 刘家瑞："论著作权法修改的市场经济导向——兼论集体管理、法定许可与孤儿作品"，载《知识产权》2016 年第 5 期。

[2] Robert Stephen Lee, Economic Analysis of Compulsory Licensing in Copyright Law, 5 W. New Eng. L. Rev. 203 (1982).

[3] Howard B. Abrams, Copyright's First Compulsory License, 26 Santa Clara Computer & High Tech. L. J. 215 (2009).

[4] ［美］理查德·波斯纳著：《法律的经济分析》第七版，蒋兆康译，法律出版社 2012 年版，第 20 页。

非自愿许可是对著作权人享有的著作财产权的干预，在一定程度上损害著作权人的利益。

著作财产权非自愿交易是一种著作财产权的转让与许可，不以当事人意思自治为条件，如果一种著作财产权的许可或转让不以当事人意思自治为条件则构成了国家干预。根据本书所提到的市场优先原则，著作财产权的强行配置应当以市场失灵为限，而且必须可以证明，国家权力的干预是著作财产权配置更有效的方式。也就是说，这种通过法定形式限制著作财产权交易，虽然其原因是市场失灵所导致，但是仍然不应过大扩大其范围。鉴于此，对于非自愿许可的适用范围应当有所限定，对其适用应该采取非常审慎的态度，必须具备一定的限制条件。

综上，对于著作财产权的非自愿许可，本书建议应进行以下限定：一是交易成本高昂阻碍交易，在高额交易成本阻碍著作财产权交易的情形下才可适用；二是重复性获取信息，当存在重复性信息的获取时，适用非自愿许可符合效率；三是避免垄断的情形，为了避免著作权人借助支配地位而获取垄断利益的情形，促进作品的有效利用而适用；四是无法确定著作权人，使用者无法联系著作权人或者著作权人拒绝许可的情形而适用。[1]

小　结

在设定著作权制度所要达到的目标中，除了既要侧重作品的产出这一静态平面结构以外，还应强调作品动态中的利益配置与流转作用。[2] 在现实生活中，作品的原始权利人不一定是有效利用的主体，这时如果作品的著作财产权不进行交易，那么可能会存在作品未得到充分利用的情形。著

[1] 黄丽萍：“论著作权强制许可的适用范围和条件”，载《华南师范大学学报（社会科学版）》2010 年第 2 期。

[2] 李杨：“著作权客体结构中的使用行为——审视著作权法权利作用‘焦点’的一个阐释进路”，载《法制与社会发展》2012 年第 3 期。

作财产权交易是实现作品充分利用的重要手段，它可以实现著作财产权在不同主体之间的流动与移转，最终促进作品的传播与利用。

人们之所以会进行著作财产权交易，是因为人们需求作品。著作财产权交易是优化作品配置的重要手段，它使作品从低效利用主体向高效利用主体移转。市场经济条件下，著作财产权交易实质上是著作财产权许可的过程。作品流通体现了作品从创作到传播到使用的全过程，作品的创作者和使用者可以根据各自所认定的许可方式进行许可或者获取许可，随着著作财产权的每一次交易，意味着作品得到进一步的利用。

符合效率原则的著作财产权动态配置有助于促进作品有效利用这一著作权制度目标的实现。著作财产权动态配置效率指著作财产权动态收益最大化，著作财产权交易的有效实现意味着著作财产权收益得以最大化。著作权交易的最大化表现在著作权交易的收益与交易成本比率最大化，当交易成本一定，著作权交易收益越高，著作权配置越有效率；如果静态收益一定时，著作权交易成本越低，那么著作权配置越有效率。著作财产权动态配置的主要方式在于交易，其方式包括自愿交易和非自愿交易。

由于交易成本的存在，一些交易能够顺利进行，而另一些交易则难以顺利进行。影响著作财产权交易成本的因素有著作财产权交易主体的确定性、著作财产权的设权方式、著作权客体的无形性等。著作财产权动态配置效率标准取决于交易成本。当交易成本过高、使交易的收益低于交易成本时，那么此时的著作权动态配置不符合效率。易言之，有效率的著作权动态配置是著作权交易的收益大于交易成本。

自愿交易当中的市场优先性与竞争性规则可以实现交易双方以竞争性价格获取交易的最大化收益。理性人在自愿交易当中基于成本收益考量会使著作权交易所获得的收益大于交易成本，符合著作财产权动态配置效率标准。作为著作财产权自愿交易的一种重要形式，著作权集体管理组织也应具有市场竞争性与市场优先性。

非自愿交易存在于搜寻成本、谈判成本、垄断权等交易成本过高的情形中。在市场竞争环境中，交易会自发进行，但是由于交易成本过高，使一些交易难以顺利进行，需要权力进行介入。国家通过立法的形式介入市场当中的交易，权力的介入可以降低交易成本以润滑著作财产权交易。也就是说，非自愿交易有助于降低过高交易成本，使交易得以有效进行，促进了作品的广泛传播，所以这种形式符合效率原则。由于非自愿交易会影响著作权人的利益，对于非自愿许可也应当有其适用的范围。

第五章　新技术条件下著作财产权配置效率原则的适用

本章研究著作财产权配置效率原则在新技术条件下的适用问题。著作权法有两个基本事实：它是一个必须协调复杂利益网络的法律领域，它也是一个不断受到快速发展技术挑战的法律领域。这两个因素的结合需要法律机制来协调新技术时代的利益冲突。[1] 在新技术条件下，基于旧有利益分配关系所构建的著作财产权配置制度出现不适应性，引发了诸多纠纷。由于缺少法律适用标准，许多纠纷演变成疑难案件。相比以往任何时候，数字时代是更能改变信息获取和传播方式的时代，如果一味维持建立在已有技术条件上的著作财产权配置体系，有效率的利益分享机制将遭到破坏，著作权产业也会受到影响，进而著作权制度的目标难以实现。有鉴于此，本章运用效率标准，试图解决新技术时代著作财产权配置所面临的一些问题，以维持著作财产权配置制度的有效运行。

第一节　新利用行为的著作财产权配置效率分析

著作财产权是控制作品利用行为之权。著作权法配置何种形式的权利意味着著作权人享有控制这一行为的权利。在新技术条件下，新利用行为

---

[1] Orit Fischman Afori, Implied License: An Emerging New Standard in Copyright Law, 25 Santa Clara Computer & High Tech. L. J. 275 (2008).

不断涌现，其是否配置著作财产权，易言之，著作权法是否将这一新利用行为的控制之权配置给著作权人是本节需要回答的问题。

一、对新型传播行为赋权符合著作财产权配置效率原则

（一）新型传播行为是否赋权的争议

在新技术条件下，技术发展日新月异，在著作权领域，作品新的传播方式不断涌现。[1] 在过去几十年里，表演艺术和电影产业见证了从剧院到电影、电视、录像带、DVD、点播电影、流媒体视频、手机格式视频等发展。音乐产业也经历了类似的技术发展，包括钢琴卷、黑胶唱片、盘对盘磁带、盒式磁带、CD、迷你光盘、MP3 下载和流媒体音频等。文学产业也从纸质向在线数据库和电子书等方向转变。未知作品传播方式的转变会带来新的利益，但是未知作品传播形式的著作财产权是否归属于作者？[2]

在这一问题上，不同学者存在分歧。一种观点认为，新型传播行为的控制之权应自然地归属于创作者。[3] 其理由在于，创作者是作品的生命之源、灵感之源、创作之源，没有创作者，也就没有创造性作品的产出。所以有许多支持作者的政策，以支持创作者有权获得对新型传播行为的控制之权。[4] 但是另一种观点却认为，新型传播方式控制之权不应配置给创作者。其理由在于，在许多情况下，法律使用预见能力作为一种机制来避免和重新分配这些利益，与这些利益相关的成本和收益不能在个人之间诱发

[1][2] Kate Darling, Contracting about the Future: Copyright and New Media, 10 Nw. J. Tech. & Intell. Prop. [v] (2012).

[3] 王文敏：“著作财产权的类型化及其运用”，载《法律方法》2017 年第 1 期。

[4] Jeffrey K. Joyner, Future Technology Clauses: Would Their Lack of Compensation Have Discouraged Shakespeare's Creativity and Denied Society's Access to His Works in the Media, 31 Sw. U. L. Rev. 575 (2002).

任何重大事前行为改变。[1] 个人不会将他们行为的不可预见性后果纳入他们行为的事前理由。

这种分歧在美国版权制度发展史上体现得淋漓尽致。每当新技术出现时，以出版商为代表的著作权人与作品使用者之间的博弈深刻影响其发展。正如学者所言，"每当开发和利用一种用于创作和发行内容的新媒介时，著作财产权纠纷就会很快出现"。[2] 如摄影技术发明之后，行为人使用照相机拍摄的照片是否属于著作财产权保护作品就存在争议。在伯罗加里斯平板印刷公司诉萨洛尼案（Burrow - Giles Lithographic Co. v. Sarony）[3]中，法院认为，照片是作者所创作的作品，因此是著作权法保护的适当客体。为了能够使创作者利益得到有效保护，法院采取了间接侵权责任的形式来让新作品传播方式开发者承担责任，在米高梅电影公司诉克罗克斯特有限公司案（Metro - Goldwyn - Mayer Studios，Inc v. Grokster Ltd.）[4] 中，法院要求克罗克斯特公司承担主动诱导他人侵犯著作财产权的责任。

但在另一些案件中，法院却未将新技术所带来的利益分配给著作权人。在怀特史密斯音乐出版发行公司诉阿波罗公司案（White - Smith Music Publishing Co. v. Apollo Co）[5] 中，法院认为，演奏者的钢琴卷不是潜在的具体音乐作品的复制。在罗斯特诉润博制造公司案（Rosette v. Rainbo Mfg，Corp）[6] 中，法院认为，录音制品的发行不是对基本音乐作品的出版，既不投资拥有著作权的作品，也不转让著作财产权的作品。在索尼美国公司诉环球影业制片公司案（Sony Corporation of America v. Universal City

---

[1] Shyamkrishna Balganesh，Foreseeability and Copyright Incentives，122 Harv. L. Rev. 1569 (2009).

[2] Michael Landau，New Technology，New Media，New Markets：The Continuing Importance of Contract and Copyright，26Int'l Rev. L. Computers & Tech. 257 (2012).

[3] Burrow - Giles Lithographic Co. v. Sarony，111 U. S. 53 (1884).

[4] Metro - Goldwyn - Mayer Studios，Inc v. Grokster Ltd.，545 U. S. 913，125 S. Ct. 2764 (2005).

[5] White - Smith Music Publishing Co. v. Apollo Co.，209 U. S. 1 (1908).

[6] Rosette v. Rainbo Mfg，Corp.，354 F. Supp. 1183 (S. D. N. Y 1973)，aff'd，546 F. 2d 461 (2dCir. 1976).

Studios, Inc)[1] 中，法院认为，索尼对制造和销售的侵权行为不负有连带责任。在兰登书屋公司诉罗塞塔出版有限责任公司案（Random House, Inc. v. Rosetta Books LLC)[2] 中，法院认为，根据达德兰登书屋的合同，某些电子书并不以书的形式出版，因此出版这些电子书并不构成侵权。在美利坚合众国诉美国作曲家、作家与出版商协会案（United States v. American Society of Composers, Authors, and Publishers)[3] 中，法院认为，互联网上下载数码音乐文件并不构成该文件所载作品的公开表演。可以看到，在这些案件中，法院并未将新型传播方式的控制之权赋予创作者。

我国司法领域同样存在此类争议。在“王某诉世纪互联通讯技术有限公司侵犯著作财产权纠纷案”[4] 中，作品数字网络化传播行为是否侵犯著作财产权就存在争议，因为当时我国著作权法并没有规定信息网络传播权。在信息网络传播权设立后，非交互式的网络直播行为是否属于信息网络传播权的控制范围仍存在争议。[5]

在这一问题上，学界主要存在立法论与解释论的解决路径。立法论的观点认为，鉴于我国著作权法规定不完善，应当借鉴相关立法实践，重构我国现有的著作财产权体系，以确保包括网络直播等新传播方式受到规制。[6] 但频繁立法不利于著作权法的稳定性和适应性，因此解释论认为应通过扩大解释现有的著作财产权条款来应对这一问题[7]，或者这一行为应当由著作财产权兜底条款进行规制[8]。

然而，兜底条款的适用在理论上存在争议。有观点认为，这一性质不

---

[1] Sony Corporation of America v. Universal City Studios, Inc. , 464 U. S. 417 (1983).

[2] Random House, Inc. v. Rosetta Books LLC, 150 F. Supp. 2d 613 (S. D. N. Y 2001), aff'd, 283F. 3d 490 (2d Cir. 2002).

[3] United States v. American Society of Composers, Authors, and Publishers ('ASCAP'), 627F. 3d 64 (2d Cir. 2010).

[4] 北京市第一中级人民法院（1999）一中知终字第185号民事判决书。

[5] 广州知识产权法院（2015）粤知法著民初字第16号民事判决书。

[6] 焦和平：“三网融合下广播权与信息网络传播权的重构”，载《法律科学》2013年第1期。

[7] 杨静：“网络定时播放视频行为的司法认定探究”，载《电子知识产权》2009年第4期。

[8] 祝建军：“网络游戏直播的著作权问题研究”，载《知识产权》2017年第1期；王迁：“电子游戏直播的著作权问题研究”，载《电子知识产权》2016年第2期。

明确、内涵不清楚的兜底条款极易造成著作权人的滥用与误用，会造成对著作权人的保护过大以及给司法的适用和解释造成困扰[1]，在一定程度上还会抑制技术的创新与发展[2]，并且该条款的存在意味着打破了知识产权法定主义[3]。支持兜底条款的适用观点则认为，在面对新技术带来的层出不穷的作品传播行为，法官在适用较为灵活的兜底条款，对于作品著作权人利益的保护，无疑有着十分重要的意义。[4] 兜底条款的适用为新的著作权内容或利用作品的方式，留下了解释的余地。[5]

上述争议表明，新型传播方式控制之权的权利配置存在较大分歧。之所以存在这一问题，是因为著作财产权配置现有原则在新技术条件下解释力不足，以功利性原则的权利配置所导致的利益博弈，使著作财产权立法频繁陷入困境，而创作人原则下的权利配置完全考量创作者利益，使著作财产权非理性扩张而影响技术创新。

（二）新型传播行为著作静态配置的效率分析

在新兴传播技术的推动下，新的作品传播利益也在不断出现，这一利益是否进行著作财产权配置是要面对的问题。著作权配置是一个动态的过程，对于某一作品利用方式是授予专有权还是配置给使用者以自由使用，取决于对这一行为进行著作财产权配置是否符合效率。

不可否认，著作财产权静态配置可以克服作品创作动力不足，但是问题在于积极赋权也会影响作品使用者利用作品的效率。按照创作人原则，如果对作品利用行为一味积极赋权，那么就会陷入著作权非理性扩张的困境之中。因此，新型传播行为是否积极赋权，需要考察积极赋权之后，是否在不影响社会公众利益情形下获得收益，不造成著作权的非理性扩张。

---

[1] 孙远钊：“《著作权法》（修订草案送审稿）修改与完善建议”，载《交大法学》2015 年第 1 期。

[2] 徐炎：“《著作权法》第三次修改草案第二稿评析”，载《知识产权》2013 年第 7 期。

[3] 刘铁光：“论著作权权项配置中兜底条款的废除——以著作财产权与传播技术发展的时间规律为中心”，载《政治与法律》2012 年第 8 期。

[4] 吴汉东：《知识产权基本问题研究》，中国人民大学出版社 2009 年版，第 102 页。

[5] 李明德、管育鹰、唐广良：《〈著作权法〉专家建议稿说明》，法律出版社 2012 年版，第 76 页。

为此立法者需要考察在未来的某个时候，这种新传播技术的经济重要性会不会增长到不承担著作财产权使用费义务将严重削弱作者的创作动机，如果这一点永远不会实现，那么立法者不应该对新传播技术强加权利许可使用费。如果新传播产业最终取代现有著作财产权所控制利用形式，那么将需要一种新的激励办法，即从新的使用中收取版税。在这里收取版税意味着立法者将新传播用途的控制权赋予作者，以激励其进行创作。

问题在于，如何判断新传播技术的经济增长性使得不承担著作财产权使用费会严重影响创作者的创作动机。这一问题的答案在于预测未来可能发生的情形，因为新型传播行为所产生的利益属于未来利益。在不存在直接的实证证据证明时，社会需要考察对新型传播利益进行积极赋权与不赋权时权利人未来利益的影响来预测。

为此设定两个情形，甲类错误意味着作出了不需要或不应作的决定；乙类错误意味着没有作出某个决定，但是应该作出这个决定。具体到本书所讨论的问题是，甲类错误是指新传播行为不应该积极赋权而赋权；乙类错误是应该积极赋权而未赋权，也就是说，新传播行为的利益注定会成为权利所有者潜在的主要收入来源，但社会却未进行赋权。

在其他条件相同的情况下，如果一个错误比另一个错误更严重，那么应该避免这个错误。也就是说，如果一个错误可能会给公众带来比另一个错误更大的伤害，并且决策者没有独立理由选择一个结果而不是另一个，那么应该避免最有可能造成伤害的错误发生。因此，对新传播行为是否积极赋权的问题就变成一项调查，即哪种损害可能更大，是甲类错误还是乙类错误。

对于甲类错误而言，所产生的危害在于：支付版税的要求可能足以扼杀这个新传播行业，让它在本可能存活下来的时候倒闭，或者让它被削弱，使它的规模小于本可能达到的规模。这种情形实际上意味着新传播用途的经济价值不大，对于著作权人而言，其是否享有控制这一新型传播行为的权利并未影响其利益。

对于乙类错误而言，所产生的危害在于：随着版税支付行业的重要性逐渐下降，来自新行业的版税的缺乏将意味着创作者经济收益的巨大下滑。比如说，如果唱片业被免除版税，作曲家出售乐谱的收入就不太可能持续到今天，从而难以催生出符合社会需求的音乐作品。再如，信息网络传播行为，在法律未规定信息网络传播之时，如果著作权人不享有控制信息网络传播行为，无疑对其利益会造成重大损失。

现在来比较到底是甲类错误的危害更大还是乙类错误的危害更大。如果没有某种更大的市场失灵，个体企业或行业的失败将是对一个社会有益的结果，因为它将腾出资源，以更有利于社会的方式使用。如果一个新传播用途产业给公众带来的价值如此之少，以至于即便不支付版税，它也注定要失败，那么支付版税的要求可能会加速它的衰弱，这对社会而言是较为有利的结果。如果新传播用途产业对社会有益，注定会获得可观的利润，那么在合理范围内支付使用费的义务不会扼杀它。

所以，当一个新传播行业几乎没有盈利能力时，它是否有义务支付版税是较为重要的。[1] 一个几乎不盈利的企业对社会的贡献较小。在认定侵权责任时，如果该行业的重要性很小，因此支付著作财产权使用费的义务很可能导致该行业破产，那么错误的程度可能相对较小。但是对那些可能对社会有重大价值的新传播用途产业，著作财产权所有者收取许可费可以激励创造性作品的创作。这不仅会丰富市场中的作品规模，也有利于作品的传播。

可见，社会是否对新传播行为进行积极赋权，需要研究新传播用途产业未来的增长潜力及其对现有著作权产业的负面影响。通过分析表明，对新传播行为进行积极赋权符合著作财产权静态配置效率原则。

权利人对新传播用途收取版税时，一方面权利人会受到激励进行创造性作品的创作，另一方面社会公众的利益也不会受到影响。积极赋权使创作者投入的个人资源获得利益回报，因为新兴传播行业有着巨大盈利能力，并且对新传播行为进行积极赋权不会影响社会资源。这是因为在新传播行业几乎没有盈利能力时，产业主体投入的资源而形成的产出是没有效率的。而对作品新传播方式积极赋权收取版税，可以令这些没有盈利能力

[1] I. Trotter Hardy, Copyright and New－Use Technologies, 23 Nova L. Rev. 659 (1999).

的产业主体退出市场，以淘汰此类产业，空出社会资源能投入有效率的产出中，节约社会资源。

反之，如果不对新型作品传播行为积极赋权，那么不仅会影响著作权人利益，也有损社会公众利益。因为作品传播是创作者获利的重要方式，历史上的数次作品传播变革都表明，新型传播方式的控制对于创作者而言，是其实现权利利益的重要方式❶。如果没有享有新型传播方式控制之权，那么无疑会影响作品的产出，当作品产出受到影响时，社会公众的利益也会受到影响。

因此，对新型传播行为积极赋权比不对新型传播行为积极赋权损害较小。也就是说，对新型传播行为积极赋权，不仅有利于创作者收益增加，也有利于作品传播机制的创新。所以，将新型传播作品方式控制之权赋予作者符合效率原则。

二、对作品接触行为赋权不符合著作财产权配置效率原则

近年来，随着网络技术的不断发展，作品的传播形式也发生了重大变革。在人们理解和欣赏创作者作品的方式上，一个根本性的变化正在悄然出现。与网络技术诞生之前相比，人们更容易地接触到作品内容，因为人们已经无须间接占有作品载体，就可直接欣赏到作品内容，作品价值的实现方式发生了转变。然而，作品价值实现方式的转变也引发了争议。

（一）接触权是否纳入著作财产权体系之争议

在传统媒介时代，著作权人对社会公众获取作品的手段主要是控制作品物质载体的传播❷，因为在这一时期作品主要是利用有形物质载体进行传播。网络时代到来，作品传播方式发生根本性变革，以 0/1 数字化形式的作品使其传播不再仅仅依赖有形物质载体。作品的数字化传播使使用者

---

❶ 广播、信息网络传播等传播方式就是例证。

❷ Zohar Efroni, A Monentary Lapse of Reason: Digital Copyright, the DMCA and a Dose of Common Sense, 28 Colum. J. L. & Arts 249 (2005).

欣赏作品实现了“从间接占有载体到直接体验内容”的深刻变革。[1]

虽然技术的变革方便了作品传播，但也给侵权带来便利。与利用有形物质载体传播不同，作品的数字化使侵权人可以很方便地获取盗版材料以及传播材料。为了保护自身利益，著作权人开始寻求技术问题由技术解决的思路。通过技术措施防止他人接触作品，以达到网络环境下保护作品著作权的目的，但技术措施会受到反技术措施的影响。为此，在现行著作权法中，立法者也给技术措施予以法律保护。

然而，著作权人除了通过技术措施实施来保护著作财产权以外，又开始寻找一种突破传统以复制权和传播权为中心的著作财产权体系，以适应网络时代的作品传播模式。几乎所有与这一问题有关的行业都建议对互联网的潜在威胁作出反应，与之有关的行业提出了各种解决问题的方法，其中之一就是主张调整一项或多项现有的著作财产权，如将接触权纳入著作财产权体系中，以应对新技术发展[2]。接触权被定义为主体访问特定类型客体的权限。因为随着越来越多的作品以数字形式出现，著作权所有者要么授权使用这些材料，要么使用技术保护措施来控制对其作品的接触。这也是为什么在著作权法未将接触权规定为专有权利时，著作权法也要求在保护技术措施时应重点保护接触控制措施。[3]

所以，技术的发展使技术措施已然成为网络时代作品著作财产权保护不可或缺的组成部分，由此而带来的结果是，控制接触成为著作权人控制利用接触作品的私权。[4] 一些研究者认为，著作权法应当赋予著作权人保护接触控制技术措施的著作财产权，将接触控制技术措施本身作为独立的著作权客体，这不失为一种具有成本效益制度设计，且符合著作权制度的设立初衷。[5] 虽然接触权没有存在于各国著作权法的权利类型中，但是著

---

❶ Jane C. Ginsburg，Essay：From Having Copies to Experiencing Works：The Development of an Access Right in U. S. Copyright Law，50 J. Copyright Soc'y U. S. A. 113（2002－2003）.

❷❸ 熊琦：“论接触权——著作财产权类型化的不足与克服”，载《法律科学》（西北政法大学学报）2008 年第 5 期。

❹ 刘颖：“著作权法上技术措施的范围”，载《法学评论》2017 年第 3 期。

❺ 朱晓睿：“数字时代技术措施的保护及其限制”，载《华南理工大学学报（社会科学版）》2019 年第 3 期。

作财产权是否包含接触权已成为一个热点问题。[1] 美国一家法院就指出，著作权法赋予了权利所有者享有控制接触受著作权保护作品的权利。[2] 部分学者也认为，接触权虽然是最近才成为著作权不可分割的一部分，但即使在大规模复制设备出现之前，这种权利也隐含在著作权法规定的某些权利中。[3]

这种旨在回应网络技术对著作权制度造成冲击而设立“接触权”的观点，一提出就引起较大争议。反对的观点指出，作品接触权配置意味着未经著作权人许可，不能接触受著作权保护的作品，换句话说，著作权消极限制的前提不复存在。著作财产权包括公众接触的权利，作为对著作权所有者在法定授予垄断权时所获得利益的补偿[4]，这种补偿有其正当性。事实上，之所以存在公众接触著作权的补偿，是因为著作权法的立法目标还有第四种政策。美国学者帕特森和林德伯格指出：“著作权制度除了包含促进知识增长、保护公共领域和保护作者之外，还存在第四项政策，一种隐含的使用权，即作者同意向公众提供他们的作品，以换取著作财产权所提供的专有权。”[5] 第四种政策的促进知识的增长取决于帕特森和林德伯格所确定的接触权原则。

反对的观点还认为，这种看似合理的著作财产权，不管是从法律理论的角度还是从著作财产权配置的效率角度而言，很难经得起推敲。接触权既不是现有著作财产权体系中的一项固有著作权，也不是对传统著作权法的补充。[6] 依据传统学者的分类，接触权并不是著作权人的权利，而是设

---

[1] Thomas Heide, Copyright in the EU and U. S. : What Access - Right, 48 J. Copyright Soc'y U. S. A. 363 (2001).

[2] Los Angeles Times v. Free Republic, Civ. No. 98 - 7840, 2000 U. S. DistLEXIS 5669 (C. D. Cal. Apr. 5, 2000).

[3] Jane C. Ginsburg, Essay: From Having Copies to Experiencing Works: The Development ofan Access Right in U. S. Copyright Law, 50 J. Copyright Soc'y U. S. A. 113 (2002 - 2003).

[4] L. RAY PATTERSON & STANLEY W. LINDBERG, THE NATURE OF COPYRIGHT: A LAW OFUSERS' RIGHTS (1991). p. 69.

[5] L. RAY PATTERSON & STANLEY W. LINDBERG, THE NATURE OF COPYRIGHT: A LAW OFUSERS' RIGHTS (1991). pp. 47 - 52.

[6] 刘建：“论著作权法中的接触权原则”，载《中国出版》2017 年第 17 期。

计为作品使用者的权利，其体现为以合理使用为代表的著作权限制制度之中。权利限制有着两方面含义，从著作权人的角度来看，其属于对著作权限制，但站在使用者的角度来说，其意味着权利。[1] 无论这是一项真正的新权利，还是从模拟作品向数字作品的迁移所固有的权利，接触权的设置会对使用者造成影响。如权利人通过控制接触行为，数字作品不会再由图书馆免费提供，而在这之前，作品使用者有各种各样的方法来获得这些作品及其所包含的信息。

接触权的争议表明，著作财产权的调整是一个较为复杂的问题，它牵涉到诸多主体利益。正如学者所说："著作财产权对数字使用的适应是当前知识产权理论中最复杂最有争议的问题之一。"[2]

（二）接触权不应纳入著作财产权体系的效率分析

著作财产权配置符合效率原则有助于实现著作权制度目标，著作权制度目标包括直接目标与终极目标。不可否认，接触权纳入著作财产权体系有助于著作权人利益的保护，在一段时间内可能会激励作品的产出，提升静态利益，有助于著作财产权静态配置直接目标实现。然而，问题在于除了实现直接目标以外，著作权配置还需实现作品广泛传播的终极目标，接触权纳入著作财产权体系会阻碍终极目标的实现，因为接触权的设置会对作品传播产生重大影响。

首先，接触权的引入会极大影响公众接触作品的途径。接触权的引入意味着立法者以积极赋权的方式将控制作品接触的权利赋予作者，在著作财产权的严格执法下，会极大影响公众接触作品的途径，使一些潜在的作品创作者没有足够的素材创作作品。如果立法者限制作品的接触，那么许多基于转换性使用而创作的作品将不会产生。作品的创作依赖于存量要素，在存量要素被限制接触的情形下，一些人可能很难获得创作作品的素材。有读者可能会认为创作者可以经过著作财产权许可而使用作品，但问

[1] 彭学龙："论著作权语境下的获取权"，载《法商研究》2010年第4期。

[2] Guido West kamp, Transient Copying and Public Communications: The Creeping Evolution of Use and Access Rights in European Copyright Law, 36 Geo. Wash. Int'l L. Rev. 1057 (2004).

题在于，一些创作者事实上很难接触到作品，更遑论许可。举例而言，近年来许多提供免费的日本动漫资源的网站被迫自行关闭，原因在于它们被指控侵犯了动漫作品著作权。然而，实际情况是一些中国观众如果不通过此类网站作为传播平台的话，很难获得此类作品的资源。❶ 本书无意去宣传侵权行为的合理性，在这里所要表达的观点是，在存在著作权法的情形下，公众对于一些作品的接触会受到限制，这种限制可能会有损作品的创作与传播。

其次，接触权会阻碍知识的流通，增加知识的获取成本。著作权法在塑造和知识获取方面发挥着核心作用，它影响着用户阅读、观看或聆听材料、使用和重用原创作品以及与他人分享的能力。获取知识是数字经济和数字社会繁荣发展的基础，这不仅因为它是自我表达的必要条件，而且因为它对一个寻求使公众可获得知识来源多样化的社会来说是必不可少的。然而，接触权的设置无疑会阻碍知识的流通。作品是知识的重要载体，当作品设置接触权，人们接触知识的可能性会变小，因为权利的设置会增加知识获取的成本。如维普、万方等提供知识产品的权利人运用技术措施，保护作品著作权，在这种情形下人们至少可以接触到知识；但是，一旦控制接触行为成为著作权人的权利，那么人们想要获取这些知识需要付出过高的成本，这无疑会阻碍知识的流通。

再次，接触权与公众的信息获取权相冲突。公众有获取信息的权利，它指社会公众以有偿或无偿的方式获取社会生活中相关信息的权利。作品无疑是参与信息社会的关键❷，作品是经过逻辑化和体系化整理从而具有一定价值的信息。❸ 获取某些作品是信息社会中的工作、竞争与公民社会以及发展和享受文化的必要条件，信息获取是基本的信息活动，信息获取权是社会公众的基本信息权利。❹ 这些信息可能既包括处于公有领域的信

---

❶ 姜亦周：“作者权利与公众利益之间的选择”，载《兰州大学学报》（社会科学版）2018年第5期。

❷ Niva Elkin - Koren, The New Frontiers of User Rights, 32 Am. U. Int’l L. Rev. 1 (2016).

❸ 胡波：“信息自由与著作权法的变革”，载《现代法学》2016年第6期。

❹ 周淑云、王好运：“信息获取权客体辨析”，载《图书馆》2015年第1期。

息，也有受著作权法保护的信息。[1] 而一旦将接触权纳入著作财产权体系，由著作权人控制作品的接触无疑会损害公众信息获取权，因为信息接触权是信息获取权的重要内容之一。[2] 也就是说，接触权的设置会影响公众接触信息的权利，造成接触权与公众信息接触权相冲突。

最后，接触权的引入不能获得长期利益。虽然从短期来看，接触权的存在可以在某种程度上有助于著作权人对其作品著作财产权的保护，但是从长期来看，接触权的存在得不偿失。作品的创作不可避免地需要借鉴前人的内容，在接触受限以后，一些潜在的作家可能会去从事其他事业，而这一结果是，不仅作品的传播受到影响，而且作品的创作也会受到影响。所以，在某种程度上，接触权的配置会过度阻碍作品使用者获取作品的机会与成本。如果立法者赋予著作权主体以接触权在一定程度上阻碍了作品的传播，不符合著作财产权配置效率原则。

总而言之，虽然接触权的设置有助于应对新技术时代的挑战，但是它不同于新型传播权的设立，新型传播权在国际公约及各国著作权法中的确立，反映出新技术时代著作财产权配置的改进，这种改进有助于激励创作者创作作品。然而，与新型传播权设立不同，接触权不属于这种类型，接触权在其存在和发展的过程中，就没有明确的定义，法律很难对其作出明确定义，接触权不属于新兴著作财产权市场中的权利配置。最重要的是它阻碍了作品的广泛传播，有悖于著作权终极目标的实现。基于此，接触权不纳入著作财产权体系符合效率原则。

第二节 新交易方式的著作财产权配置效率分析

新技术条件下，著作财产权交易呈现出新的问题，其表现为两个方

---

[1] 崔林："网络环境下公众信息获取权保障途径研究——基于数字图书馆的视角"，载《图书馆学研究》2010 年第 10 期。

[2] 周淑云、罗雪英："信息获取权内容辨析"，载《情报理论与实践》2014 年第 5 期。

面：一是作品权利人分散导致的作品使用者与权利人进行作品大规模交易的困境；二是作品使用者分散导致的作品使用者与权利人进行的大规模交易的争议。为了解决上述问题，新的交易方式虽不断产生，但其是否符合效率需要进行分析。

一、作品大规模交易与选择退出

（一）作品大规模交易的困境

在互联网技术以及智能终端发展的推动下，人们获取作品的方式发生了重大变革。研究表明，越来越多的人转向数字新闻在很大程度上是由移动设备的使用所推动。[❶] 与传统媒介相比，人们在互联网媒介上获取作品既便捷、又丰富，人们越来越倾向于使用互联网媒介来获取作品。据统计，截至 2019 年 6 月，我国互联网普及率达 61.2%，在 2019 年上半年，手机网民经常使用的 APP 中，除了即时通信以外，使用网络视频、短视频、网络音乐、网络文学、网络音频类应用的时长占比分别为 13.4%、11.5%、10.7%、9.0% 和 8.8%，网络内容 APP 的使用时长达到 53.4%。[❷] 欣赏网络视频、聆听网络音乐、阅读网络电子书、获取网络新闻信息已经成为人们获取内容的重要方式之一。

这些网络内容有些是直接源于互联网创作，也有些是源于作品的数字化。作品的数字化是指将非数字化的文字、电影、音乐等作品通过数字化

---

❶ AMY MITCHELL，ET AL，PEW RES. CTR.，STATE OF THE NEWS MEDIA 2015，at 4 – 9（2015），http：//www. journalism. org/files/2015/04/FINAL – STATE – OF – THE – NEWSMEDIA. pdf；TOM ROSENSTIEL，ET AL.，PEW RES. CTR.，THE FUTURE OF MOBILE NEWS 2（2012），http：//www. journalism. org/files/legacy/Futureofmobilenews%/ 20_ finall. pdf（“Half of all U. S. adults now have a mobile connection to the web through either a smartphone or tablet，significantly more than a year ago，and this has major implications for how news will be consumed and paid for. . . ”）.

❷ 中国互联网信息中心：第 44 次《中国互联网络发展状况统计报告》，载 http：//www. cnnic. net. cn/hlwfzyj/hlwxzbg/hlwtjbg/201908/t20190830_ 70800. htm，最后访问日期：2019 年 12 月 3 日。

技术使作品以数字化形式呈现的行为。[1] 2004 年 12 月，谷歌公司宣布将建设世界上最大的可搜索图书馆，被称为“谷歌图书馆计划”。“谷歌图书馆计划”是把传统纸质书籍进行数字化的过程。谷歌数字图书馆在保存作品、便利检索和获取作品、节省检索获取作品等方面有着优势。[2] 例如，在书籍未数字化之前，人们寻找相关信息，既不方便又耗时；书籍的数字化对于需要大量资料的研究者来说，可以极大地方便其获取相关作品。在数字化技术的帮助下，“谷歌图书馆计划”不仅使作品得到了充分利用，而且有助于数字图书馆的建设和文化创新发展。[3]

得益于谷歌为代表的作品数字化，作品的获取变得更加便捷，作品传播的范围也更加广泛。除此之外，在技术发展进一步推动下，内容提供者提供网络作品的方式也变得越来越丰富。正如在网上阅读新闻越来越受欢迎，提供网络新闻的服务方式也在不断更新，一种特殊提供在线新闻的模式新闻聚合由此产生。新闻聚合是从许多新闻来源中筛选出信息并将其显示在单一位置的网站。新闻聚合一般包含四种类型：提要聚合、专业聚合、博客聚合、互动聚合。[4] 新闻聚合包括纯聚合和寄生聚合，前者仅仅使用标题和少量的内容，将读者链接到原始来源，后者指将使用内容进行重写，并将其作为自己的内容发布。[5]

新闻聚合为读者提供了个性化阅读体验。以今日头条为例，基于大数据分析，人们在今日头条中阅读新闻内容时，其会推送类似新闻信息，以便人们获得自己感兴趣的新闻信息。新闻聚合对于新闻产品的消费与媒体产业而言，均有着重要的优势。新闻聚合不仅可以满足消费者规模化、个

[1] 余筱兰：“微信平台作品著作权的保护”，载《安徽师范大学学报（人文社会科学版）》2016 年第 3 期。

[2] Maurizio Borghi. “Copyright and mass digitization”, Oxford University press, 2013, p. 11.

[3] 华劼：“美国转换性使用规则研究及对我国的启示——以大规模数字化与数字图书馆建设为视角”，载《同济大学学报（社会科学版）》2018 年第 3 期。

[4] Robert G. III Larson, Online News Aggregators, Copyright and the Hot News Doctrine, 4U. Balt. J. Media L. & Ethics 92 (2014).

[5] Nicole Marimon, Shutting Down the Turbine: How the News Industry and News Aggregators can Coexist in a Post - Barclays v. the fly on the wall. com World, 23 Fordham Intell. Prop. Media & Ent. L. J. 1441 (2013).

性化的新闻作品获取需求，而且其商业模式也是媒体提升其影响力的方式之一。❶

不管是谷歌数字图书馆的数字化，还是新闻聚合，均在一定程度上提升了作品的利用效率。换句话说，新技术的发展克服了作品利用不足的情形，人们获取作品更加方便，作品也得到了更充分的利用。

然而，技术障碍的克服并不代表法律瓶颈的突破。❷ 不管是谷歌数字图书馆，还是新闻聚合都面临着法律的风险。就谷歌数字图书馆而言，虽然谷歌数字图书馆在实践上颠覆了传统的知识储存方式和信息传播媒介，便利了作品传播，但同时也向传统的著作权法发起了新的挑战，引起了诸多的著作权纠纷。❸ 就新闻聚合而言，虽然说造成当前新闻行业经济危机的原因有很多，但媒体业内人士将部分原因归咎于新闻聚合商。他们指责新闻聚合平台从各种网站上复制标题和新闻摘要，并将其显示在一个单独的网站上，通常还不附带原新闻报道的广告。这种观点认为，新闻聚合免费转载传统新闻机构投入大量时间和精力的内容，媒体大亨甚至把聚合新闻称为“盗窃”。❹

批评和反对的声音之所以存在，乃是因为著作权人与新型传播主体之间的矛盾在现有的著作权法框架下难以调和。著作权人仍然想通过传统一对一著作权交易方式维护大规模交易的许可效率，获取利益。而新型传播主体则意图在新技术的帮助下实现作品的传播效率，以发挥新型传播方式的技术优势，著作权人与新型传播主体的矛盾由此引发。创作者是作品产出的源泉，其利益应当得到保障，但是在现有的技术与社会环境中，作品大规模交易有其合理性。

---

❶ 彭桂兵：“表达权视角下著作权许可制度的完善：以新闻聚合为例”，载《西南政法大学学报》2018 年第 4 期。

❷ 熊琦：“大规模数字化与著作权集体管理制度创新”，载《法商研究》2014 年第 2 期。

❸ 王某与北京谷翔信息技术有限公司等作品信息网络传播纠纷上诉案，北京市高级人民法院（2013）高民终字第 1221 号民事判决书。

❹ Sarno，Murdoch Accuses Google of News ‘Theft,’ L. A. TIMES，Dec. 2，2009，http：//articles. latimes. com/2009/dec/02/business/la – fi – news – goOgIe2 – 2009 Dec 02. Quoted in；Monika Isia Jasiewicz，Copyright Protection in an Opt – Out World：Implied License Doctrine and News Aggregators，122 Yale L. J. 837（2012）.

因此，问题在于如何解决大规模交易与传统著作权授权之间的制度困境，选择退出机制给了这一问题答案。

（二）选择退出机制创新了著作财产权动态配置方式

传统著作财产权动态配置制度是一种选择加入的方式。在这种机制下，除非著作权人明确地给与许可，否则著作权分配默认禁止使用受著作财产权保护的作品。在很大程度上，选择加入机制是由技术方面考虑所形成的，因为在互联网技术诞生之前，著作权人通常较容易给予许可，而不是搜索潜在的侵权者来撤销许可。但是，在新技术条件下，作品著作权交易会因这种制度而受到阻碍，如大规模数字化以及新闻聚合行为等。

为此，谷歌公司推出“选择退出”机制解决这一问题。所谓选择退出指书籍出版商或作者向谷歌提供其不愿让谷歌进行数字化的书籍清单，谷歌将不会对所列清单进行扫描。[1] 选择退出和选择加入主要是由它们所体现的默认参与规则加以区分。在选择退出机制中，默认的假设是个人选择参加。因此，不愿意参加的个人必须明确地选择退出，表明其被排除在外，否则将假定个人希望被包括在内。选择加入机制的运作基于个人不希望参与的假设，一个人必须采取肯定行动，表明他有参与的愿望，才能包括在内。

大多数新闻聚合平台也在选择退出的基础上运作。新闻聚合平台背后的技术与谷歌等搜索引擎使用的技术相同。如谷歌新闻使用一种称为“网络爬虫”的计算机代码将数十亿个网页编入索引，然后进行数字扫描和复制。谷歌的网络爬虫不会寻求许可而自动索引一个网站，除非它的所有者采取积极的行动来阻止谷歌网络爬虫。

之所以会存在此类技术手段，是因为互联网从一开始就被设计成一个开放的系统。当互联网协议 IP 在 20 世纪 60 年代首次被开发出来时，它的

---

[1] 吕炳斌：“反思著作权法——从 Google 数字图书馆说起”，载《图书馆杂志》2007 年第 5 期。

创造者就把它设计成一个开放架构网络，所有人都被允许加入。[1] 网络用户在默认的情况下可以自由浏览网站，除非网站所有者采取肯定的措施阻止他们访问。例如，网站需要用户账户和密码或阻止特定的 IP 地址访问。开放的系统意味着有技术强制执行的退出系统，所有人都可以自由加入，除非所有者使用技术选择退出开放社区。[2]

选择退出是一种机制，是一种技术现实，其需要一种许可规则来加以适用。选择退出推动着默示许可制度在著作财产权领域的适用。在菲尔德诉谷歌（Field v. Google，Inc）案中，法院认为：谷歌所推出的“选择退出”机制属于一种默示许可。[3] 默示许可是指，虽然著作权人未作出明确的意思表示，但著作权人沉默行为会足以使相对人认为其已经获得著作权人许可。[4] 菲尔德诉谷歌案代表了一种新颖交易方式——默示许可原则的广泛应用，旨在响应互联网上选择退出机制的技术现实。事实上，一些学者已经预测，默示许可将而且应该成为互联网知识产权分配的核心。[5]

菲尔德诉谷歌案关于默示许可适用到新闻聚合的环境中代表了一项重大的司法创新，这样做完全符合互联网已经形成的社区规范。正如最近围绕新闻聚合的诉讼所揭示的那样，当法新社起诉谷歌新闻，2005 年谷歌作出反诉，要求作出确认性判决，确认其用途是获得默示许可授权。谷歌指出，遵循广泛宣传和已知的互联网标准，包括允许第三方网站选择退出。按照谷歌新闻的标准，法新社显然知道选择退出技术，并没有采取积极行动否定它。由此，谷歌认为它对法新社内容的使用是得到许可的，即使不是明确的，也是默认的。[6] 法新社的诉讼在庭外得以解决，所以不知道谷

---

[1] JACK GOLDSMiTH & TIM Wu，WHO CONTROLS THE INTERNET? ILLUSIONS OF A BORDERLESS WORLD，Oxford University Press，2006，p. 23.

[2] Michael Grynberg，Property is a Two – Way Street：Personal Copyright Use and Implied Authorization，79 Fordham L. Rev. 435（2010）.

[3] Field v. Google，Inc.，412 F. Supp. 2d iio6，1115 – 16（D. Nev. 2006）.

[4] 王国柱：“著作权‘选择退出’默示许可的制度解析与立法构造”，载《当代法学》2015 年第 3 期。

[5] John S. Sieman，Using the Implied License to Inject Common Sense into Digital Copyright，85 N. C. L. Rev. 885（2007）.

[6] Agence France Presse v. Google，Inc.，No. 1：05 – cv – oo546（D. D. C. May 19，2005）.

歌的论点是否会成功。然而，谷歌的反诉是基于已知的互联网标准——网上选择退出文化得到了默示许可制度的响应。[1]

（三）选择退出模式有助于降低作品大规模交易成本

技术和商业模式是默示许可规则出现和应用的推动因素[2]，可以说，默示许可制度在一定程度上契合了网络环境下大规模作品使用的特征。[3]将默示许可规则扩展到新闻聚合平台，代表了新闻聚合平台和新闻提供者的双赢。一方面，默示许可使新闻聚合平台能够广泛传播信息，而不必担心每一次都要承担潜在的责任；另一方面，机器人排除协议的司法执行可以为内容创作者提供一种安全感，使他们选择不受著作财产权许可限制的愿望得到尊重。更重要的是，新闻网站可以依靠承诺遵守 robots. txt 来引导与聚合平台的谈判走向传统的许可协议。

从著作财产权动态配置效率而言，对于大规模数字化和新闻聚合是采取“选择加入”还是“选择退出”尚需要比较两者的交易成本。按照本书的观点，当选择退出交易成本高于选择加入时，那么此时的著作财产权动态配置符合效率原则。对于选择加入而言，著作财产权交易主要包括搜索成本、确定著作权人偏好的成本、谈判成本；对于选择退出而言主要包括监视成本、通知成本和谈判成本。选择退出的交易成本比选择加入的交易成本低。[4] 理由在于，就谈判成本而言，选择退出低于选择加入，如学术作品权利人在意的是作品传播而不是报酬的激励，会减少此类主体的谈判成本。确认偏好的成本也高于通知成本，在选择加入制度下，作品的使用需要每一个作品使用者有授权意愿，但选择退出则不同，其仅在反对加入

---

[1] Monika Isia Jasiewicz, Copyright Protection in an Opt – Out World: Implied License Doctrine and News Aggregators, 122 Yale L. J. 837 (2012).

[2] John S. Sieman, Using the Implied License to Inject Common Sense into Digital Copyright, 85 N. C. L. Rev. 885 (2007).

[3] 李捷：“论网络环境下的著作权默示许可制度”，载《知识产权》2015 年第 5 期。

[4] Oren Bracha, Standing Copyright Law on Its Head – The Googlization of Everything and the Many Faces of Property, 85 Tex. L. Rev. 1799 (2007).

的权利主体中产生通知成本。[1] 搜索成本低于监视成本，因为如果存在海量作品如大规模数字化、新闻聚合使用等情形，选择退出制度将大大降低搜索成本，而监视成本始终存在。

不可否认，选择退出这种模式与著作权法授权规则“先授权、后使用”的一般规则相背离，甚至也引发学者对这种模式是否合情、合理、合法的质疑。[2] 一些法院也要求保护著作财产权合法权益不受损害，如法院认为，如果谷歌未经许可复制著作权人作品时，那么著作权人有权保护自己的权利不受损害。[3]

但是，互联网极大地降低了搜索成本，技术规范已经变成选择退出机制。无论从技术上还是法律上，一些作品使用权的授权需要基于选择退出机制来运作。在海量作品使用造成交易成本较高的情形下，选择退出是降低交易成本、提高效率的重要制度安排。[4]选择退出机制会提升授权效率，并且社会公共利益也得到提升。[5] 诚然，在选择退出模式下，作品的有效利用不会影响创作者的利益，但是，这并不影响选择退出制度的运行，因为著作权人如果对于使用费率表示不满，完全可以选择退出，著作权人的选择无须任何理由。

二、用户创造内容与变现规则

（一）UGC 所引发的著作财产权困境

随着以即时互动、传制合一为特征的时代来临，人们不再仅仅限于被动接受信息，而是以前所未有的自由在网络环境中生产、传播与分享信

---

[1][4] 梁志文：“著作权法上的‘选择退出’制度及其合法性问题”，载《法学》2010 年第 6 期。

[2] 沈洋、杨晓晴：“合情？合理？合法？——基于谷歌数字图书馆‘选择退出’机制的再思考”，载《图书馆》2015 年第 10 期。

[3] Authors Guild v. Google, Inc., 77o F. Supp. 2d 666 (S. D. N. Y. 2011).

[5] 王国柱：“著作权‘选择退出’默示许可的制度解析与立法构造”，载《当代法学》2015 年第 3 期。

息，用户创造内容得以迅速崛起。用户创造内容（User Generated Content，UGC）指网络用户在线创造以及传播作品的行为。[1] 用户创造内容的特点在于它不以职业创作者为主体，其创作行为也与传统创作有所不同，它是对既有数字化作品进行的添加、删除或改编的重混式创作。在实践中，UGC 主要存在字幕组翻译、文字续写和图画续画、视频拼接、图片截取及改图、涉著作权作品的直播等形式。[2]

UGC 模式下作品创作从职业创作到全民创作。UGC 这种创作模式不仅提升网络用户的话语权，还推动 UGC 内容产业的迅速发展，例如抖音、喜马拉雅 FM 等内容企业的蓬勃发展。

虽然用户创造内容中的创作者并未从中获取经济收益的动机，但是 UGC 作为在已有作品上增加新内容的方式在线创作和传播之行为，其合法性被认定成为著作权法上的难题。不管是从著作权法的权利类型，还是从许可机制设定，都缺乏对 UGC 进行合法性的界定。在既有著作财产权类型中，其更多侧重于作品直接使用行为，使用较频繁的如复制权、信息网络传播权，许可机制中也没有涉及作品内容的改变。[3] 由此，传统著作财产权许可制度在以社会公众为作品使用主体的“用户生成内容”的适用上陷入困境。

正因如此，著作权人与 UGC 服务商之间的博弈成为网络著作权法律制度所面临的重要问题。[4] 虽然未经许可的 UGC 创作行为可能涉及侵犯作品著作财产权，但是对于著作权人而言，著作权法所起到的作用却有限。因为著作权人除了起诉诸如直播产业等商业性未经许可授权使用著作财产权作品仍“有利可图”之外，并没有多少著作权人会直接起诉 UGC 创作者

---

[1] Daniel Gervais, The Tangled Web of UGC: Making Copyright Sense of User – Generated Content, 11 Vand. J. Ent. & Tech. L. 841 (2009).

[2] 刘颖、何天翔：“著作权法修订中的‘用户创造内容’问题——以中国内地与香港的比较为视角”，载《法学评论》2019 年第 1 期。

[3] 熊琦：“‘用户创造内容’与作品转换性使用认定”，载《法学评论》2019 年第 1 期。

[4] 沈非：“我国 UGC 著作权侵权治理机制之优化——以美国 UGC 规则为样本的考察”，载《编辑之友》2017 年第 3 期。

侵权。[1]

在这一背景下，不管是产业界还是学界，都对这一问题产生了足够的兴趣，用户生成内容因涉及未经许可使用受著作权法保护的作品而引起学界和实务界广泛关注。但是对于如何规制 UGC 创作行为，学界的观点却不尽相同，主要存在以下径路：

其一，“合理使用”的径路。合理使用说认为，UGC 问题的解决应当区分著作权产业与互联网产业在传播动机上的差异。在这一差异的基础上，可将 UGC 创作行为作为转换性使用，从而判定其是否具有合法性。UGC 存在将原有作品增加新表达、新意义或新功能[2]，也就是说，UGC 可以视为一种合理使用。

其二，“法定许可”的径路。与合理使用径路不同，法定许可径路的观点认为，由于合理使用会影响著作权人的利益，如果完全依赖合理使用解决用户生成内容解决作品事先许可的需求，无疑会影响著作权人的利益。但是为了促进社会公众参与文化活动，应当对用户生成内容中的业余者与专业者差异的法定许可制度内容，实现著作权人与作品使用者之间的利益平衡，繁荣文化发展。[3]

其三，“宽容性使用”的径路。宽容性使用指使用者利用技术侵权地传播，但著作权人仍然允许使用受著作财产权保护的作品的情形。[4] 宽容性使用可能有各种原因，可能包括简单的懒惰或执行成本、创造商誉的愿望、迎合粉丝等。宽容性使用也是 UGC 解决的路径之一。宽容性使用意味着即便 UGC 涉嫌侵权，但是基于各种原因著作权人不对该种行为进行追责，容忍这种行为的发生。

其四，“综合方式”的径路。UGC 作为伴随互联网以及与之相应而起的兴趣社区的出现所引发的人类创作活动，著作权法应提前介入著作财产权产品的市场化阶段，从而与 UGC 创作者形成良好的沟通与合作关系。在

---

[1] 刘颖、何天翔：“著作权法修订中的‘用户创造内容’问题——以中国内地与香港的比较为视角”，载《法学评论》2019 年第 1 期。

[2] 熊琦：“‘用户创造内容’与作品转换性使用认定”，载《法学评论》2019 年第 1 期。

[3] 倪朱亮：“‘用户生成内容’之著作权保护考”，载《知识产权》2019 年第 1 期。

[4] Tim Wu，Tolerated Use，31 Colum. J. L. & Arts 617（2008）.

市场达到一定条件下，通过转化商业模式、利用授权许可以及声明等综合性手段，以实现著作权人与UGC创作者的共赢。[1]

UGC所涉及作品的产出与作品有效传播的冲突使这一问题变得较为复杂，不管是产业界还是学界对这一问题都给予了足够的重视，但是解决该问题的有效手段仍然需要产业界以及学界不断探索。

（二）新型著作财产权动态配置“变现规则”的效率分析

UGC问题存在多种解决思路，本书认为除上述思路以外，变现规则也是一种可选的径路。所谓“变现规则”是指利用内容识别技术手段对上传至网络环境中的作品与受著作权保护的作品进行比对后，所做出的包括屏蔽、变现或追踪行为。如果是变现，则在上传的内容中加播广告，广告商根据播放次数付费，所收取的广告费用在著作权人与网络服务商中平分。[2]

“变现规则”的理论基础在于，在财产规则难以有效实现著作财产权有效保护、影响其交易时，应当从财产规则转化为责任规则。因为著作财产权自由交易不可能或者无必要，但是其又能产生较高的作品利用效率时，责任规则而非财产规则是较优的选择。责任规则以损害赔偿金的方式补偿著作财产权所有者，直接阐述了著作财产权遭遇侵犯时的重新配置基本方式。[3] UGC、网络直播、流媒体，等等，数字时代“生产者即消费者”的出现，使得传统的消费者与创作者之间的界限被打破。如果权利人对UGC创作者采取财产规则，无疑站在了消费者的对立面，这对于初期作品的推广极为不利。[4]

责任规则表现为第三方客观定价而非市场竞争价格，变现规则意味着如果交易价格（广告收入分成）一旦能支付著作权人的这个价格，那么著作财产权会转移到侵权人手中。易言之，这一过程是将著作财产权动态配置给侵权人从而使著作权人获得补偿。也就是说，UGC模式下的著作财产

---

[1][4] 刘颖、何天翔：“著作权法修订中的‘用户创造内容’问题——以中国内地与香港的比较为视角”，载《法学评论》2019年第1期。

[2] Nicholas Thomas DeLisa, You (Tube), Me, and Content ID: Paving the Way for Compulsory Synchronization Licensing on User-Generated Content Platforms, 81 Brook. L. Rev. 1275 (2016).

[3] Henry E. Smith, Property and Property Rules, 79 N. Y. U. L. Rev. 1719 (2004).

权配置是以损失赔偿的方式取代市场交易。❶ 虽然通过第三方客观定价的补偿方式强制促成著作财产权的重新配置有损著作权人的意愿和私益，但是这种方式却能增进著作财产权配置效率，是通过卡尔多－希克斯效率完成的潜在帕累托改善。

著作财产权交易是否顺利进行，在于交易双方对特定作品市场估值和共同定价的可能性。UGC 中大量作品可能是未经许可利用他人作品所创作的，不管是著作权人还是作品使用者，如果想要寻求对作品使用权的事前交易，成本的高昂性会使其望而却步。在这一情形下，事前作品使用权许可谈判就会受阻，通过协商方式交易往往难以达成，市场无法通过竞争性价格来配置著作财产权。易言之，在交易成本过高的情况下，如果一味遵循事前许可，并不符合利益最大化原则。并且 UGC 模式因查找著作财产权范围的信息成本会超过使用该信息的社会价值，如果进一步查找相关著作财产权范围的信息是无效率的，这种进一步搜索也会带来社会资源的浪费。❷

而在“变现规则”下，作品使用方与著作权人可以在法院组织下，借助于货币化等价物对作品进行估值。著作权人可以由此获得一种确定的利益，作品使用方则不用担心侵权的指控。如此一来，其可以为作品使用提供侵权货币化的选择，降低交易成本，促进著作财产权的有效再配置，侵权人获得使用作品的著作财产权，著作权人获得收益，实现双赢。❸

事实上，当作品市场定价成本过高，那么交易双方会寄希望于事后的定损。所谓“定损”其实是一种事后的规则转化与著作财产权的再配置。这种著作财产权再配置的情形在我国的法院中比较常见。据报道，在法院以调解方式结案的案件中，有 1/3 的案件在著作权人与侵权人之间达成了许可使用条款。❹ 因为著作财产权侵权和放任侵权实则是市场失灵同一问

---

❶ Guido Calabresi; A. Douglas Melamed, Property Rules, Liability Rules, and Inalienability: One View of the Cathedral, 85 HARV. L. REV. 1089, 1128 (1972).

❷ Stewart E. Sterk, Property Rules, Liability Rules, and Uncertainty about Property Rights, 106 Mich. L. Rev. 1285 (2008).

❸ 黄炜杰：“‘屏蔽或变现’：一种著作权的再配置机制”，载《知识产权》2019 年第 1 期。

❹ 林霞虹：“知识产权案两年增 162%”，载《广州日报》2012 年 2 月 8 日。

题在法律层面的两种具体表现，治理侵权就是修复市场。侵权的治理不在于阻止侵权使用作品的行为，而在于寻求有效的著作财产权再配置方式，实现不同权利的通约。[1]

并且，著作财产权的强度并非绝对，会随时间、空间的不同而变化。在这种情形下，潜在侵权人已经通过使用创造出许多作品，这个时候很难说侵权人与著作权人谁是更有效率的使用者。特别是在数字技术和互联网高速发展、创作与发行进入零边际成本的社会，著作权人更未必是著作财产权的最优效率使用者。

可见，“变现规则”是交易成本导致经济人寻求降低成本的理性选择和制度替代。著作财产权的动态配置有多种形式，静态配置的著作财产权总能以适当动态配置方式在事后得到修复和转化。至于方式是采取市场定价还是事后的司法定价与集中估价，采取市场自愿性交易还是事后的司法配置，在本质上没有区别。其既可以按照事前标准以自愿方式予以配置，也可以按照事后的相应规则予以修正。易言之，著作财产权交易既可以事前谈判协商的方式进行，也可以采取事后追认的方式让渡。交易成本是决定著作财产权让渡的方式选择。

（三）“变现规则”的合理性

“变现规则”的合理性在于，其一，“变现规则”保障了著作权人的利益。著作权法的立法目的是保护著作权人权益和作品的传播。著作权人享有的权利是立法者以法律形式所确立的，它具有法律的强制执行力。从著作财产权的性质而言，其是一种绝对权，任何第三人在未得到授权许可以及法律未作出特别规定的情形下，第三人不得侵犯著作权人的权利。著作财产权是一种激励机制，以激励文化产品的生产，丰富社会的知识。这种激励机制需要创作者的合法权益得到保障。如果创作者的合法权益因著作财产权再配置而未能有效地得到保护，那么著作财产权的激励目标将难以实现。也就是说，只有著作权人利益得到保障的前提下，著作财产权的再

[1] 谢晓尧、林良倩：“权利何以通约——华盖公司作品维权的标本意义”，载《学术研究》2012 年第 8 期。

配置才可以进行。

"变现规则"的著作财产权动态配置是将本属于著作权人的权利以侵权货币化的方式配置给使用者。可能有人会认为，这种方式在一定程度上会有损著作权人的利益。依据本书观点，这恰恰相反，它不仅没有损害著作权人的利益，反而会有效保障著作权人的利益。作品著作财产权的拥有者不一定是最有效利用者。在变现机制下，UGC 用户通过使用著作权人的作品创作出新作品，著作权人获取了广告分成，而且 UGC 通过使用作品使著作权人的原作品得到了广泛传播，在一定程度上会提升其知名度，为该作品宣传起到正面的广告效应。此外，在"变现规则"下，著作权人还可以节省其维权成本。在互联网环境中，若著作权人想要针对 UGC 用户发起诉讼进行维权，它的成本无疑会因侵权主体的复杂与众多而变得高昂。从这个意义上看，"变现规则"保障了著作权人的利益。

其二，"变现规则"会促进作品的广泛传播。"变现规则"的创新性在于增加了将侵权变现的选择。这种选择使得即便内容涉嫌侵权也可以继续传播。除此之外，在涉嫌侵权的内容中插播广告，也会增加著作权人的收入。正如 YouTube 为主的音视频内容分享平台所采用的与著作财产权方开展合作一样，用户可以通过在先许可协议在平台内大量使用著作财产权所有内容而不用事先获得授权，而且其也可以借此间接培养产品市场、增强用户的忠诚度或者广告收益等方式获得收益。也就是说，"变现规则"在处理位于著作财产权模糊地带的用户生成内容上有着优势。因为"变现规则"下的在先许可协议在促进市场融合、减少著作财产权纠纷方面有着极大优势。[1]

其三，"变现规则"能够避免静态著作财产权配置的滞后性。传播技术的发展瞬息万变，著作财产权静态配置需要经历立法周期，而众所周知，立法周期的时间较为漫长。我国《著作权法》第三次修正自 2012 年提出并于 2020 年 11 月 11 日通过。在这一期间，传播技术已经多次变革，各种新型传播形式不断涌现，也正因此，各种围绕新型传播技术是否侵犯

---

[1] 何天翔："音视频分享网站的著作权在先许可研究"，载《知识产权》2012 年第 10 期。

著作财产权纠纷也不断增多。建立在传统技术之上的既有法律体系难以应对瞬息万变的技术，而“变现规则”在一定程度上避免因技术发展所带来的问题，一方面既保护了著作权人的利益，另一方面也有助于问题的解决。

总而言之，在权利动态配置中，一项规则若能使交易成本影响最小化，那么其符合效率原则。“变现规则”的动态配置机制符合效率原则。著作财产权按照事前定价难以实现其价值，而“变现规则”通过技术手段破解了这一困境。虽然著作权人享有作品定价权的利益，而“变现规则”使著作权人难以按照市场进行定价损失了部分利益，但是与通过“变现规则”既会实现著作权人利益也可促进作品广泛传播相比，前者要低于后者。所以，“变现规则”这种新兴交易模式，既避免了作者利益过度受损，对于著作财产权价值的实现也有着重要的利处，符合配置效率原则。

第三节　新商业模式的著作财产权配置效率分析

新技术条件下，新产业者不断创新商业模式，新型商业模式契合了作品传播的规律，但现有著作财产权规则在一定程度上会阻碍其发展。为此，新产业者试图创新著作财产权规则，但其是否符合著作财产权配置效率原则需要进行分析。

一、私立著作财产权配置规则的效率分析

（一）著作权法建构的著作财产权体系不清

在各国立法实践中，著作财产权配置的权项有所不同。如《法国知识

产权法典》第 L.122－1 条规定，属于作者的使用权包括表演权和复制权。[1]《德国著作权法》第 15 条一般规定，此外还有著作财产权的列举包括有形利用权（复制权第 16 条、发行权第 17 条、展览权第 18 条）、无形利用权（朗诵、表演和放映权第 19 条、播放权第 20 条）等[2]；《美国版权法》第 106 条规定复制权、演绎权、发行权、公开表演权、展览权等[3]；《英国版权法》第 16 条至第 21 条规定的复制权、发行权、出租权、公开表演权、公开传播权、改编权等。[4]

我国《著作权法》也规定了包含复制权、信息网络传播权等在内的十余项财产权。《著作权法》规定的十余项著作财产权虽然有着一定的界限，但某些权项之间的区别和联系仍然难以把握，这给著作财产权许可造成一定的困难。如我国信息网络传播权易使人望文生义地理解为，只要是在信息网络中传播，就属于该著作财产权的范围。[5] 随着网络技术的飞速发展，著作权制度受其影响越来越大[6]，给作品的传播方式带来了深刻的变革，实现了作品从间接占有载体到直接体验内容的跨越。然而，网络技术的发展使一些在网络上传播作品的行为无法被现行的著作权法所规定的信息网络传播权所涵盖。

在“湖南快乐阳光互动娱乐传媒有限公司诉上海视畅信息科技有限公司著作财产权权属、侵权纠纷案”[7] 中，被告对原告电视作品《快乐大本营》实施了网络实时直播行为。《快乐大本营》是湖南广播电视台所享有著作财产权的作品。原告湖南快乐阳光互动娱乐公司为了确保从湖南广播电视台获得合法授权，采用了地毯式覆盖的方法，在许可合同中写明湖南广播电视台许可湖南快乐阳光互动娱乐公司独占性地通过信息网络向公众传播、广播（包括但不限于网络直播、实时转播、延时转播等）电视作品

---

[1] André Lucas：1 International Copyright Law and Practice FRA § 8（2018）.
[2] Michael Gruenberger：2 International Copyright Law and Practice GER § 8（2018）.
[3] Eric J. Schwartz：2 International Copyright Law and Practice USA § 8（2018）.
[4] Jonathan Griffiths：2 International Copyright Law and Practice UK § 8（2018）.
[5] 王文敏：“著作财产权的类型化及其运用”，载《法律方法》2017 年第 1 期。
[6] 孙昊亮：“论网络技术对著作权制度的影响”，载《河北法学》2015 年第 10 期。
[7] 湖南省长沙市中级人民法院（2016）湘 01 民初 1152 号民事判决书。

《快乐大本营》的著作财产权。即便当事人的合同作出如此规定，法院仍未将上述网络直播行为纳入信息网络传播权的范围，而是以被告侵犯了原告应当由著作权人享有的其他著作权作为判决理由。在著作财产权许可合同的签订中，类似的问题并不少见。

在“央视国际诉百度案”中[1]，中央电视台与央视国际就“春晚”的网络转播签订协议时，为避免所签订合同约定的著作财产权存在遗漏，也采取了类似地毯式覆盖的方法。然而，在遭遇到被告百度公司未经许可，对“春晚”通过互联网进行转播时，仍然难以找到合适的请求权基础维护自身的著作财产权。法院认为，我国《著作权法》并未将网络实时转播行为纳入规制的范围。为了维护自身的合法权益，央视国际只能起诉百度侵犯了其按照《著作权法》规定的应当由著作权人享有的其他权利。

上述案例表明，虽然权利需求方获得了通过信息网络（包括但不限于互联网互联网络、移动平台、车载电视等新媒体传播）向公众传播作品的权利，但这些需求方却无法以所授著作财产权进行主张权利。因为当事人之间所达成作品利用行为并不属于法律规定的作品利用行为，只能在当事人之间产生效力，并不能对抗第三人。[2]

在新技术推动下，新型传播行为日益增多。若未能在立法解决之前处理这一问题，那么无疑会给当事人之间的著作财产权许可带来表达困难。著作财产权许可要求其界限清晰，使当事人能够具备可预见性。若著作财产权体系不清，不仅影响法院在遇到相关纠纷时法律的适用，还会影响著作权人在许可他人利用作品时在专有著作财产权的选择。[3]

由此可见，在著作财产权权项设置中，立法者应当尽可能准确划定每个权限的保护范围，不宜扩大也不宜缩小相关权利的外延。[4]因为著作财产权权项界定不合理所导致的直接结果就是著作财产权之间存在交叠或者空白。而存在交叠或者空白的著作财产权会给其交易和许可造成不利影响。[5]

---

[1] 北京市第一中级人民法院（2013）一中民终字第 3142 号民事判决书。

[2][4][5] 张今、郭斯伦：“著作财产权体系的反思与重构”，载《法商研究》2012 年第 4 期。

[3] 王迁：“论网络环境中表演权的适用——兼评《著作权法修改草案（送审稿）》对表演权的定义”，载《比较法研究》2017 年第 6 期。

而我国司法实践的困境表明，我国著作财产权权项规则存在体系不清问题，由此造成著作财产权交易成本过高，难以适应新商业模式的发展。

（二）私立著作财产权规则的效率分析

求存法则表明，当既有规则难以适应商业模式发展时，新的规则将得以创立。作为一种由私人所创制的著作财产权动态配置方式，私立网络著作财产权授权规则——格式授权使用合同无疑成为降低交易成本、提升著作财产权许可效率的有利选择。

所谓私立网络著作财产权授权合同，指基于网络新技术，由著作权人和作品使用人以《民法典》和《著作权法》所共同构建网络环境下的著作财产权市场而选择的可行交易模式。[1] 著作权格式授权使用合同仍属于著作权人与使用者就著作财产权的使用所达成的协议。[2] 毋庸置疑，此类合同也会产生法律效力，合同违约者将承担违约责任。

但是，私立著作财产权授权规则并未受到广泛肯定。一些法院认为私立网络著作财产权规则存在合法性不足的问题，如在“郭某诉微软案”[3] 以及“方正诉宝洁案”[4] 中，法院均对许可合同的合法性予以否定。

本书认为，私立网络著作财产权授权规则符合著作财产权配置效率原则。在新商业模式下，互联网内容产业催生出大量新型作品利用方式，然而，由于著作权法所设定的著作财产权体系不清，互联网产业寻求作品利用之权时，会遭遇困境。在著作财产权规范存在漏洞的情形下，著作权人与作品使用者的利益均难以得到有效保护，并且使用者也难以准确获得有效的著作权授权许可，使作品在互联网上的传播效率受到影响。

互联网内容产业以传播效率为其追求，但现有著作财产权规则会阻碍传播效率，而私立著作财产权授权规则可以有效解决这一问题。私立著作财产权授权规则是以合同为建构工具，合同作为私法主体自主型构建法律

---

[1] ［日］北川善太郎著：《著作权交易市场：信息社会的法律基础》，郭慧琴译，华中科技大学出版社 2011 年版，第 20 – 31 页。

[2] 吴汉东：《知识产权基本问题研究》，中国人民大学出版社 2005 年版，第 331 – 332 页。

[3] 北京市第一中级人民法院（2006）一中民初字第 14468 号民事判决书。

[4] 北京市第一中级人民法院（2011）一中民终字第 5969 号民事判决书。

关系的基本工具，也使其在某种意义上具有了私人立法的品格。

一方面，私立网络著作财产权规则可以以合同的方式在当事人之间增加权利，以克服著作权在网络环境中保护的不足。借助于私立网络著作财产权许可合同，著作权人可以根据需要增加权利，例如实践当中的拆封合同与点击合同[1]，根据这两类合同，合同当事人可以有效保护其著作权。此外，互联网内容产业者基于商业模式可以获取相应的作品使用方式。根据商业模式的需要，通过私立网络著作财产权规则调整著作权法定界定的作品利用方式，以此来排除著作权法对作品传播的干涉，这有助于著作权人利益的有效保护。

另一方面，私立著作财产权规则也可以弱化著作财产权，释放特定著作财产权，提升作品的广泛传播。在实践中，释放著作财产权的行为之一是以开放获取形式，让所有参与网络平台的创作者自愿放弃部分权利，例如网络公开课、百度百科等。[2] 互联网内容产业营利模式是一种延后收益模式，也就是说，通过形成用户黏性来获取后期的收益。例如，对于一些短视频 APP 来说，为吸引用户会采取免费提供作品，受疫情影响的《囧妈》就是其中一个例证，西瓜视频获得了大量下载。虽然互联网内容产业以著作财产权为产业发展的核心，但是这并不意味着，今后互联网内容产业不会因为商业模式的调整而释放著作财产权。而如果按照严格的著作权法许可规则，使用者没有获取作品使用者的同意，那么将被著作权法认定为侵权。所以，私立著作财产权规则释放权利有助于作品的有效利用。

由此可见，私人创制并与互联网内容产业相契合的私立著作权规则符合著作权制度目标，理由有二：其一，私立著作财产权配置规则维护了不同主体的利益。私立规则使著作权人、互联网内容产业者等利益主体可以

---

[1] 拆封合同最早作为计算机软件的许可方式出现，其合同条款附于软件包装上，消费者开启该包装即视为接受全部条款。点击合同是拆封合同在网络环境下的发展，其借助技术措施，使他人在接触作品前必须首先通过点击同意计算机屏幕上的合同条款。通过许可合同控制他人接触作品的行为和渠道，权利人得以突破法律预设的权利范围，对使用者施加额外限制。熊琦："互联网产业驱动下的著作权规则变革"，载《中国法学》2013 年第 6 期。

[2] Kim, Minjeong. The Creative Commons and Copyright Protection in the Digital Era: Uses of Creative Commons Licenses, 1Journal of Computer – Mediated Communication 13 (2007).

突破法定著作财产权配置，以格式合同此类意定方式实现著作财产权配置，从而实现作品的有效利用。私立著作财产权授权规则使互联网内容产业者与创作者、消费者省略著作财产权交易的协商环节，这极大地降低了交易成本。如此一来，一方面作品消费者可以快速获取所需作品，另一方面还可以保证作品得以快速传播与利用。

其二，私立著作财产权授权规则回应了新商业模式发展需求。私立著作权规则可以满足互联网产业与著作权产业因商业模式的差异而产生的法定规范不能满足作品传播与交易的需要，补足法定规范的不足。❶ 比如说，互联网内容产业的发展需要网络在线内容的提供，网络在线提供内容是内容提供者向用户传播其作品的主要模式。

总之，在不同法律和规则下，交易成本高低不同。私立网络著作财产权授权规则有助于节约网络环境中的交易成本，其不仅可以弥补法定著作财产权在作品市场的局限性，提升配置效率，也使网络内容提供者、网络服务商以及消费者能够实现快速获取作品并从中获取各自所需利益。私立网络著作财产权授权规则的应用，能够提升作品获取效率、传播效率和使用效率。❷ 著作财产权作为私权，合同当事人通过意思自治的方式达成的协议在不损害他人利益、损害国家利益的情形下，应视为有效规则。总而言之，在立法未对这一问题进行回应之前，私立网络著作财产权授权规则能够发挥其优势，其不应受到著作权法定规则束缚而应予以肯定，这符合著作权制度目标。

二、新授权规则著作财产权配置的效率分析

（一）传统著作财产权授权许可规则不灵

著作权产业又被称为内容产业。在传统内容产业中，著作财产权动态

❶ 熊琦："互联网产业驱动下的著作权规则变革"，载《中国法学》2013 年第 6 期。

❷ 吉宇宽："私立网络著作权授权规则对图书馆的实践价值及影响"，载《图书情报工作》2014 年第 24 期。

配置模式比较单一，著作权人将其权利一对一地许可与作品使用方。如出版商若要出版作者的文学作品，那么其可以寻求作品创作者的许可，对作品的许可费用进行一对一的谈判。在新技术诞生之前，传统许可模式之所以行之有效，是因为它的交易成本在著作权交易的收益范围之内。

随着互联网技术的普及与应用，内容产业的商业模式不断更新。从报纸到今日头条，从CD到网易云音乐，互联网内容产业蓬勃发展。互联网内容产业的特点包括以下方面。其一，作品创作的去中心化。在互联网环境中，作品的创作不再是专业创作者的专属，去中心化的创作模式使得人人都是创作者。在去中心化创作的推动下，互联网环境中存在海量作品，如人们所熟知的抖音、喜马拉雅FM等平台存在大量的视听作品。其二，作品传播的便捷化。在互联网环境中，作品是以0/1数字形式存在，这种特点使其传播非常便捷与迅速，作品传播便捷化在产业上表现为，内容产业者需要大量优秀作品供给。其三，作品传播方式的多样性。在互联网环境中，作品传播方式呈现多样性与丰富性，如网络直播行为、网络定时直播行为，等等。

然而，这些特点使现有著作权授权规则呈现出较大不适应性。首先，传统一对一的模式会给著作财产权授权带来窘境。比如说，内容产业者为了产业发展需要互联网上的海量作品使用权，如果其使用作品仍需与每个著作权人就作品使用权进行许可谈判，这不仅不现实，也是低效率的体现。假定在互联网中存在100万个著作权人，而1000个传播者需要使用这些作品，哪怕每次谈判所花费的成本仅仅为10元，对于社会而言也需要为此支付高达100亿元的交易成本。在这种情形下，巨大的资源浪费将不可避免。[1] 即便是谈判成功达成协议，但是对于作品使用费率的计算又存在问题。由于传统内容产业主要以有形载体的方式进行传播，传统著作财产权使用费主要是以复制有形的次数计算。如果按照这一规则来确定互联网上使用费率无疑是不可完成的任务，原因为作品在互联网环境中是以0/1的数字模式存在，其下载、复制和流转都可以任意进行。

---

[1] 李国敏："数字传播产业遭遇著作权困局"，载《科技日报》2004年10月10日。

其次，作品的归属复杂化给著作财产权的授权造成困难。在传统内容产业中，作品的创作是一种职业化的行为，作品著作权人比较容易确认以及区分，著作财产权权属也比较明确。但是，在新型商业模式下，作品利用技术的发展，作品创作方式不断更新。如对于UGC而言作品的著作权权属更为复杂。理由有二：一是创作者是非职业化的主体，这些主体具有不确定性；二是创作者多数是对他人作品加以变形、改编而完成，而所创作的作品又被不断地变形、改编重新创作出新的作品，并且随着泛娱乐化的产生，作品改编的行为愈加多样，使区分哪些内容属于谁创作变得越来越难，在这种情形下，如何确定作品的作者是一件较为困难的事。在著作权交易中，主体的确定性是影响交易成本重要因素之一，作品归属的复杂性会增加其交易成本，因而造成了著作财产权授权的困难。

最后，2010年《著作权法》建构的著作财产权体系会阻碍网络传播效率发挥。[1] 作品传播效率对互联网内容产业的生存与发展有着重要的影响。互联网环境下，大量作品利用行为不断涌现，但著作权法建构的著作财产权体系使大量利用作品的行为需要得到著作财产权许可，导致交易成本抵销甚至超过了新技术所降低的成本。而互联网内容产业是一种流量经济，流量经济意味着互联网内容产业只有形成网络效应才能保障后续的收益，但是现有的著作财产权体系却会影响作品的授权许可，造成许可效率与传播效率的脱节。

综上所述，互联网时代的到来，对作品创作、传播及利用方式都产生了深刻影响。作品创作由职业化向去中心化发展，人人都是创作者，海量作品充斥于互联网中。作品传播渠道由单一媒介向融合媒介迈进，使互联网内容产业面临着授权困境，传统授权规则的不适应造成“先授权、后传播”的著作财产权规则面临着挑战。这种变化凸显了传统先授权、后使用著作财产权授权机制的不足，造成市场效率损失。[2]

---

[1] 熊琦：“互联网产业驱动下的著作权规则变革”，载《中国法学》2013年第6期。

[2] 王淑君：“大数据时代著作权授权机制的不足与完善”，载《中国著作财产权》2015年第1期。

（二）网络著作财产权授权规则的效率分析

互联网内容产业的发展离不开作品的供给。互联网内容产业主要依赖于作品著作权的使用。作品的著作财产权不存在有效公示，加之网络中存在海量作品，使作品利用者很难搜寻到这些作品的著作权人。退一步而言，即便可以寻找到著作权人，使用者与著作权人面对面谈判——获取授权成本无疑高昂。为此，互联网内容产业者以及著作权人都在寻求降低交易成本的方式来促进著作财产权交易，以获取作品的供给。

在这一过程中，新型著作财产权授权规则不断被互联网内容产业主体探索出来，这些形式主要包括授权意思的反转与授权内容的格式化两种形式。前者如喜马拉雅 FM 的用户协议[1]、“抖音”用户服务协议等[2]，这些协议的内容主要规定，用户通过此类平台上传内容，则视为与其签订了《著作权法》第 26 条所规定的书面协议，授予网络平台在全球范围内、免费、非独家、可再许可的著作财产权。后者如以盛大文学提供的分级授权模式，作为网络服务商，在解决大规模授权的问题上，盛大提供了“专属作品”、“驻站作品”和“授权作品”三种授权级别供作者选择。[3]

此外，一些网络服务商还建立了集中授权许可模式。如由网络服务提供者自行设定针对最终用户的许可模式，作品著作权人将作品许可授权于网络服务提供者作为集体管理组织后，其不再干涉网络服务提供者与最终用户之间的法律关系。[4]

可以看到，在数字时代的大出版产业中，出版商不再是唯一的著作财产权授权中心，不同媒体间相互授权的产业形态将导致一种从竞争到共享的态势。[5] 互联网内容产业者不断根据其商业模式的特点，构建有助于互

---

[1] 参见喜马拉雅 FM：《用户使用协议》，载 https：//www. ximalaya. com/passport/register_rule，最后访问日期：2020 年 2 月 23 日。

[2] 《“抖音”用户服务协议》第 10 条，载 https：//www. douyin. com/agreements/？ id = 6773906068725565448，最后访问日期：2020 年 2 月 23 日。

[3] 方善红：“文学网站内容生产的‘微支付’模式与版权解决体系分析——以盛大网络为例”，载《图书馆情报工作》2010 年第 16 期。

[4] 熊琦：“音乐著作权许可模式的转型路径选择”，载《法学家》2014 年第 1 期。

[5] 万丽慧：“数字时代的著作权交易”，载《出版科学》2014 年第 4 期。

联网内容产业发展的网络著作财产权授权机制，这种机制在维护著作权人利益的同时，也促进了互联网内容产业发展。

本书认为，在应对互联网内容产业的授权困境上，新型著作财产权授权规则符合效率原则。理由在于：其一，新型授权规则有利于降低交易成本，促进著作财产权交易。新商业模式环境下，传播技术改变作品交易成本时，产业主体会改变自身的商业模式，以适应新技术条件下的作品利用方式。而这要求互联网内容产业者降低作品创作与传播的交易成本，作品许可模式有必要与商业模式变化作出一些调整。[1] 交易成本的降低，不仅有助于著作权人避免作品收益在传播过程中受到损失，也有助于提高利用者对作品的利用效率。

其二，新型授权规则也有助于著作权人权利的保护。以网络文学作品的授权为例，在盛大文学为作者提供的三种授权模式中，作者既可选择将其作品独家、首发于某一家中文网，成为该中文网的“专属作品”，也可以选择将其作品发表在其合作的网站中，成为“驻站作品”。当然，如果作者未采取上述模式，也可以直接与网站进行谈判，成为“授权作品”。[2] 可见，三级授权模式既充分尊重了著作权人的许可效率，又能够提升网络的传播效率，为著作财产权授权难题的解决提供了有益的尝试。

总而言之，在海量作品使用所导致的交易成本较高情形下，新型著作财产权授权规则具有降低交易成本、提高效率的作用，它是一种有效的制度安排。[3] 也就是说，有效的著作财产权动态配置可以实现著作权产业的发展。

---

❶ 熊琦：“音乐著作权许可模式的转型路径选择”，载《法学家》2014 年第 1 期。

❷ 方善红：“文学网站内容生产的‘微支付’模式与版权解决体系分析——以盛大网络为例”，载《图书馆情报工作》2010 年第 16 期。

❸ 梁志文：“著作权法上‘选择退出’制度及其合法性问题”，载《法学》2010 年第 6 期。

小　结

新技术条件下，著作财产权配置面临着诸多挑战，引发了诸多的著作财产权纠纷。在面对新技术给司法适用所带来的著作财产权配置问题时，效率原则为其提供了一种标准。司法者可以运用效率标准解决新技术条件下诸多著作财产权配置的新问题。

第一，新利用行为的著作财产权配置问题。随着新技术的发展，不断有新的作品利用方式产生，这些新型利用行为是否赋予著作财产权，一直以来是学界所争议的问题。对新传播行为积极赋权符合效率原则，因为它能够激励作品的创作且不会损害社会公众利益。在作品价值的实现发生由间接占有载体到直接体验内容转变之后，作品接触是否赋予权利存在争议。对作品接触行为积极赋权不符合效率原则，因为它阻碍了作品的广泛传播。

第二，新交易方式的著作财产权配置问题。传统授权机制在于，著作权的使用应是先授权、后使用，但是这一模式在新技术条件下会阻碍著作权有效利用。为此著作权使用规则不断创新，互联网主体提出选择退出机制与变现规则。选择退出在应对互联网环境下大规模交易方面有着优势，变现规则在克服财产规则保护著作权人利益不足方面有着优势。也就是说，不管是选择退出还是变现规则，均符合效率原则。

第三，新商业模式的著作财产权配置问题。内容产业的发展离不开著作财产权配置，建立在传统商业模式的著作财产权制度面临新技术存在不适应性。为此互联网内容产业者创新商业模式，私立著作财产权配置规则与多元化著作财产权授权规则进入内容产业中。上述规则不仅有助于克服现行著作财产权体系的弊端，也有助于著作权人与作品使用人利益的保护，在立法未对这一问题回应之前应肯定这些规则的合法性。

第六章　效率原则下著作财产权配置制度的完善

本章研究效率原则下著作财产权配置制度完善问题。效率原则下著作财产权配置制度的完善体现在三个方面：一是著作财产权体系的完善。著作财产权体系是著作财产权配置的前提，没有完善的著作财产权体系，很难实现有效率的著作财产权配置。二是著作财产权主体的完善。著作财产权配置是在不同主体之间进行的著作财产权合理配置，著作财产权主体制度是著作财产权配置制度的落脚点。三是与著作财产权配置制度相关制度的完善。著作财产权配置制度得以有效运行离不开著作财产权配套制度的支持。在著作财产权配置效率原则指导下，本章提出了完善著作财产权体系、著作权主体制度以及著作财产权配套制度的建议。

第一节　著作财产权体系的完善

著作财产权体系受到新技术的影响较为深远。在新技术背景下，我国著作财产权体系面临着巨大的挑战，著作财产权纠纷日益增多，且著作财产权体系的不清晰引发的著作财产权纠纷变得愈加复杂。这不仅不利于我国著作权产业的良性发展，也会影响著作权人的著作财产权的保护。为此，著作财产权体系需要变革与完善，以应对新技术给著作财产权体系带来的挑战。

一、著作财产权体系完善应坚持的原则

著作财产权有效配置离不开完善的著作财产权体系，著作财产权体系的完善需要著作财产权配置原则加以指导。作为一种新的指导原则，效率原则兼顾了著作权制度的个人效用与公共效用，提供了一种解决著作财产权边界模糊化的方法，降低了著作财产权的交易成本，基于这些优势，效率原则下著作财产权体系完善应当遵循包括个人效用与公共效用、促进交易、适应技术发展的原则。

（一）应坚持个人效用与公共效用相协调

著作权客体具有公共属性与私人属性，私人属性意味着著作财产权配置应当考量创作者的利益，而公共属性意味着著作权配置应当考量社会公众的利益。换言之，著作财产权体系的完善应兼顾公共效用与个人效用相协调的原则。

（1）就个人效用而言。虽然作品具有无形性与非排他性，但是作为具有公共产品属性的作品产出则需要设定排他性权利予以激励。为此，社会通过著作权制度人为给作品设定排除竞争的权利。如此，创作者可以通过向作品消费者收取高于边际成本的价格来弥补其固定成本。[1] 排他性的权利能够使产品在人与人之间，充分、有效地发挥生产、交换、使用价值。[2] 为了促进作品的产出，著作权法赋予创作者控制作品的排他性著作财产权，创作者可以通过著作财产权获取创作作品的利益，实现作品的个人效用。同理，与有形物一样，社会以立法的形式赋予著作权客体的排他性，使其著作权客体的个人效用得以发挥，激励作品的最大化创作，最终实现提升社会的精神产品的产出这一直接目标。著作财产权是著作权人实现个

---

[1] Mark A. Lemley, Economics of Improvement in Intellectual Property Law, 75 Tex. L. Rev. 989 (1996－1997).

[2] 李杨：“公共效用与权利作用构造：从‘作品’到‘著作权’的功能性分析”，载《出版科学》2013 年第 1 期。

人效用的重要方式，通过著作财产权的交易，著作权人会获得收益。也就是说，著作财产权体系的个人效用意味着创作者得以从享有著作财产权获得收益与回报。

（2）就公共效用而言。著作权客体的非竞争性使其不像有形客体一样，可以在使用者之间产生“非相容性使用”。也就是说，任何人把著作权客体传播给他人使用时，其所拥有的作品含量并未减少。作品使用主体之间是一种“相容性使用”关系。著作权客体的非物质性、非稀缺与非竞争性表明：著作财产权难以同有体物那样只侧重于“个人效用”的商品价值发挥。著作财产权设计在给著作权人激励与必要回报的同时，还需要实现作品社会价值最大化，提升社会福利。作品的创作离不开前人知识的积累，正是前人所积累的资源哺育了作品的诞生。这也是著作权制度存在二元直接目标的原因之所在，一方面它赋予垄断权激励作品的创作，另一方面它也要促进作品的广泛传播。从著作财产权配置的角度而言，著作权制度设计既需要实现著作财产权静态配置效率，保证著作权人得到必要的回报，也需要实现著作权制度的终极目标，促进作品的广泛传播。

著作财产权作为法律赋予著作权人带“垄断性”的权利，如果权利的设定过分强调个人效用，而忽视公共效用，那么作品可能会由于著作权人利用其市场力来阻碍著作财产权的交易从而使作品不能得到广泛传播，著作权制度的终极目标难以彰显。如前文所述的接触权模式，在接触权模式下，因赋予著作权人过于宽泛的著作财产权，势必会导致著作权人与作品使用者的利益关系失衡，不利于作品的传播。

著作财产权非自愿交易有助于降低著作财产权交易成本，促进著作权交易，最终促进作品广泛传播就是一个例证。虽然著作权人享有“垄断性”权利，但是著作权法通过权力介入使被许可人仍然可以通过非自愿交易来获得利用作品的机会。非自愿交易方式的理论基础之一正是在于作品的公共效用的发挥，如果没有公共效用的考量，那么非自愿交易方式的合理性将不复存在，这无疑会切断广大作品使用者使用作品的机会。所以效率原则下，著作财产权体系的完善不应过分强调著作财产权的个人效用。

因此，著作财产权体系的完善应当兼顾公共效用与个人效用。这样既能激励作品的创作，也能促进作品的广泛传播。所以，在著作财产权体系的构造中应坚持个人效用与社会效用的同等地位，过分强调著作财产权的个人效用与过分强调著作财产权的社会效用都不可取。

（二）应有助于促进著作财产权交易

促进著作财产权的交易符合效率原则，著作财产权体系的完善应有助于促进交易。作品的无形性、易传播性使作品只有广泛传播才能实现其价值，交易是实现这一价值的重要手段。但是，作品是无形的，作品的优化配置只能通过作品背后的著作财产权的优化配置来实现。易言之，建构在作品之上的著作财产权体系应当有助于促进交易。著作财产权体系促进交易表现为两个方面。

（1）著作财产权体系不应过于分散。过于分散的著作财产权体系会给交易主体之间带来区分著作财产权边界的成本。在著作财产权权能上，著作财产权采取的是"以用设权"，这种方式赋予著作权人一系列控制作品利用方式的财产性权利，使著作权人能够在他人以特定方式利用作品时获取合理的报酬。[1] 著作财产权以用设权方式意味着客体类型与利用方式的增加需要立法者考虑增设著作财产权类型。例如，电影作品的出现，著作权人获得了控制对作品行为的摄制权。此外，著作财产权没有像物权那样有一个具有最高效力位阶和完全支配力的所有权，只有根据不同利用方式设计的著作财产权束，而这种方式会给著作财产权交易造成阻碍。

著作财产权的分散化会造成著作财产权控制范围的重叠，导致著作权交易双方难以准确界定不同权利的边界。如在著作财产权交易中，当事人会因为广播权与信息网络传播权之间的边界难以界分而增加合同表达成本。[2] 甚至于法院也难以对相关著作财产权的边界作出准确判断，不同法院在类似案件中对如何区分演绎权与复制权这一问题就存在不同认识。例如，行为人将美术作品制作成立体玩具，不同法院对这一行为存在不同认识。有法院认为，如果玩具的相貌、造型与美术作品相同，那么该行为属

---

[1] 王迁：《著作权法》，中国人民大学出版社 2015 年版，第 162 页。

[2] 湖南省长沙市中级人民法院（2016）湘 01 民初 1152 号民事判决书。

于对美术作品的复制[1]，但另一法院却认为，这种行为属于对美术作品的演绎。[2]

在这种情形下，著作财产权体系的分散化无疑会影响著作财产权交易的表达成本，影响著作财产权的交易。因为现行著作权法规定多达十几项著作财产权，如果需求方想要与著作权人签订合同，那么不管是需求方还是著作权人，均要确定这些著作财产权所控制的利用方式区别在哪。易言之，如果在著作财产权交易中权利内容难以界分，那么会增加著作财产权的交易成本。

（2）著作财产权范围具有可预测性。著作财产权的范围或广度决定了著作权人在任何特定时间点的著作财产权效果。著作财产权范围既有正式的法律维度，也有实践的维度，[3] 这两个维度的结合从经济角度定义了著作财产权的范围。著作财产权范围的实践性维度关系到著作权人正式合法的著作财产权能否在实践中得到行使。某一被许可人想要得到改编权的许可，在获得改编权的许可后，被许可人以改编的形式利用作品。在改编权与复制权的界限难以区分的情形下，如果此时被许可人因难以确定复制权与改编权的界限而导致侵犯了许可人的复制权，那么这无疑增加了著作财产权的执行成本，从而增加了著作财产权的交易成本，不利于著作财产权的交易进行。也就是说，著作财产权体系的构建应当有利于著作财产权保护范围的可预测性。

著作财产权可预测性可以促进著作财产权的交易，繁荣著作财产权市场。在市场环境中，人们创作作品价值的实现，需要通过交易来完成。许多单一创作者也许可以完成一部小说的创作，但是如果这一小说改编成一部电影作品，对于创作者而言是难以实现的，这需要将改编权交易给能够将小说改编为电影作品的主体。著作财产权交易需要清晰的著作财产权保护范围，如果没有清晰的保护范围，那么对于著作财产权受让人而言，受

---

[1] 广东省深圳市宝安区人民法院（2013）深宝法知民初字第 1047 号民事判决书。

[2] 浙江省义乌市人民法院（2014）金义知民初字第 927 号民事判决书。

[3] Matthew J. Sag, Beyond Abstraction: The Law and Economics of Copyright Scope and Doctrinal Efficiency, 81 Tul. L. Rev. 187 (2006).

让人很难知道自己行为的边界。

例如，当受让人获得一部作品的改编权，将其改编成一部电影以后，在电影即将上映之际，著作权人对受让人发起诉讼，称后者侵犯了其著作财产权，这显然不利于交易安全与稳定。在“原告张某某诉被告中国电影股份有限公司、陆某、梦想者电影（北京）有限公司等侵犯署名权及保护作品完整权纠纷案”❶中，原告声称，电影制片方虽然取得作品改编权，但是电影制片方的改编行为越界，侵犯了原告作品的保护作品完整权。从这一案件可以看到，著作权的保护范围不清晰，会存在不确定性的现象而影响著作财产权交易。

由此可见，促进交易的原则要求著作财产权体系不应分散，且具有可预测性。著作财产权分散会造成在交易过程增加界分成本与执行成本，由此而阻碍其交易。反之，在不影响著作权产业独立性的前提下，著作财产权类型越少，著作财产权动态配置的交易成本也就越低。而且著作财产权体系也当具有可预测性，可预测性意味着著作财产权体系的简化。因此，为提高著作财产权配置效率，著作财产权体系不应过于分散，而应精简化。如此一来，不但可以降低交易成本，还可避免因著作财产权重叠导致的交易风险。

（三）应尽量适应技术的发展

著作财产权被称为技术之子，技术进步推动著作权制度的发展最终会反映在权利的需求上。在著作财产权体系中，如果不对著作权制度进行精细的设计，那么会使著作权法陷入不断修改的窘境。技术发展不断重塑著作权制度，广播技术之于广播权，摄影技术之于摄制权，进入互联网时代，为了应对互联网给著作权制度带来的冲击，世界知识产权组织提供了一种伞形解决方案，其成员可以根据所在国立法来应对这一冲击，我国也在2001年修正的《著作权法》第10条第1款第12项予以了规定，并在2006年颁布《信息网络传播权保护条例》予以落实。

---

❶ 北京市西城区人民法院民事判决书（2016）京0102民初83号民事判决书。

可见，技术发展所形成的利益最终会反映在著作财产权需求上。在互联网产生之前，立法者在应对技术给著作权制度带来的冲击时，均予以回应。一方面，立法者总是试图使著作权法足够灵活，以适应技术变革；另一方面，每一项新的技术变革似乎都会导致对著作权法的进一步修改。❶但是这种渐进式回应已然不适应互联网技术发展，典型的技术主义立法路径设定著作财产权的立法模式将疲于应对技术发展。

新传播技术的发展日新月异，著作权法的修改速度始终无法追赶作品传播方式的更新部分，从最初的著作权法所保护的只是复制权一项，到后来列举的权项越来越多，但即便如此，著作权法也无法穷尽作品所有的使用方式。❷ 并且新的传播技术仍在不断发展，技术术语也在不断更新，如果其中的有些技术术语一旦过时，立法机关就会面临再次修法的问题。❸这种由技术带来的问题，会带来巨大的成本，造成社会资源的浪费，显然不符合效率原则。也就是说，这种偏技术性、回应性以及会陷入频繁立法窠臼的著作权制度应当予以完善。

因此，重新构建的著作财产权体系应适应技术的发展，著作财产权体系适应技术发展符合效率原则，其理由在于以下两个方面：

其一，法律的魅力在于它能够为未来而不是为过去创建一个法律框架。❹ 回应性的法律框架是一种为过去已经发生的现象作出回应，这种回应性的法律有着一定的合理性，正如学者所说，从著作财产权诞生、扩张的时间与传播技术的诞生与广泛应用的时间相比，著作财产权的立法总是滞后于传播技术的发展，这种滞后性有着正当性。❺ 但是，这是在作品依赖于有形载体传播前提下，需要明确著作财产权所控制的边界，并且也可以通过著作财产权的立法予以明确。然而，在作品载体对有形载体的依赖

---

❶ I. Trotter Hardy, Copyright and New - Use Technologies, 23 Nova L. Rev. 659 (1999).

❷ 李明德、管育鹰、唐广良：《〈著作权法〉专家意见稿说明》，法律出版社 2012 年版，第 224 页。

❸ 李明德："关于《反不正当竞争法》修订的几个问题"，载《知识产权》2017 年第 6 期。

❹ Philip M. Duclos, Three Cheers for Trekonomics: The Future of Copyright Doctrine according to Star Athletica and Star Trek, 27Cornell J. L. & Public Policy 207 (2017).

❺ 刘铁光："论著作权权项配置中兜底条款的废除"，载《政治与法律》2012 年第 8 期。

日益削弱的前提下，著作财产权的边界越来越难以明晰。新技术变革下，作品的传播都可以以0/1数字形式传播，打破作品在不同载体传播的藩篱。这种在网络上以0/1数字形式的传播既有可能落入复制权的范围，也有可能落入信息网络传播权的范围。如果法律在应对此种技术变革只是回应性，那么并没有彻底解决技术给著作权制度所带来的问题，因为著作财产权权项之间的边界模糊性仍然存在。

其二，在新技术时代背景下，传播技术的发展速度远超于过去传播技术更新的时间。若仍然采取修修补补式立法，显然难以应对日新月异的技术变革。一方面立法的周期性使某一技术还未被法律规制时，新的传播技术又接踵而至；另一方面立法者的理性有其限度，前瞻性立法文本至少可以保证在一段时间内，避免新技术变革所造成的频繁立法窠臼。正如学者所言，在自由社会中，人们追求着无数不同的目标，有些是共同的，有些是独特的。如果法院将表达性作品的所有者限制在著作权法的范围内，这将被证明是不幸的。❶ 立法者都应注意避免不必要的著作财产权设置和多余的概念引入，以保证著作财产权体系简洁和逻辑清晰，减少甚至消除理解的歧义，以免无端增加实施成本和为著作权制度运行带来消极影响。❷

二、著作财产权体系的完善模式与核心体系

效率原则要求以最小投入获得最大产出。著作财产权体系的构建会影响作品的利用与产出，著作财产权体系的构建应当既要重视模式的选择，也不能忽视核心体系的重要性。

（一）现有著作财产权体系完善模式与核心

不管是从技术发展还是从著作财产权配置效率来说，著作财产权都应

---

❶ Tom W. Bell, Escape from Copyright: Market Success vs. Statutory Failure in the Protection of Expressive Works, 69 U. Cin. L. Rev. 741 (2001).

❷ 刘银良："论著作权法中作者经济权利的重塑——以比较和实践为视角"，载《知识产权》2011年第8期。

当进行完善。面对数字时代给著作权制度带来的冲击，有观点认为，“数字著作权”需要一种不同于著作权法历史约束的治理模式。❶ 著作财产权采取哪种模式的前提，需要分析有哪些模式以及核心体系有哪些可供选择。

（1）著作财产权体系模式。根据著作财产权内容是否简化与分散，可将著作财产权体系模式分为概括式模式与分散式模式。这两种模式，在立法实践中均存在立法例。法国是典型的概括式模式，《法国知识产权法典》将著作财产权设计为复制权类与表演权类。❷ 而德国是典型的分散式模式，《德国著作权法》第 15 条针对固定作品的物质形式和非物质形式，用多个条款分别规定各项著作财产权的具体内容。❸ 可以看到，概括模式一般采取宽泛界定加上具体列举形式如法国知识产权法设定著作财产权体系；分散模式著作财产权体系多使用相对具体的条件界定每项著作财产权所控制的行为。如《德国著作权法》为作者设置了极为严谨和复杂的著作财产权体系，是分散模式的典型立法例。❹

（2）著作财产权体系核心。理论界存在两种不同的著作财产权核心体系，一种仍然是以复制权为核心完善著作财产权体系，因为作品信息的传

---

❶ Jessica Litman, Revising Copyright Law for the Information Age, 75 Or. L. Rev. 19 (1996).

❷ 《法国知识产权法典》规定的作者的经济权利（财产权）分为复制权和表演权两大类。“复制”包括通过任何方法固定作品，使其可通过非直接方式向公众传播，形式包括印刷、绘制、雕刻、摄影、铸造，或使用所有绘图或雕塑艺术方法以及机械的、电影的或电磁录制方法完成的复制；如果是建筑作品，复制还包括重复实施设计图或标准规划图。“表演”包括以任何方法向公众传播作品，特别是：（1）公开朗诵、演奏音乐、表演戏剧、公开演出、公开放映和在公共场所播送远程传送的作品；（2）远程传送，即通过任何传输声音、图像、文件、数据或信息的电信方法传播作品。向卫星发射信号也属表演。

❸ 《德国著作权法》规定：作者享有的权利包括复制权（第 16 条）、发行权（第 17 条）和展览权（第 18 条）。针对非物质形式，如表演、广播信号和互联网信息等，作者可享有控制其向公众传播（或称“公开再现”）的权利，具体包括：公开朗诵权、表演权、放映权（第 19 条）、向公众传播权或称“公共传播权”，其实是信息网络传播权（第 19a 条）、广播权（控制广播、卫星广播和有线转播的权利，第 20 条、第 20a 条、第 20b 条）、音像制品传播权（控制利用音像制品向公众传播朗诵或表演的权利，第 21 条）、广播和向公众传播的传播权（或称“广播和公共传播再现权”，第 22 条）。此外，作者还享有改编权（改编或转换原作品以创作新作品的权利，第 23 条）以及接触作品权（第 25 条）、追续权（第 26 条）和公共借阅获酬权（第 27 条）。

❹ 刘银良：“论著作权法中作者经济权利的重塑——以比较和实践为视角”，载《知识产权》2011 年第 8 期。

播仍然需要依靠大批量的永久复制件的生产与流转。复制行为不仅是著作财产权的最直接形式，也是作品得以再现的重要前提。这也是各国著作权法无一例外地将重点放在控制复制行为的原因所在。另一种是以传播权为核心完善著作财产权体系。随着作品价值实现方式的转变，作品的传播在著作权利益实现中占有越来越重要的地位。传播是著作财产权的核心概念，作品传播行为所及之范围即是著作财产权的边界体现。因此，应当以传播权为核心构建著作财产权体系。

（二）著作财产权体系的完善模式

在国际上，著作财产权设置是采取分散模式还是概括模式，各国立法者见仁见智，各国著作权法也因而呈现多样化特点。从方法论视角看，分散模式的著作财产权体系试图为作品每一种使用方式设置一项专门著作财产权，而概括模式则通过适度分解和综合为作品设置相应著作财产权，其都有着合理性。

但是从效率原则来说，著作财产权体系的概括模式符合著作财产权配置效率原则。为此，著作财产权体系的完善模式应以概括模式构造著作财产权体系。

首先，著作财产权体系的概括模式有助于填补法律漏洞。在法治国家建设中，要求法官公正司法，公正司法的前提是法官严格执行法律，即严格依照法律作为司法的主要依据。但立法者理性毕竟有限，法律不周全也会存在，而这会使司法过程中出现法律缺位的情况。[1] 对于《著作权法》而言，囿于《著作权法》的局限性，导致《著作权法》难免存在法律漏洞，从而使得有些著作权法律规则不符合知识产权的利益平衡原则[2]，造成应予以规范而事实上未予规范的情形发生。著作财产权的内容的类型化有助于填补法律漏洞。法律漏洞是指法律依其内在体系及规范计划，应积极设立而规定未设立的问题，应该“类推适用”的方法弥补。利用类型发

[1] 刘作翔：“司法中弥补法律漏洞的途径及其方法”，载《法学》2017 年第 4 期。

[2] 梁志文：“法院发展知识产权法：判例、法律方法和正当性”，载《华东政法大学学报》2011 年第 3 期。

现并填补法律漏洞而言，需要借助类推适用的工具，使新的观点能够协调地融入既有规范。而这需要在法律上有所依据，概括模式的著作财产权体系则提供了这一依据。

其次，著作财产权概括模式可以克服作品著作财产权保护范围不清晰的缺点。清晰是财产权的一大优点❶，但是作品的非物质性特征表明，其作为一项财产的界限是模糊不清、难以确定的。如果著作财产权范围保护不清晰，著作权人无法协调作品的使用，直到他能与潜在作品使用者获得有关著作财产权范围的信息。概括式的著作财产权内容会舒缓著作财产权边界界分问题，降低了著作财产权交易成本。因为著作财产权的概括可以将著作财产权的界定和公示维持在一个比较合适的成本限度上。通过以标准化的方式存在，使其涵盖作品最基本利用方式。如此一来，不仅可以避免因作品承载过多著作财产权类性徒增交易成本，也可以降低法定著作财产权的公示成本。

最后，著作财产权内容的抽象化可以应对技术所带来的不确定性。在著作权法中，一项新技术的引进总是伴随着一段法律不确定性的时期。法律的不确定性意味着很难预测，法院也很难在事后将法律适用于新情况的情形。技术快速变化为特征的环境，为著作权法发展方向和演变创造了条件：法律延迟和法律的不确定性。❷ 法律的不确定性遍及法律的所有领域，有学者认为，法律本身就是不确定的，权威的法律文本和司法判例通常允许对案件作出多种回答。❸ 一项变革性技术的社会影响和经济影响是无法预见的，即使是它的创造者也无法预见。换言之，当一项新技术被引入时，它的社会影响和经济影响仍然是未知的。当试图将现有的著作权法应用于新的技术发展时，会出现许多含糊不清与难于理解的问题。这些后果很快会显现出来，必须开始对作品的使用进行法律分类。著作财产权内容概括意味着对作品利用行为进行分类，也就是说，著作财产权内容的概括

---

❶ Stewart E. Sterk, Property Rules, Liability Rules, and Uncertainty about Property Rights, 106 Mich. L. Rev. 1285 (2008).

❷ Ben Depoorter, Technology and Uncertainty: The Shaping Effect on Copyright Law, 157U. PA. L. REV. 1831, 1868 (2009).

❸ Brian Leiter, Legal Indeterminacy, 1 LEG 481 (1995).

有助于应对法律的不确定性。

（三）著作财产权体系完善的核心体系

在著作财产权体系构造中，权利内容的安排既存在于其特定的技术背景，也有着不同的政策考量。不可否认，在传统技术时代，以复制权为核心的体系往往行之有效，因为在这个时代，侵权往往需要相当昂贵的基础设施，最终产品必须以某种方式以相当透明的方式进入市场。[1] 复制权体系符合技术的发展以及著作财产权配置的效率原则。但是随着技术的发展，作品价值的实现已经由间接占有载体到直接体验内容转变，如果仍然以复制权为核心体系，这既不符合传播技术的发展，也不利于著作权人著作财产权的保护。正如学者所说：复制权的基础地位正在消减。[2]

依据著作财产权配置效率原则，应以传播权为核心构造著作财产权体系，这是著作权制度完善的路径选择。[3]

其一，著作财产权的本质指著作财产权主体享有的是何种性质和特点的权利，其与著作权制度的立法宗旨密切相关。著作财产权的本质是著作权人控制作品之传播的权利。[4] 从我国著作权法立法目的可以看出，著作财产权的立法目的是要实现两个目标：一是促进作品的创作，二是促进作品的广泛传播。[5] 因此，重新构建著作财产权体系时，它应当在立法文本中予以明确，如此一来，公众可以清晰地理解立法文本所要表达的含义。如翻译权所控制的行为不是对作品进行翻译，而是控制对作品进行翻译后传播的行为。改编权也是如此，它不是控制对作品进行自我改编，而是控制对作品改编后进行传播的行为。个人基于各种目的的翻译、改编作品，若不进行后续传播并不会对著作财产权的利益造成影响。

---

[1] Diane Leenheer Zimmerman, Copyright and Social Media: A Tale of Legislative Abdication, 35 Pace L. Rev. 260 (2014).

[2] 李杨：“从‘复制’到‘传播’：著作财产权的权利基础审视”，载《中国出版》2012 年第 12 期。

[3] 卢海君：“论著作权法的体系化”，载《社会科学》2019 年第 6 期。

[4] 杨明：“聚合链接行为定性研究”，载《知识产权》2017 年第 4 期。

[5] 《著作权法》第 1 条。

其二，由于传播技术的变革，作品价值发生由间接占有载体到直接体验内容的转变，其实现越来越依赖作品的传播，而不是作品载体本身。从著作财产权市场的角度而言，现有的文化产业模式发生转变，内容商所关注的重点并不是作品有形载体的销售，而是关注内容的传播。在传统内容产业时代，出版商、内容商获取利润的主要方式是通过含有文学作品的书籍，然而，现如今内容商更多关注的是内容传播，通过内容传播所产生的流量来获取利润。可见，新技术所带来的并非仅仅是形成新的市场，而是市场的完全转变。那种通过新旧产业主体对新市场不断提出的著作财产权配置诉求而形成的著作权制度体系❶，在新技术时代已不合时宜。

其三，从侵权判定来说，一般而言，对于新类型传播行为是否构成侵犯著作财产权的判定标准则是：它是否直接、完整、同质地再现作品独创性表达，并且这种再现行为应当是商业性质的再现。因为只有商业性的再现才会有损作者作品的相关市场，损害其利益。比如，影音技术的出现使广播市场之保护出现必要，"放映权"也就成为著作财产权的权能之一。商业性的传播影音作品则构成侵犯放映权，但是消费者购买 DVD 在家庭范围内进行放映，因未对作品进行传播，无损于著作权人的影音市场，该行为不属于放映权的控制范围。

综上，从著作财产权配置效率的角度而言，传播权为核心的著作权体系既能保障著作财产权的所有者利益不受损失，又能实现社会公众接触到作品，使作品社会效用得到最大化的发挥。作者在作品上的利益只有通过向他人提供作品，即传播作品，收取对价，才能实现。"无传播即无权利"反映的就是这样一种事实。因此，控制作品传播的权利应该是著作财产权的基础性权利。著作财产权体系应当以传播权为基础设计，或者说著作财产权体系应当以传播权为著作财产权束点。至于什么样的传播须向著作权人支付对价，换言之，什么样的传播须纳入著作财产权的控制范围，则是规范结构所要回答的问题。

---

❶ 熊琦："音乐著作权制度体系的生成与继受"，载《法学》2013 年第 12 期。

三、著作财产权体系的规范结构

（一）现有的规范结构

通过上文分析，著作财产权体系应采取抽象概括的方式以及以传播权为核心作为完善的路径。接下来的问题是，如何完善著作财产权规范，不同学者对此提出了不同的解决路径。在对学者所提出的著作财产权体系完善路径分析后发现，现有的著作财产权体系构建模式中，主要分为"完全破除"与"部分整合"两种方式。

所谓"完全破除"，是指完全抛弃传统著作财产权的方式，采用新的著作财产权构造模式。"完全破除"主要有以下情形。一是按照物权权能之占有、使用收益、处分进行构造。如张玉敏教授将知识产权权利内容定义为控制权、使用权、处分权、收益权。[1] 二是以物权所有权结构为模型构建著作财产权体系。如学者提出著作财产权可以基于著作财产权与所有权作为支配权的共性，可依据《民法典》第 240 条所确定的所有权著作财产权结构模型，重新构建著作财产权结构，将著作财产权诸多权能分别归属于占有权、使用权、收益权和处分权。[2] 三是将著作财产权划分为完全作品财产权和定限作品财产权。前者包括支配权（作品使用权、载体利用权、收益获得权、作品处分权、作品控制权）、请求权（妨害排除请求权、妨害预防请求权、作品控制恢复请求权）；后者包括用益作品财产权（使用型、处分型、混合性）和担保作品财产权（作品抵押权、作品留置权）。[3] 也有学者将著作财产权划分为作品使用权、对价收取权、售价分享权。[4] 除此之外，还有学者将著作人身权与财产权予以合并，即把著作权

---

[1] 张玉敏："知识产权的概念和法律特征"，载《现代法学》2001 年第 5 期。

[2] 杨延超："著作权权利结构重构——以物权法第 39 条为模型"，载《学术研究》2007 年第 6 期。

[3] 齐爱民："论二元知识产权体系"，载《法商研究》2010 年第 2 期。

[4] 费安玲：《著作权权利体系之研究——以原始性利益为主线的理论探讨》，华中科技大学出版社 2011 年版，第 174－180 页。

分为著作人身权、著作利用权、著作财产权、其他著作财产权，并分别明确各种著作财产权的权能构成。[1]

所谓“部分整合”是未将传统著作财产权进行抛弃，而是对现有的著作财产权进行整合。如学者将现有著作财产权体系整合为有形利用权、无形利用权、演绎权，其中有形利用权包含复制权、发行权、出租权和展览权；无形利用权包含表演权、放映权与广播权；演绎权包含改编权、摄制权、汇编权、翻译权。[2] 也有学者将 2010 年《著作权法》规定的 13 种著作财产权整合为复制权、传播权、演绎权，其中传播权包含发行权、出租权、展览权、表演权、放映权、广播权、信息网络传播权、摄制权等；演绎权包含改编权、翻译权、汇编权等，复制权则与原来一样，以及应当由著作权人享有的其他著作财产权。[3] 有学者认为，将现有的著作财产权体系整合为复制权、发行权、传播权、演绎权，按照该观点，此时的发行权除之前的发行权之外还包括出租权；传播权包含在公众传播权（表演权、展览权）和向公众传播权（交互式传播权、非交互式传播权）；演绎权包含翻译权、改编权、摄制权。[4] 还有观点分为复制类著作财产权、发行类著作财产权和传播类著作财产权，其中发行类著作财产权包含发行权和出租权；传播权包含展览权、表演权、放映权、广播权、信息网络传播权以及应当由著作权人享有的其他著作财产权。[5]

本书认为，不管是完全破除还是部分整合，都有其合理性，都考虑到现有著作财产权体系的不足，但是这两种方案仍然不尽合理。

就“完全破除”而言，这种对于著作财产权体系完全革除的方案在现有制度框架下并不可取，理由有二：其一，这种著作财产权模式与国际条约过于疏远。在这种模式下建立的著作权制度体系无疑会影响著作权制度的国际化，影响著作权贸易的发展。其二，这种著作财产权模式与作品利

---

[1] 尹西明、欧阳梅：“著作权种类划分与制度整合——兼论著作利用权之独立”，载《河南社会科学》2008 年第 4 期。

[2] 张今、郭斯伦：“著作财产权体系的反思与重构”，载《法商研究》2012 年第 4 期。

[3] 卢海君：“传播权的猜想与证明”，载《电子知识产权》2007 年第 1 期。

[4] 王文敏：“著作财产权的类型化及其运用”，载《法律方法》2016 年第 1 期。

[5] 陈邵玲：“中国著作权体系化的构建方法”，载《法律方法》2015 年第 2 期。

益实现存在背离。作品利益的实现在于传播，而这种方式并未考虑到作品利益的实现方式。

就“部分整合”而言，虽然部分整合仍然是在著作财产权体系内进行整合，符合著作财产权体系概括式的要求，但是这种思路并未完全考虑新技术变革所带来的作品价值实现方式的转变。方案虽然谈到著作财产权的整合，但并未触及著作财产权的本质，也未有效体现出作品传播在作品价值实现的地位。此外，由于未能对著作财产权的本质准确把握，使部分整合对于一些著作财产权应纳入哪项著作财产权范围内存在争议。

（二）总括式传播权＋以作品传播形式分类的著作财产权规范结构

基于以上分析，本书建议著作财产权体系可以建立总括式传播权＋以作品传播形式分类的传播权。提出这一思路的理由在于，权利配置源于利益，著作权的利益表现为对作品的传播，无传播则无利益，无利益则无著作财产权。与大多数产权制度一样，并非所有的作品利用价值均具有较大商业价值，作品著作权的最佳价值是相对较少的。例如，作品阅读行为等未对作品进行传播未损害作者的商业利益，因而不应纳入作者控制范围之中，这是因为作者的商业利益是著作权人对其作品依法享有的特定利益，是以传播为核心的市场利益。[1] 作品传播是著作财产权最重要的用途，它也是作品商业利益获取的方式，著作财产权的本质是著作权人控制作品之传播的著作财产权[2]，而著作财产权的设定是为了保护某种特定利益。因之，只有被诉行为是对该作品进行传播才属于作品使用行为，才有规制的必要。基于此，著作权法中概括式的著作财产权规定应当是规制著作权法意义上的作品传播行为。

在社会生活中，作品的传播载体主要包括载体的形式、无体的形式以及变体的形式。因此，著作财产权体系就分为总括式传播权＋以作品传播形式分类的著作财产权规范结构。

---

[1] 何鹏：“漫谈知识产权的权利边界：缺乏目的性变形的使用权能”，载《知识产权》2018年第6期。

[2] 杨明：“聚合链接行为定性研究”，载《知识产权》2017年第4期。

著作权法的总括式传播权包括两层含义：一是作品性使用；二是对作品进行传播。所谓作品性使用是“基于作品的文学艺术属性，行为人从精神层面对作品进行认知、欣赏，如阅读小说、欣赏画作”。[1] 根据这一定义，对作品中的思想使用不属于作品性使用。在贝克诉塞尔登（Baker v. Selden）案[2]中，法院就指出，如行为人阅读一本关于记账方法的书，阅读行为属于作品性使用，但是在商业活动中使用该记账方法则不属于作品性使用。

以作品传播形式分类的传播权，其包括：载体传播权、无体传播权、变体传播权。虽然现有的著作权法赋予作者众多的著作财产权，但从本质上它们都属于作品传播的不同形式，它们其实可以分为作品的载体传播权、无体传播权和变体传播权。

载体传播权指著作权人享有的控制对作品以同质再现的方式传播作品的著作财产权。这里的载体是与无体相比较而言，作品的原有形式被有形载体同质再现传播。

无体传播权指著作权人享有的控制对作品以某种人们无法直接看到作品原质的形式来传播作品的著作财产权，如舞台剧本、歌词、数字化作品等被表演、演奏、播放，即以无体形式传播作品。这种著作财产权的规定方式可以解决当前信息网络传播权中网络定时播放侵权认定问题。按照无体传播的定义，行为人未经许可且没有法定事由，实施了对作品的无体传播，不管以什么样技术形式播放作品都落入了无体传播权的保护范围。这会有助于解决司法实践中网络定时播放行为规制难题。

变体传播指著作权人享有的控制对作品独创性表达形式而非作品最终呈现形式进行传播的著作财产权，既可以是同质形式也可以非同质形式呈现。变体传播的设置原因在于作品中受著作权法保护的表达具有层次性，包括表达的最终呈现形式和作品中受保护的独创性构成元素。[3]

---

[1] 何鹏：“漫谈知识产权的权利边界：缺乏目的性变形的使用权能”，载《知识产权》2018年第6期。

[2] Baker v. Selden, 101U. S. 99 (1879).

[3] 梁志文：“论演绎权的保护范围”，载《中国法学》2015年第5期。

（三）著作财产规范结构的效率分析

本书所提出的著作财产权规范构对传统著作权法规定的权项进行整合，扬弃传统著作权法中各项财产权对作品客体和作品传播方式的特殊规定性，抽象出各项著作财产权的共同特征，创立一种一般意义上的著作财产权，统领整个著作权法律制度❶，再按照作品传播形式确定具体的传播权。这种著作权规范形式符合著作权配置效率原则。

首先，总括式传播权＋以传播形式分类的著作财产权规范结构不仅具有前瞻性，能够兼顾公共效用与个人效用，而且最重要的是，它会降低交易成本、促进著作财产权交易。在著作财产权交易主体进行著作财产权交易时，如果著作权人想要载体传播权项下的所有经济著作财产权，那么其可以在著作财产权合同中，载明载体传播权。这样一来就无须对每个权项一一签订合同，无疑会减少交易成本促进著作财产权交易。

其次，总括式结构当中的“大传播权”制度设计明确了著作财产权通过何种使用行为来实现其利益，这不仅有助于消弭社会公众因误解著作财产权而造成的逆反心理，同时还有助于对社会公众逐渐认同、接受和遵守著作权法起到积极引导作用。❷

再次，总括式结构当中的著作财产权规范体系，既避免了创作人原则著作权的非理性扩张问题，也缓解了功利性原则所导致的不同利益主体之间关于新技术利益分配的冲突问题。一方面，因为传播是著作权的本质，不管是从历史的发展还是对今后新出现的作品传播行为控制之权赋予创作者，它都表明：赋予著作权人所有对传播行为的控制之权是合理的。反之，对于作品的接触行为不应配置财产权，因为它不当地扩张著作权，引发了公众对该制度的不满。另一方面，将所有的传播权赋予创作者就无须在面临新的传播技术之时仍然进行利益的博弈，这既不利于法律的稳定性，也有损某些群体的利益。

---

❶ 卢海君：“传播权的猜想与证明”，载《电子知识产权》2007 年第 1 期。

❷ 李杨：“从‘复制’到‘传播’：著作财产权的权利基础审视”，载《中国出版》2012 年第 12 期。

最后，以作品传播形式构建著作财产权体系，其不仅可以解决著作财产权权项的技术中立性不足问题，同时也避免各个权项之间可能存在的重叠和漏洞。[1] 在对著作财产权的各项权项进行体系化的同时，对著作财产权各层模式的内涵与外延都进一步清晰界定，如此一来，可以避免权项之间的交叉与重复的现象发生，减少在著作财产权交易中可能产生的摩擦和协调成本。另外，著作财产权体系化意味着著作财产权的清晰化，可以减少信息搜寻成本，促进著作财产权交易的进行。

第二节　著作财产权主体制度的完善

著作财产权静态配置制度是在不同主体之间配置著作财产权，随着资本资源在作品产出的重要性日益凸显，著作财产权主体制度应当予以回应与完善。

一、著作财产权归属主体的多元性

（一）著作财产权主体范围的扩张

著作财产权主体是享有作品利益的著作权人。从交易的角度而言，著作财产权主体是著作财产权交易的基础。只有依据法律规定享有著作财产权的主体才有权将其著作财产权进行交易；从著作财产权纠纷解决来说，著作财产权主体是解决著作权相关纠纷的重要依据。[2]

著作权主体经历了从一元到多元的演变。在著作权制度诞生之初，作者通常被解释为创作作品之人，其也被认为是著作权的当然主体。随着经

---

❶ 吕炳斌："试论我国《著作权法》中传播权的类型化整合"，载《中国出版》2013 年第 21 期。

❷ 吴汉东：《知识产权基本问题研究》（分论），中国人民大学出版社 2009 年版，第 53 页。

济社会的发展，作品创作与生产的外部环境发生了重大变化，这种变化所带来的结果是著作权客体范围不断扩张，新的作品类型如摄影作品、电影作品等不断地被纳入著作权法的保护范围。这些作品的特点之一在于，新技术在这些作品的创作中有着重要影响，例如电影作品源于摄制技术的发展。然而，这些作品的产生使作品的创作变得复杂化，单一作者很难完成此类作品的创作，换句话说，此类型作品从仅依靠自然人个体逐渐转向需其他人合作以及投入资本资源才能完成。

在工业革命的推动下，社会化大分工日益完善，人们的生活水平得到显著提升，人们不再仅仅追求物质生活需求，精神文化的提升也为人们所向往，精神文化产品需求的不断增长导致作品市场需求日益旺盛，作品的商品属性日益凸显。市场需求的旺盛促使作品逐渐走向商业化的生产模式，使得一些作品的创作不仅仅是个人情感的表达，其更多考量在于如何获取经济收益。在这一背景下，作品的创作仅仅依赖自然人的智力资源显然不足以满足需求，易言之，虽然作品的创作仍然离不开自然人所付出的智力资源，但是在作品商业化生产过程中投资者投入的资本资源在作品的创作中已经成为不可或缺的重要因素。

作品创作已然从主要依靠自然人个体、智力资源，逐渐走向依赖团队合作、资本资源，但是，传统观念认为，只有自然人才是作品的作者，投资者不属于作者，而这无疑会影响投资者利益。投资者为了维护其利益，不断向现有制度发起挑战，著作财产权主体范围在一些诉讼中不断扩张。在科力尔工程公司诉联合通信学院案（Collier engineering Co. v. United Correspondengce Schools）❶ 中，法院确立了雇主有限的著作财产权，也即雇主可以在支付雇员报酬的情况下，有权取得雇员在受雇期间内所创作的作品著作财产权。在国民斗篷与西装公司诉考夫曼案（National Cloak &Suit Co. v. Kaufman）❷ 中，法院确立了受雇单位享有对雇员创作文学的作者身份，在戴尔曼诉怀特案（Dielman v. White）❸ 中，法院确立了委托作品的

---

❶ Collier engineering Co. v. United Correspondengce Schools，94F. 152（C. C. S. D. N. Y. 1899）.

❷ National Cloak & Suit Co. v. Kaufman，189F，215（C. C. M. D. Pa. 1911）.

❸ Dielman v. White，102F. 892（C. C. D. Mass. 1900）.

著作财产权归委托人所有。发生在英美国家的这些案件表明，这些国家纷纷承认投资者享有与创作者同等地位的作者身份。

随着大陆法系与英美法系国家在制度上的融合发展，两大法系在制度上的差异性日益缩小，两大法系也在互相吸收各自优秀经验。虽然大陆法系一些国家仍然遵循创作人原则，但是随着版权法系与作者权法系制度的不断融合发展，一些作者权法系国家也不断地接纳著作财产权主体的多元化。如法国同样规定了雇员在执行职务或按其指示创作的软件及文档的著作财产权，属于雇主。❶ 一些国家对于著作财产权主体的范围已经从作者向包括雇主在内的投资者。

由此可见，作者因创作作品而享有著作财产权是确定著作财产权归属的基本原则。但是，作者并非单一性的概念，各国著作权法在规定作者是著作财产权主体的同时，又在不同程度上规定了可被视为作者的主体。在技术发展与社会进步推动下，著作财产权主体的范围经历了从一元到多元的转变，这意味着在没有参与创作的情况下，特定主体仍可称为著作权法中的作者。

（二）著作财产权主体的多元化符合著作财产权配置效率

在著作权法中，作者既代表著作财产权的主体，也是彰显作品著作财产权归属的重要制度。著作财产权主体的多元化是著作财产权主体制度的发展趋势，我国著作权法应顺应这种趋势，这符合著作财产权配置效率原则。具体而言，著作财产权主体的多元性配置效率体现在以下方面。

其一，多元化的著作财产权主体制度提升了作品产出的丰富度。著作财产权静态效率意味着作品的产出与资源投入占比。作品的产出不仅仅是自然人的智力资源的投入，资本资源在作品的产出中起着重要的作用，特别是对于著作权产业而言，资本资源对于作品的产出至关重要，如果没有资本资源的投入，一些作品难以产生。随着越来越多新类型作品被纳入著作权客体的范畴，这些新类型作品的特点在于复杂性。例如，对电影作品

---

❶ 参见《法国知识产权法典》L. 113. 9 条。

而言，电影作品的产出是众多创作者合作的产物，单一的导演、编剧、演员是难以完成电影作品的创作。这类作品的创作的表达成本较高，对于单一的导演、编剧而言，其既无法承担前期的成本，也无法承担投资风险；电影作品的投资风险较大，其发行更需要众多的发行公司来分散风险。电影作品投资大，所以对于电影此类作品的创作更多是以企业或者合作的形式实现。

其二，多元化的著作财产权主体制度有助于著作财产权交易的进行。著作财产权的交易是否得到有效进行，其中重要的影响因素之一是著作财产权交易主体复杂性。著作财产权主体作为交易主体中的供给方，对著作财产权交易是否成功起着重要的作用，著作财产权主体的多元性有助于降低交易成本，促进交易。如果作品的著作财产权主体仅仅是单一的作者自然人，那么会存在作品著作财产权交易成本高的问题。例如，对于电影作品而言，电影作品创作主体的复杂性，电影作品的创作者包括导演、演员、编剧、摄影，如果将这部电影著作财产权进行交易，意味着需求方需要与包括导演、演员、编辑、摄影在内的所有创作者进行谈判，但是如果将电影作品归属于投资者制片人，那么仅仅需要与投资者进行协商即可。

其三，多元化的著作财产权主体制度降低了社会成本。在市场环境中，作品的商业化创作越来越明显，然而，这也带来一个问题，创作者创作作品的信息成本会增加，并且各个主体之间由于协调作品的创作也会带来成本。著作财产权主体的多元化则可以解决这一问题。著作权主体的多元化，可以为著作财产权市场提供供给与需求的沟通渠道，一方面向创作者反映市场需求，降低创作中的信息成本；另一方面组织创作者生产市场需要的作品，节约创作者的协调成本，从而降低社会成本。

总之，随着著作权产业的发展，资本资源在著作财产权中正处于越来越重要的地位，作品创作与传播中的分工日益复杂，资本资源对于作品的产出起到了更为关键的作用。著作财产权主体的多元性符合著作财产权配置效率，其不仅提升了作品产出的丰富度，而且有助于降低交易成本，避免社会资源的浪费。

二、资本资源介入下著作权主体制度的完善

随着大量投资者介入作品的创作领域，投资者应当进入著作财产权主体视野。完善著作财产权主体制度的意义在于：一方面有利于激励此类投资者投资优秀作品的创作；另一方面著作财产权主体制度的完善也有助于促进著作财产权交易。

（一）承认投资者作为更普遍意义上的著作权主体地位

作者的概念和范畴存在以大陆法系国家为代表的“作者权体系”，其特点在于奉行“创作人为作者原则”，不承认投资者作为著作财产权主体；以及英美为代表的“版权体系”，规定了“视为作者原则”，承认雇佣作品，体现了功利性价值观。而在具体的立法实践中，作者的范畴存在三种不同做法：一是著作财产权归属于作者；二是著作财产权归属于作者，但兼顾投资者利益，并参考创作者意志；三是著作财产权属于作者，同时参考创作者意志，兼顾投资者利益。[1]

关于我国著作财产权主体制度，主要存在投资者作为著作财产权主体的肯定论与否定论。持否定论的学者认为，创作人原则是我国作者制度的重要原则，投资者不应作为法定作者。[2] 持肯定论的学者认为，投资者作为作者，符合著作权产业的发展。[3]

本书认为，应当肯定投资者更广泛的作者地位。随着依赖资本资源投入的电影、计算机软件、数据库的出现，作为作者的个人正被“视为”作者的法人所取代。原先的“视为”情形现在正成为典型情形，原先的典型情形却有被边缘化趋势。[4] 著作财产权主体制度应当顺应这种趋势。从“视为作者”原则到“作者”安排这一类作品的归属制度，更加符合著作

---

[1] 曹新明：“我国著作权归属模式的立法完善”，载《法学》2011 年第 6 期。

[2] 张昱：“著作权权利归属问题研究”，载《内蒙古大学学报（人文社会科学版）》2006 年第 1 期。

[3] 熊琦：“著作权法中投资者视为作者的制度安排”，载《法学》2010 年第 9 期。

[4] 易建雄：《著作权扩张与技术发展》，西南政法大学 2008 年博士论文，第 150 页。

权法原理和基本逻辑。所以，将著作财产权归于投资者，符合提高信息利用效率的立法原则。[1] 为此，本书建议，著作权法应承认投资者的著作财产权主体地位。

著作财产权主体正在扩张是一个不争的事实。著作权法中的主体是作者，著作权法中作者的范畴，经历了从一元到多元的演变，承认著作权产业的投资者为作者，符合这种发展趋势。与自然人相比，投资者以作者身份直接享有原始著作财产权有着强大的组织动员能力，这可有力推动由私人利益机构主导著作财产权配置格局。

在现代著作权法框架下，自然人因创作作品而享有著作财产权，这是确立著作财产权归属的基本原则，无论是在作者权体系还是著作财产权体系中皆然。虽然自然人作为著作权主体会保障作品创作得以源源不断进行，保证文化传承和发展，体现了著作权制度的文化含义，但是随着客体复杂化，凭借自然人力量是难以创作出像电影、软件等作品，对于此类型作品，如果仍然按照创作配置著作财产权，那么投资者利益将难以得到有效的保护，最终，投资者将不再投资此类作品，此类作品将会面临无人生产的困境。这不符合著作财产权配置效率要求的最大化生产要求。

通过著作财产权的积极配置，赋予投资者以著作财产权，符合著作财产权配置的静态效率。著作财产权积极配置的目的在于实现作品最大化生产，投资者作为著作财产权主体有助于这一目标的实现。著作权产业的发展使得著作权客体商业化特征日益凸显。在产业化的氛围中，作品消费功能空前繁荣，不断有新的客体纳入著作权客体范畴中，投资者对于这些作品的产出有着重要的作用。例如，电影作品、软件作品等都离不开投资者的身影。为使投资利益最大化，作为雇主或委托人的投资者一般意图拥有投资作品尽量多乃至全部的著作财产权[2]，通过赋予投资者著作财产权，也可激励著作财产权在上述作品领域的产出。

---

[1] 熊琦："著作权法中投资者视为作者的制度安排"，载《法学》2010 年第 9 期。

[2] 刘银良："著作权归属原则之修订"，载《政治与法律》2013 年第 11 期。

（二）投资者纳入著作权主体范畴理论障碍的克服

投资者原则在智力创作物领域突破传统创作原则的桎梏而成为著作财产权归属的另一个原则，已然是一种不可逆转的趋势。[1] 随着主体范围的不断扩大，将投资者作为作者可以组织创作生产市场需要的作品，节约创作的协调成本，这符合提高信息利用效率原则。[2]

当然，投资者毕竟不属于自然人，从“视为”到“典型”需要克服作品的创作仍然是自然人创作的理论障碍。为此，可以借助于作品法律作者与实践作者二元区分来加以克服。在著作权法的语境下，法律作者不同于实践作者，实践作者是一个事实描述概念，它表示的是某个主体与某个对象之间的客观关系；法律作者是一个法律判断概念，它表示的是某个主体对某个对象享有何种著作财产权。[3]

实践作者主体资格并不因其是否享有权利能力或者行为能力，因为实践作者写作作品的行为属于事实行为。根据著作权法一般原理，作品的创作是一种事实行为，事实行为无须主体享有民事行为能力，正如立法者并不能否定无民事行为能力人创作具有独创性作品的著作权法保护。因此，投资者是法律作者，因为投资者毕竟没有参与作品实际创作。法律作者是享有著作财产权的作者。投资者享有了创作者的经济著作财产权之后，对于创作者的著作人身权保护可以作出相应的制度设计予以保护。

（三）资本资源介入下著作权主体制度完善的立法建议

作者这一概念下隐藏着多元化的主体类型，即便著作权法对创作者与社会公众之间作出了合理的著作财产权配置，但是作者内部著作财产权配置的差异，同样会影响作品的利用效率。[4] 之所以作者内部著作财产权配

---

❶ 陈全真：“人工智能创作物的著作权归属：投资者对创作者的超越”，载《哈尔滨工业大学学报（社会科学版）》2019 年第 6 期。

❷ 熊琦：“著作权法中投资者视为作者的制度安排”，载《法学》2010 年第 9 期。

❸ 李雨峰：“从写者到作者——对著作权制度的一种功能主义解释”，载《政法论坛（中国政法大学学报）》2006 年第 6 期。

❹ 熊琦：“著作权法中投资者视为作者的制度安排”，载《法学》2010 年第 9 期。

置存在差异，是因为作品的产出存在投资者资本资源介入的情形。

投资者介入作品创作的类型主要包括委托作品、职务作品、视听作品等。此类作品的著作财产权配置应该与当事人的实际需要相适应，换言之，作品的著作财产权配置应既合理平衡当事人的利益，也要符合效率原则。为此，对投资者资源介入下的著作财产权归属制度完善提出以下建议。

第一，视听作品的归属。随着投资在视听作品中所占的比例越来越大，一部电影的成功既有导演、编剧、演员等智力劳动的付出，同时投资者的投资对视听作品的产生有着重要影响。视听作品特别是电影作品其产业的发展离不开资本的支持。将视听作品的著作财产权配置给投资者，不仅有利于视听作品的产出，也有助于这一产业的发展。也就是说，视听作品的实际创作者是事实作者，但是视听作品的法律作者是制片者，事实作者不享有著作财产权，法律作者才享有著作财产权。❶ 因此，现行《著作权法》将视听作品的著作财产权归属于制作人符合效率。当然，考虑智力资源的投入可以采取相应的制度安排，如利益分享权等。

第二，职务新闻作品归属。随着互联网、移动互联网等新媒体的快速发展，新闻产业正发生着根本性变化，产生了崭新的新闻作品样态和传播形式。新闻作品的著作财产权归属保护面临着新媒体环境的挑战。对于职务新闻作品归属，本书认为，新闻产业的发展既要维护记者的利益，也要保障媒体的利益，由于新闻职务作品的资本资源的影响度高于智力资源，所以媒体职务作品从一般职务作品到特殊职务作品的转变符合著作财产权静态配置效率，《著作权法》第三次修正后将其纳入特殊职务作品是合适的。

第三，委托作品的归属。对于未明确约定的委托作品的著作财产权静态配置。现行《著作权法》认为，委托作品著作财产权由受托者享有，但使用者有权对著作财产权优先使用。作品完成两年内，未经使用人同意，创作者不得与第三人就著作财产权达成许可协议。这是因为委托作品中创

---

❶ 李伟民："视听作品著作权主体与归属制度研究"，载《中国政法大学学报》2017 年第 6 期。

作者的智力资源的影响度高于受托者的资本资源，所以将著作财产权配置给受托者符合效率。委托作品中委托者的资本资源并不是平白无故地投资到作品的创作者，他是对作品的使用有所期待，应当赋予委托者的优先使用权。

第三节　与著作财产权配置相关制度的完善

著作财产权配置制度如果要得到有效运行，实现著作财产权配置效率，那么其配套制度也应当予以完善。技术措施不仅会影响著作财产权动态配置，也会影响著作财产权体系的有效运行，所以也需要完善。著作财产权登记制度作为确定著作财产权主体的有效手段，重塑这一制度有着较为切实的必要性。

一、技术措施的法律保护及其限制

接触权设置虽然不符合效率原则，但是这并不意味着技术措施不受法律保护。虽然 WCT 和 WPPT 规定了保护技术措施的义务，但其用语是高度原则和抽象的，并没有对“技术措施”进行定义。技术措施对著作财产权配置产生了较为深远的影响。技术措施不仅涉及著作财产权静态配置，也涉及著作财产权的动态配置。虽然技术措施在一定程度上可以保护著作权人的著作财产权，但是作为私力救济手段的技术措施，很可能因带有私人利益的价值偏向而产生对合理使用造成损害的负面效应。未来再对著作权法进行修正时，应对此加以考虑。

关于技术措施的法律保护修改问题，有研究者认为，将著作权人控制技术措施上升为著作财产权。如有研究者指出，著作权法应当赋予著作权人保护接触控制技术措施的著作财产权，同时设立相应的著作财产权限制，这种将控制技术措施本身作为独立的著作财产权，是一种具有成本效益的产权制度设计，符合著作权制度设立初衷。[1]

本书认为，这种观点并不可取。著作权法之所以保护技术措施，是为了对著作权法中的著作权人正当利益予以更加充分的保护。[2] 如果技术措施得以广泛应用，势必会对传统著作权制度造成极大冲击，创作者与使用者之间的利益平衡被打破。技术措施的强势凸显了使用者的弱势，使用者使用作品的著作财产权被大大压缩，而技术措施法律保护的最终目的是保护著作财产权，而非技术措施。

此外，在数字时代，技术保护措施的广泛应用虽然有利于著作财产权保护，但同时也对消费者的隐私造成了损害，这会动摇著作权制度的合法性根基。[3] 数字环境下，著作财产权所有者力图强化技术措施及其法律保护，进而更好地维护自身利益，但是，著作权制度的宗旨在于平衡著作财产权所有者的“私权”与广大内容使用者所应享有的公共利益，技术措施及其法律保护对这一平衡造成了威胁。

综合以上考量，本书建议，技术措施的法律保护可以作出以下完善。

第一，确立技术措施的保护范围。随着技术措施在著作财产权保护的重要性越来越大，技术措施应当予以保护，但是对其保护范围，有必要作出限定。对于技术措施的保护范围，应当坚持作品接触与著作财产权保护并重的原则。具体而言，对于著作财产权的正当利益的保护的技术措施应当予以保护，但是对于影响社会公众利益的技术保护措施且与著作财产权正当利益保护无关的技术措施应当排除法律保护范围。[4] 如此一来，这可以实现著作财产权配置制度个人效用与社会效用的最大化。

第二，无须禁止直接规避技术措施。规避著作财产权保护的技术措施包括直接与间接两种形式，直接规避技术措施是行为人通过技术手段直接规避著作权人设置的技术措施而接触受著作权保护作品；间接规避则是提

---

❶ 朱晓睿：“数字时代技术措施的保护及其限制”，载《华南理工大学学报（社会科学版）》2019 年第 3 期。

❷ 王迁：“论提供规避技术措施手段的法律性质”，载《法学》2014 年第 10 期。

❸ 王清、陈炫伯：“数字时代著作权技术保护措施与隐私权的冲突及协调”，载《学习探索》2019 年第 5 期。

❹ 王迁：“论著作权法对滥用技术措施行为的规制”，载《现代法学》2018 年第 4 期。

供规避工具。从效率而言，我国无须禁止直接规避技术措施，理由有二。其一，直接规避技术措施并不是对著作财产权的侵权，如果贸然禁止，无疑会对社会公众接触作品造成巨大阻碍；合理使用制度作为平衡著作权人和公众的重要手段，在技术措施保护过程中仍然应该得到尊重。❶ 其二，从实际的角度来说，禁止直接规避行为不具有可操作性，很难执行。因为行为人具有规模性与分散性，寻找直接规避措施的成本无疑高昂，所以不禁止直接规避行为可以为著作财产权的消极限制留下适当空间，符合我国国情的合理选择。❷

第三，对技术措施进行分类。技术措施按照不同的分类标准存在不同类型，包括控制接触措施与著作财产权保护措施。不同类型的技术措施在功能上有所不同，为此，著作财产权立法上应当对其进行分类，区分不同技术措施类型。并且对规避技术所述的责任问题上，按照不同的技术措施类型规定各个构成要件，作出更为细致的规定，如有效技术措施的要求、规避行为的界定、过错，等等。

二、著作财产权登记制度的重塑

与专利权和商标权不同，著作财产权并不存在那样稳定、能够证明著作权人身份的外部认证途径。换言之，著作权制度并不要求著作权人以履行相关登记为必要前提取得著作权。著作权无须登记是著作权制度演变的结果。著作权取得是否履行登记也是版权体系与作者权体系的重要区别，随着两大体系的融合，著作权登记制度也逐渐从各国的立法中退出。之所以取消登记制度，是因为作者权体系权利理论认为，作品是作者人格的延伸，即便不履行登记程序，作者也理应享有对作品的著作权。

随着作品不断市场化，著作权产业日益繁荣，著作财产权交易增多。但是由于著作权客体的无形性，加之作品著作财产权并无清晰的著作财产权外观，且著作财产权交易并不以交付或登记作为公示手段，会造成著作

❶ 刘斌：“网络著作财产权技术措施的保护模式与例外”，载《出版科学》2016 年第 1 期。

❷ 王迁：“论禁止规避技术措施的范围”，载《法学家》2016 年第 6 期。

财产权交易中容易出现著作财产权“一女多嫁”的情形发生。[1] 例如，《老鼠爱大米》“一权数卖”[2]、孙某某状告王某演唱《传奇》侵权案[3]，这些案件的发生，著作财产权公示手段的缺失是其发生的根本原因。公示手段的缺失还会造成大量的孤儿作品，有学者指出，孤儿作品产生的重要原因之一，就在于著作财产权登记制度的缺失。[4]

重塑著作财产权登记制度是促进著作财产权交易，避免著作财产权“一女多嫁”以及孤儿作品的问题的重要手段。著作权登记所产生的著作财产权归属信息将有利于降低著作权交易成本。著作权登记为作品提供了明确的著作财产权归属，减少需求方在著作财产权交易的搜寻成本和谈判成本。著作财产权作为无形财产权，存在著作财产权不清晰、不易联系著作权人，需要依赖一定制度对著作财产权进行界定以及确定著作财产权的状态。登记对于著作财产权的界定、著作财产权状态的确定有着重要意义，其能够便利著作财产权交易。著作财产权登记被视为对整个世界发出一定信号，这种信号不仅对某些作品的著作权人很重要，而且可以帮助作品再利用者和后来的创作者，使他们能够寻找到著作财产权所有者，甚至可能还会提供一些关于授权交易的信息。最终，著作财产权登记避免了由于著作财产权状态和边界模糊所导致的“公告失灵”。[5]

问题在于，如何重塑著作财产权登记制度。对此有研究者提出了基于交易的著作财产权登记制度。[6] 所谓基于交易的著作财产权登记制度，是指基于市场价值考量的登记模式。其主要是利用线上著作财产权交易平台，随

---

❶ 黄玉烨、罗施福：“论我国著作权转让登记公示制度的构建——从著作财产权的‘一女多嫁’谈起”，载《法律科学》2005 年第 5 期。

❷ 北京市第一中级人民法院（2006 一中民终字第 2500 号）民事裁定书。

❸ 王某《传奇》侵权案 25 日开庭遭索赔 350 万，载 https：//www. chinacourt. org/article/detail/2013/09/id/1095043. shtml，最后访问日期：2020 年 2 月 17 日。

❹ BENTLY，SHERMAN. Intellectual Property Law（4th edition）. Oxford University Press，2014：p. 330. 转引自张颖：“探索孤儿作品问题的解决之道——以完善著作权登记制度为视角”，载《编辑之友》2016 年第 1 期。

❺ Peter S. Menell；Michael J. Meurer，Notice Failure and Notice Externalities，5 J. Legal Analysis 1（2013）.

❻ 吕炳斌：“著作权登记制度革新的第三条道路——基于交易的著作权登记”，载《比较法研究》2017 年第 5 期。

着技术发展如网络技术、区块链技术，线上著作财产权登记不仅可能而且可行。其与线上著作财产权交易平台相辅相成，可以说具有天然的优势。著作财产权动态配置效率，在于促进交易。基于交易的著作财产权登记，既可以减少需求方寻求作品信息的成本，也为作品的交易提供了信息。将作品著作财产权置于线上平台，一方面需求方可以寻求其需要的作品；另一方面也会增加供给方的作品潜在交易机会，加之区块链技术等保障交易安全，使基于交易登记与在线著作财产权交易平台有着天然的耦合性。

当然，可能有研究者会指出，著作财产权登记在一定程度上也会产生登记成本，影响著作财产权激励功能。看似这种观点有其合理性，但仔细分析，其实不然。著作财产权登记并不必然会导致著作财产权激励机制的减损。国外学者的研究表明，即使法律上并不要求登记，但是作者也有着强烈的著作财产权登记动机，因为登记可以促进交易，从而进一步激励创作。[1] 虽然著作财产权登记可能会给作者增加了一定的成本，但是著作财产权登记会增加作品的交易机会，从而增加潜在的收益机会，基于交易的著作财产权登记制度的经济激励的最大好处就是这种潜在收益。

综上，著作财产权动态配置效率要求促进著作财产权交易，登记制度应当服从这一目标。著作财产权交易主体的确定性对于著作财产权交易而言有着重要的意义。为此，著作权法可以重塑以交易为核心的著作财产权登记制度，以解决著作财产权交易主体不明确的问题，促进著作财产权交易，实现著作财产权有效动态配置。

小　结

著作财产权配置对于作品的产出与利用有着重要的影响。著作财产权配置制度涉及著作财产权体系、著作财产权主体、著作财产权授权机制以

[1] Dotan Oliar; Nathaniel Pattison; K. Ross Powell, Copyright Registrations: Who, What, When, Where, and Why, 92 Tex. L. Rev. 2211 (2014).

及与著作财产权配套的相关制度。合理的制度安排会提升著作财产权配置效率，也就是说，通过法律制度的规定能够有效影响资源的产出与利用。基于著作财产权配置的效率原则，本书建议完善以下具体制度。

第一，著作财产权体系的完善。效率原则下，著作财产权体系的完善应遵循个人效用与公共效用相协调、促进著作财产权交易以及尽可能适应技术发展的原则。并且，以概括模式与传播权核心构建著作财产权规范体系。为此，著作财产权体系以总括式传播权+以作品传播形式分类的构建规范结构，即以构建总括式著作财产权，再依据作品传播的方式不同，将著作财产权划分为载体传播权、无体传播权、变体传播权。

第二，著作财产权静态配置制度的完善。著作财产权静态配置是在不同主体之间配置著作财产权。也就是说，著作财产权主体制度是著作财产权配置的重要制度，而著作财产权主体制度主要包括视听作品、委托作品、职务作品著作财产权归属的问题。首先，视听作品著作财产权归属制度，在法律中规定，视听作品的制作者是该视听作品的著作权人。其次，职务新闻作品从一般职务作品到特殊职务作品符合著作财产权配置效率。最后，完善委托作品著作财产权归属制度，将未明确约定的委托作品权属配置给受托者，并赋予委托者两年的优先使用权。

第三，著作财产权动态配置制度的完善。首先，非自愿许可制度对于促进著作财产权交易有着重要的影响，所以法定许可制度应当继续保留，但是非自愿许可制度应有所限制，立法可以明确其不应适用于网络环境。其次，引入默示许可制度，以应对网络环境下作品利用效率不足的问题。最后，肯定变现规则以及互联网内容产业所探索的私立著作财产权规则的合法性，适时地将其纳入著作财产权规范中，以促进互联网内容产业的发展。

第四，著作财产权配置配套制度的完善。其一，将任何与实现著作权人在著作权法中正当利益无关的技术措施排除出保护范围；其二，著作财产权登记制度对于降低作品搜寻成本有着重要意义，而以交易为核心的著作财产权登记制度，契合了技术的发展，有助于降低交易成本。为此，应重塑以交易为核心的著作财产权登记制度。

结　　论

制度的设定是为了实现一定的目标。著作财产权配置制度的设定是为了实现作品产出与作品传播的目标。著作财产权的静态配置可以实现作品产出的目标，其动态配置可以实现作品传播的目标。然而，上述目标的实现会受到两方面的制约：一是现有的配置原则存在缺陷，导致著作财产权制度的运行受到阻碍；二是新技术条件下著作财产权配置制度受到冲击，使传统著作财产权制度制约了目标的实现。效率原则可以修正配置原则的不足，使著作财产权配置制度得以有效运行；效率原则也可以作为评价标准，为司法者解决新技术条件下著作财产权所面临的问题提供判断依据。有鉴于此，本书得出以下结论：

第一，效率原则下的著作财产权静态配置。效率原则下创作者与社会公众之间的著作财产权静态配置包括积极赋权与消极限制两种形式。对新型传播行为的积极赋权符合效率原则，因为新型传播行为利益是激励创作者获取作品利益的重要途径。对接触行为不应积极赋权，因为接触权的设置阻碍了著作权终极目标的实现。消极限制体现在作品中的公有领域资源。公有领域资源越多，著作财产权的保护范围越小。效率原则下的创作者与投资者之间的著作财产权配置取决于创作者与投资者投入资源的影响度。对于制片者与雇佣者而言，其投入的资源影响度高于创作者，但是对于委托者而言，其投入的资源影响度低于创作者。在符合效率的著作财产权静态配置中，作品产出这一静态收益得以最大化。也就是说，符合效率原则的静态配置会实现作品产出这一著作权制度目标。

第二，效率原则下的著作财产权动态配置。效率原则下自愿交易有着市场竞争性与市场优先性。对于著作权集体管理组织而言，其应进行准确定位，不应受到行政干预，应保持其竞争性。效率原则下的非自愿交易有助于降低交易成本，润滑交易。新技术条件下，作品交易呈现出权利人众多与使用者众多的规模化交易情形。选择退出机制与变现规则有助于应对大规模交易情形，虽然其限制了权利人的市场定价利益，但是契合了作品的广泛传播与保障了著作权人利益。在新技术推动下的内容产业，新型授权规则契合了商业模式的发展，有助于著作权动态配置的进行，促进了作品的传播，也就是说，效率原则下的著作权动态配置有助于作品广泛传播这一制度目标的实现。

第三，效率原则下的著作权配置制度的立法建议。其一，著作财产权规范体系的完善。著作财产权体系应以总括式传播权 + 以作品传播形式分类的构建规范结构，即以构建总括式著作财产权，再依据作品传播的方式不同，将著作财产权划分为载体传播权、无体传播权、变体传播权。其二，著作权配套制度的立法建议，将任何与实现著作权人在著作权法中正当利益无关的技术措施排除出保护范围；以交易为核心的著作财产权登记制度，契合了技术的发展，有助于降低交易成本。为此，应重塑以交易为核心的著作财产权登记制度。

总之，不管是人类文明的进步，还是个人的进步，都离不开对效率的追寻。法经济学的效率原则，为一些法律规范的适用提供了一套标准。具体到著作财产权配置问题中，这一标准有助于简化著作财产权配置问题的分析。效率原则可能缺少一些“宏大”和“高贵”的旨趣，却脚踏实地地能对著作财产权配置当中的具体规则的完善以及新问题的解决产生指导意义，进而实现著作权制度目标之“实”。

当然，本书是以效率作为著作财产权配置的原则，可能有研究者会提出，法律不仅是讲究效率，还应当寻求公平。不可否认，公平在著作财产权配置中也是一种重要价值。事实上，著作财产权配置在实现效率的同时，公平也会得以体现，如效率原则当中卡尔多 - 希克斯效率，它可以实现各个著作权主体利益之和最大化。例如，对于委托作品的著作财产权权属的效率分析，对作品接触行为是否积极赋权的分析，均可以看出著作财产权配置当中所体现的公平。所以说，本书强调效率原则并不否认公平原则在著作财产权配置当中的作用。

参考文献

著作类

（一）译著类

[1] 彼得·达沃豪斯，约翰·布雷斯韦特．信息封建主义［M］．刘雪涛，译．北京：知识产权出版社，2005.

[2] 布拉德·谢尔曼，莱昂内尔·本特利．现代知识产权法的演进：英国的历程［M］．金海军，译．北京：北京大学出版社，2012.

[3] 彼得·德霍斯．知识财产法哲学［M］．周林，译．北京：商务印书馆，2017.

[4] M. 雷炳德．著作权法［M］．张恩民，译．北京：法律出版社，2005.

[5] 卡尔·拉伦茨．法学方法论［M］．陈爱娥，译．北京：商务印书馆，2016.

[6] 丹尼尔·热尔韦．著作权和相关权的集体管理［M］．马继超，郑向荣，张松，译．北京：商务印书馆，2018.

[7] 保罗·戈斯汀．著作权之道：从古登堡到数字点播机［M］．金海军，译．北京：北京大学出版社，2008.

[8] 道格拉斯·诺思．经济史中的结构与变迁［M］．上海：上海三联书店，1994.

[9] 劳伦斯·莱斯格．免费文化：创意产业的未来［M］．王师，译．北京：中信出版社，2009.

[10] 理查德·波斯纳．法律的经济分析［M］．7 版．蒋兆康，译．北京：法律出版社，2012.

[11] 罗伯特·考特，托马斯·尤伦．法和经济学［M］．史晋川，董雪兵，译．上海：上海三联书店，上海：上海人民出版社，2017.

[12] 莱曼·雷·帕特森，斯坦利·W. 林德伯格．版权的本质：保护使用者著作财产权的法律［M］．郑重，译．北京：法律出版社，2015.

[13] 马克·罗斯．版权的起源［M］．杨明，译．北京：商务印书馆，2018.

[14] 迈克尔·A. 艾因霍恩．媒体、技术和版权：经济与法律的融合［M］．赵启杉，译．北京：北京大学出版社，2012.
[15] 曼昆．经济学原理［M］．梁小民，梁砾，译．北京：北京大学出版社，2017.
[16] 萨缪尔森，等．微观经济学［M］．北京：人民邮电出版社，2004.
[17] 斯蒂芬·芒泽．财产理论［M］．彭诚信，译．北京：北京大学出版社，2006.
[18] 威廉·M. 兰德斯，理查德·波斯纳．知识产权法的经济结构［M］．金海军，译．北京：北京大学出版社，2016.
[19] 威廉·W. 费舍尔．说话算话：技术法律以及娱乐法的未来［M］．李旭，译．上海：上海三联书店，2013.
[20] 西蒙·库兹涅茨．现代经济增长［M］．北京：北京经济学院出版社，1989.
[21] 约翰·冈茨，杰克·罗切斯特．数字时代盗版无罪［M］．周晓琪，译．北京：法律出版社，2008.
[22] 田村善之．田村善之论知识产权［M］．李扬，等译．北京：中国人民大学出版社，2013.
[23] 中山信宏．多媒体与著作权［M］．张玉瑞，译．北京：专利文献出版社，1997.
[24] 米哈依·菲舍尔著．版权法与因特网［M］．郭寿康，等译．北京：中国大百科全书出版社，2009.
[25] 约翰·洛克．政府论：第二篇［M］．顾肃，译．南京：译林出版社，2016.
[26] 尼尔·麦考密克．法律推理与法律理论［M］．姜峰，译．北京：法律出版社，2005.
[27] 联合国教科文组织．版权法导论［M］．张雨泽，译．北京：知识产权出版社，2009.

（二）中文著作类

[1] 丛立先．网络版权问题研究［M］．武汉：武汉大学出版社，2007.
[2] 冯晓青．知识产权法利益平衡理论［M］．北京：中国政法大学出版社，2006.
[3] 费安玲．著作权著作财产权体系之研究［M］．武汉：华中科技大学出版社，2011.
[4] 胡康生．中华人民共和国著作权法释义［M］．北京：法律出版社，2002.
[5] 黄茂荣．法学方法论与现代民法［M］．北京：中国政法大学出版社，2007.
[6] 何志鹏．著作财产权基本理论：反思与构建［M］．北京：北京大学出版社，2012.
[7] 孔祥俊．网络著作权保护法律理念与裁判方法［M］．北京：中国法制出版社，

2015.
[8] 来小鹏 . 著作权交易制度研究 [M]. 北京：中国政法大学出版社，2009.
[9] 梁志文 . 数字著作权论 [M]. 北京：知识产权出版社，2007.
[10] 梁志文 . 变革中的版权制度研究 [M]. 北京：法律出版社，2018.
[11] 梅术文 . 网络知识产权法：制度体系与原理规范 [M]. 北京：知识产权出版社，2016.
[12] 钱弘道 . 法律的经济分析 [M]. 北京：清华大学出版社，2006.
[13] 孙昊亮 . 网络环境下著作权的边界问题研究 [M]. 北京：法律出版社，2017.
[14] 吴汉东 . 知识产权基本问题研究 [M]. 北京：中国人民大学出版社，2009.
[15] 吴汉东 . 知识产权法总论 [M]. 北京：中国人民大学出版社，2013.
[16] 吴汉东 . 著作权合理使用制度研究 [M]. 北京：中国人民大学出版社，2013.
[17] 王迁 . 网络环境中的著作权保护研究 [M]. 北京：法律出版社，2011.
[18] 王迁 . 著作权法 [M]. 北京：中国人民大学出版社，2015.
[19] 王清 . 著作权限制制度比较研究 [M]. 北京：人民出版社，2007.
[20] 王曦 . 著作权权利配置研究——以权利人和利益相关者为视角 [M]. 北京：中国民主法制出版社，2017.
[21] 熊琦 . 著作权激励机制的法律构造 [M]. 北京：中国人民大学出版社，2011.
[22] 郑成思 . 知识产权论 [M]. 北京：法律出版社，1998.
[23] 郑成思 . 版权法（上、下）[M]. 北京：中国人民大学出版社，2009.
[24] 张文显 . 法哲学范畴 [M]. 北京：中国政法大学出版社，2001.
[25] 张今 . 版权法中私人复制问题研究——从印刷机到互联网 [M]. 北京：中国政法大学出版社，2009.

（三）外文书籍类

[1] Jack Golds Mith & Tim Wu. Who Controls the Internet? Illusions of a Borderless World [M]. Oxford University Press，2006.
[2] NeilK. Komesar，Imperfect Alternatives. Choosing Institutionsin Law，Economics，and-PublicPolicy [M]. University of Chicago Press，1994.
[3] Paul Goldstein. Caseand Materialson the law of intellectual property [M]. Foundation press，2002.
[4] Richard A. Posner，Economic Analysis of Law [M]. Aspen Publishers，2003.
[5] Robertp. Merges. Justifying Intellectual Property [M]. Harvard university press，2011.
[6] W. R. Cornish and David Llewelyn. Intellectualproperty. patents，copyright，trademark-

sandalliedrights [M]. Sweet & Maxwell, 2010.

期刊类

(一) 中文期刊类

[1] 白利寅. 论科技进步与治理转型中的新兴(新型)权利 [J]. 东方法学, 2017 (4).
[2] 蔡琳. 论知识产权权利的动态属性 [J]. 人民论坛·学术前沿, 2017 (15).
[3] 蔡元臻. 新媒体时代著作权法定许可制度的完善——以"今日头条"事件为切入点 [J]. 法律科学, 2015 (4).
[4] 曹新明. 论知识产权冲突协调原则 [J]. 法学研究, 1999 (3).
[5] 曹新明. 我国著作权归属模式的立法完善 [J]. 法学, 2011 (6).
[6] 陈明涛. 委托作品权利归属法律适用标准之探讨 [J]. 社会科学, 2015 (2).
[7] 陈可欣, 林秀芹. 英国引入延伸性集体管理的论争及其启示 [J]. 东南学术, 2016 (6).
[8] 陈邵玲. 中国著作权体系化的构建方法 [J]. 法律方法, 2015 (2).
[9] 陈燕红. 网络语境下我国音乐作品著作权保护研究——以利益平衡为论证展开范式 [J]. 河北法学, 2015 (1).
[10] 丛立先. 转载摘编法定许可制度的困境与出路 [J]. 法学, 2010 (1).
[11] 丛立先. 论著作权制度中的利益博弈与利益平衡 [J]. 政法论坛, 2013 (3).
[12] 崔林. 网络环境下公众信息获取权保障途径研究——基于数字图书馆的视角 [J]. 图书馆学研究, 2010 (10).
[13] 戴娜娜. 著作权客体本质及其现实意义 [J]. 电子知识产权, 2008 (6).
[14] 邓辉. 论知识产权交易费用的降低 [J]. 知识产权, 2000 (3).
[15] 方善红. 文学网站内容生产的"微支付"模式与版权解决体系分析——以盛大网络为例 [J]. 图书馆情报工作, 2010 (16).
[16] 冯晓青. 著作权扩张及其缘由透视 [J]. 政法论坛, 2006 (6).
[17] 冯玉军. 法律的交易成本分析 [J]. 法制与社会发展, 2001 (6).
[18] 付继存. 著作权法定许可的立法论证原则 [J]. 学术交流, 2017 (9).
[19] 管育鹰. 我国著作权法定许可制度的反思与重构 [J]. 华东政法大学学报, 2015 (2).
[20] 何鹏. 漫谈知识产权的权利边界. 缺乏目的性变形的使用权能 [J]. 知识产权, 2018 (6).

[21] 何天翔．音视频分享网站的著作权在先许可研究［J］．知识产权，2012（10）．
[22] 和育东．知识产权法的效率价值及其实现［J］．电子知识产权，2006（7）．
[23] 和育东．从权利到功利：知识产权扩张的逻辑转换［J］．知识产权，2014（5）．
[24] 黄汇．版权法上的公共领域研究［J］．现代法学，2008（3）．
[25] 黄丽萍．论著作权强制许可的适用范围和条件［J］．华南师范大学学报（社会科学版），2010（2）．
[26] 黄锫．著作权合理使用判断的效率标准——法律经济学视角的分析［J］．浙江社会科学，2012（1）．
[27] 华劼．美国转换性使用规则研究及对我国的启示——以大规模数字化与数字图书馆建设为视角［J］．同济大学学报（社会科学版），2018（3）．
[28] 黄炜杰．“屏蔽或变现”——一种著作权的再配置机制［J］．知识产权，2019（1）．
[29] 黄玉烨，罗施福．论我国著作权转让登记公示制度的构建——从著作权的“一女多嫁”谈起［J］．法律科学，2005（5）．
[30] 胡波．信息自由与版权法的变革［J］．现代法学，2016（6）．
[31] 胡志斌．“洗稿”的违法性解析与法律规制［J］．出版发行研究，2018（11）．
[32] 胡卫星．论法律效率［J］．中国法学，1992（3）．
[33] 吉宇宽．私立网络著作权授权规则对图书馆的实践价值及影响［J］．图书情报工作，2014（24）．
[34] 季卫东．网络化社会的戏仿与公平竞争［J］．中国法学，2006（3）．
[35] 焦和平．三网融合下广播权与信息网络传播权的重构［J］．法律科学，2013（1）．
[36] 蒋舸．雇佣关系与法人作品构成要件［J］．法律科学，2014（5）．
[37] 姜亦周．作者权利与公众利益之间的选择［J］．兰州大学学报（社会科学版），2018（5）．
[38] 李琛．知识产权法基本功能之重解［J］．知识产权，2014（7）．
[39] 李芬莲，向波．非独立创作作品及其著作权归属法律问题分析——兼论我国《著作权法》中“法人作品”的修改建议［J］．电子知识产权，2016（5）．
[40] 李国庆．论记者职务作品的著作权归属［J］．新闻界，2013（13）．
[41] 李国英．知识产权限制的原因诠释［J］．法治现代化研究，2019（3）．
[42] 李明德．关于《反不正当竞争法》修订的几个问题［J］．知识产权，2017（6）．
[43] 李捷．论网络环境下的著作权默示许可制度［J］．知识产权，2015（5）．

[44] 李伟民. 视听作品著作权主体与归属制度研究 [J]. 中国政法大学学报, 2017 (6).

[45] 李雨峰. 版权扩张: 一种合法性的反思 [J]. 现代法学, 2001 (5).

[46] 李杨. 著作财产权客体结构中的使用行为——审视著作权法权利作用"焦点"的一个阐释进路 [J]. 法制与社会发展, 2012 (3).

[47] 李杨. 从"复制"到"传播": 著作财产权的权利基础审视 [J]. 中国出版, 2012 (12).

[48] 李杨. 公共效用与权利作用构造: 从"作品"到"著作权"的功能性分析 [J]. 出版科学, 2013 (1).

[49] 李永明、钱炬雷. 我国网络环境下著作权许可模式研究 [J]. 浙江大学学报 (人文社会科学版), 2008 (6).

[50] 梁志文. 版权法上的"选择退出"制度及其合法性问题 [J]. 法学, 2010 (6).

[51] 梁志文. 法院发展知识产权法: 判例、法律方法和正当性 [J]. 华东政法大学学报, 2011 (3).

[52] 梁志文. 著作权合理使用的类型化 [J]. 华东政法大学学报, 2012 (3).

[53] 梁志文. 论版权法上使用者利益的保护 [J]. 法律科学, 2013 (6).

[54] 梁志文. 论演绎权的保护范围 [J]. 中国法学, 2015 (5).

[55] 刘斌. 网络版权技术措施的保护模式与例外 [J]. 出版科学, 2016 (1).

[56] 刘大洪. 论经济法上的市场优先原则: 内涵与适用 [J]. 法商研究, 2017 (2).

[57] 刘海明. 记者职务作品著作权归属的伦理反思 [J]. 编辑之友, 2014 (8).

[58] 刘家瑞. 论著作权法修改的市场经济导向——兼论集体管理、法定许可与孤儿作品 [J]. 知识产权, 2016 (5).

[59] 刘建. 论版权法中的接触权原则 [J]. 中国出版, 2017 (17).

[60] 刘铁光. 论著作权权项配置中兜底条款的废除——以著作权与传播技术发展的时间规律为中心 [J]. 政治与法律, 2012 (8).

[61] 刘颖. 版权法上技术措施的范围 [J]. 法学评论, 2017 (3).

[62] 刘颖, 何天翔. 著作权法修订中的"用户创造内容"问题 [J]. 法学评论, 2019 (1).

[63] 刘银良. 论著作权法中作者经济权利的重塑——以比较和实践为视角 [J]. 知识产权, 2011 (8).

[64] 刘银良. 著作权归属原则之修订 [J]. 政治与法律, 2013 (11).

[65] 刘作翔. 司法中弥补法律漏洞的途径及其方法 [J]. 法学, 2017 (4).

[66] 娄耀雄．建立网络传播权的新视角——从版权的板块保护到版权的集成保护［J］．北京大学学报（哲学社会科学版），2002（2）．
[67] 卢海君．传播权的猜想与证明［J］．电子知识产权，2007（1）．
[68] 卢海君．论我国著作权集体管理组织的法律地位［J］．政治与法律，2007（2）．
[69] 卢海君．论合理使用制度的立法模式［J］．法商研究，2007（3）．
[70] 卢海君．论著作权法的体系化［J］．社会科学，2019（6）．
[71] 罗胜华．网络临时复制问题法律研究［J］．知识产权，2004（4）．
[72] 吕炳斌．试论我国《著作权法》中传播权的类型化整合［J］．中国出版，2013（21）．
[73] 吕炳斌．版权登记制度革新的第三条道路——基于交易的版权登记［J］．比较法研究，2017（5）．
[74] 马利．版权技术措施的反思与完善——以"使用者权"为研究视角［J］．郑州大学学报（哲学社会科学版），2012（2）．
[75] 马忠法，孟爱华．论我国《著作权法》立法宗旨的修改——以促进文化产业发展为视角［J］．同济大学学报（社会科学版），2013（3）．
[76] 毛翔．市场优先原则在知识产权领域中的应用［J］．重庆大学学报（社会科学版），2018（6）．
[77] 宁立志，王宇．叫停网络音乐市场著作权独家交易的竞争法思考［J］．法学，2018（8）．
[78] 彭桂兵．表达权视角下版权许可制度的完善：以新闻聚合为例［J］．西南政法大学学报，2018（4）．
[79] 彭金治．数字版权人与社会公众和谐关系的法治意蕴［J］．中国出版，2012（6）．
[80] 彭学龙．知识产权：自然权利亦或法定之权［J］．电子知识产权，2007（8）．
[81] 彭学龙．论著作权语境下的获取权［J］．法商研究，2010（4）．
[82] 齐爱民．论二元知识产权体系［J］．法商研究，2010（2）．
[83] 钱弘道．法律经济学的理论基础［J］．法学研究，2002（4）．
[84] 沈敏荣．法律不确定性之克服［J］．政治与法律，1998（2）．
[85] 沈洋，杨晓晴．合情？合理？合法？——基于谷歌数字图书馆"选择退出"机制的再思考［J］．图书馆，2015（10）．
[86] 石金钢．委托作品的著作权归属——兼评《著作权法修改草案》相关规定［J］．中南民族大学学报（人文社会科学版），2012（6）．

[87] 宋慧献，苏艳英．教材与教辅著作权之争的反垄断法分析 [J]．中国出版，2015 (13)．
[88] 宋亮．浅论著作权非自愿许可 [J]．邵阳学院学报（社会科学版），2005 (3)．
[89] 宋亚辉．新生权利的经济解释与法律配置——以户外广告发布权为例 [J]．现代法学，2017 (1)．
[90] 苏力．《秋菊打官司》案、邱氏鼠药案和言论自由 [J]．法学研究，1996 (3)．
[91] 孙昊亮．网络反版权社会规范之反思 [J]．知识产权，2014 (11)．
[92] 孙昊亮．论网络技术对版权制度的影响 [J]．河北法学，2015 (10)．
[93] 孙昊亮．表达自由权在版权制度中的实现 [J]．社会科学家，2015 (12)．
[94] 孙昊亮．网络著作权边界问题探析 [J]．知识产权，2017 (3)．
[95] 孙远钊．《著作权法》（修订草案送审稿）修改与完善建议 [J]．交大法学，2015 (1)．
[96] 唐毅．著作权扩张的自然法思考 [J]．理论界，2012 (12)．
[97] 田志康．知识产权归属的法律效率：原则、标准和影响因素 [J]．科技与法律，2002 (2)．
[98] 王翀．论知识产权法对利益冲突的平衡 [J]．政治与法律，2016 (1)．
[99] 王国柱．作品使用者权的价值回归与制度构建——对“著作权中心主义”的反思 [J]．东北大学学报（社会科学版），2013 (1)．
[100] 王国柱．我国媒体职务作品著作权归属制度的完善——以《著作权法》的第三次修改为契机 [J]．出版发行研究，2015 (2)．
[101] 王国柱．著作权“选择退出”默示许可的制度解析与立法构造 [J]．当代法学，2015 (3)．
[102] 王洪友．著作权集体管理的反垄断预防机制 [J]．出版发行研究，2018 (3)．
[103] 汪军民．论财产权利配置的法经济学原理 [J]．经济与管理研究，2007 (4)．
[104] 王坤．作品概念的科学建构及其在著作权法上的意义 [J]．知识产权，2010 (6)．
[105] 王烈琦．知识产权激励论再探讨——从实然命题到应然命题的理论重构 [J]．知识产权，2016 (2)．
[106] 王鹏．作品使用权安排的法经济学分析——以交易成本为视角 [J]．知识产权，2011 (4)．
[107] 王迁．论提供规避技术措施手段的法律性质 [J]．法学，2014 (10)．
[108] 王迁．电子游戏直播的著作权问题研究 [J]．电子知识产权，2016 (2)．

[109] 王迁．论禁止规避技术措施的范围［J］．法学家，2016（6）．
[110] 王迁．技术措施保护与合理使用的冲突及法律对策［J］．法学，2017（11）．
[111] 王迁．论版权法对滥用技术措施行为的规制［J］．现代法学，2018（4）．
[112] 王迁．著作权法限制音乐专有许可的正当性［J］．法学研究，2019（2）．
[113] 王清，陈炫伯．数字时代版权技术保护措施与隐私权的冲突及协调［J］．学习探索，2019（5）．
[114] 王文敏．著作财产权的类型化及其运用［J］．法律方法，2016（1）．
[115] 王淑君．大数据时代著作权授权机制的不足与完善［J］．中国版权，2015（1）．
[116] 王伟亮．从“一般职务作品”到“特殊职务作品”——利益平衡视角下的新闻职务作品著作权归属分析［J］．青年记者，2014（31）．
[117] 吴春岐．效率视野中的委托作品著作权归属分析——兼评《著作权法》第十七条［J］．制度经济学研究，2003（2）．
[118] 吴汉东．合理使用制度的经济学分析［J］．法商研究，1996（2）．
[119] 吴汉东．知识产权本质的多维度解读［J］．中国法学，2006（5）．
[120] 向波．著作权集体管理组织：市场功能、角色安排与定价问题［J］．知识产权，2018（7）．
[121] 熊丙万．中国民法学的效率意识［J］．中国法学，2018（5）．
[122] 熊文聪．后现代主义视角下的著作权的正当性及其边界——从个体权利到基于商谈的共识［J］．政治与法律，2010（6）．
[123] 熊琦．论接触权——著作财产权类型化的不足与克服［J］．法律科学（西北政法大学学报），2008（5）．
[124] 熊琦．著作权法中投资者视为作者的制度安排［J］．法学，2010（9）．
[125] 熊琦．论著作权合理使用制度的适用范围［J］．法学家，2011（1）．
[126] 熊琦．著作权的法经济分析范式——兼评知识产权利益平衡理论［J］．法制与社会发展，2011（4）．
[127] 熊琦．著作权法定许可的正当性解构与制度替代［J］．知识产权，2011（6）．
[128] 熊琦．音乐著作权许可制度失灵与法律再造［J］．当代法学，2012（5）．
[129] 熊琦．著作权许可的私人创制与法定安排［J］．政法论坛，2012（6）．
[130] 熊琦．互联网产业驱动下的著作权规则变革［J］．中国法学，2013（6）．
[131] 熊琦．音乐著作权制度体系的生成与继受［J］．法学，2013（12）．
[132] 熊琦．音乐著作权许可模式的转型路径选择［J］．法学家，2014（1）．

[133] 熊琦. 大规模数字化与著作权集体管理制度创新 [J]. 法商研究，2014 (2).
[134] 熊琦. Web2.0 时代的著作权法：问题、争议与应对 [J]. 政法论坛，2014 (4).
[135] 熊琦. 人工智能生成内容的著作权认定 [J]. 知识产权，2017 (3).
[136] 熊琦. 中国著作权立法中的制度创新 [J]. 中国社会科学，2018 (7).
[137] 谢晓尧，林良倩. 权利何以通约——华盖公司作品维权的标本意义 [J]. 学术研究，2012 (8).
[138] 徐聪颖. 版权转让中的交易风险规避问题分析 [J]. 电子知识产权，2006 (3).
[139] 徐仕敏. 知识流动的效率与知识产权制度 [J]. 情报杂志，2001 (9).
[140] 徐炎.《著作权法》第三次修改草案第二稿评析 [J]. 知识产权，2013 (7).
[141] 许辉猛. 论委托作品条款的适用范围——以非独立创作作品的作品类型为视角 [J]. 河南财经政法大学学报，2012 (5).
[142] 阳东辉，张晓. 合理使用的性质重解和制度完善 [J]. 知识产权，2015 (5).
[143] 杨明. 聚合链接行为定性研究 [J]. 知识产权，2017 (4).
[144] 杨利华，冯晓青. 著作权扩张及其法律和经济学探讨 [J]. 法学论坛，2015 (3).
[145] 杨涛，张钦坤. 版权扩张的负面效应解析 [J]. 出版发行研究，2015 (3).
[146] 杨静. 网络定时播放视频行为的司法认定探究 [J]. 电子知识产权，2009 (4).
[147] 杨君. 英美法系司法制度的主要经验及其启示 [J]. 理论探讨，2015 (1).
[148] 杨源哲. 基于唯物史观的知识产权正当性学说反思 [J]. 求索，2016 (8).
[149] 杨延超. 著作权权利结构重构——以物权法第 39 条为模型 [J]. 学术研究，2007 (6).
[150] 杨志祥. 著作权许可使用的经济学分析 [J]. 学术论坛，2007 (7).
[151] 姚林青，李跻嵘. 版权保护与音乐产业关系的实证研究 [J]. 现代传播，2015 (2).
[152] 尹西明，欧阳梅. 著作权种类划分与制度整合——兼论著作利用权之独立 [J]. 河南社会科学，2008 (4).
[153] 于栢华. 权利认定的利益判准 [J]. 法学家，2017 (6).
[154] 袁杏桃. 著作权集体管理组织反垄断问题研究 [J]. 知识产权，2017 (5).
[155] 余俊. 著作财产权的权利束体系及与作品的对应关系 [J]. 知识产权，2011 (1).

[156] 翟真. 中国新闻作品著作权归属制度及完善 [J]. 中国出版，2018 (12).
[157] 张今，宁静. 技术变迁中的个人使用 [J]. 电子知识产权，2008 (1).
[158] 张今，郭斯伦. 著作财产权体系的反思与重构 [J]. 法商研究，2012 (4).
[159] 张俊发. 论著作权权项设置中兜底条款的适用 [J]. 知识产权，2018 (12).
[160] 张俊发. 媒体融合下著作财产权体系的重构 [J]. 科技与出版，2019 (5).
[161] 张玉敏. 知识产权的概念和法律特征 [J]. 现代法学，2001 (5).
[162] 张耀辉. 知识产权的优化配置 [J]. 中国社会科学，2011 (5).
[163] 张昱. 著作权权利归属问题研究 [J]. 内蒙古大学学报（人文社会科学版），2006 (1).
[164] 张勤. 论知识产权之财产权的经济学基础 [J]. 知识产权，2010 (4).
[165] 郑重. 经济学视野下网络版权扩张之反思 [J]. 中国版权，2016 (6).
[166] 周淑云，罗雪英. 信息获取权内容辨析 [J]. 情报理论与实践，2014 (5).
[167] 周淑云，王好运. 信息获取权客体辨析 [J]. 图书馆，2015 (1).
[168] 周泽夏. 知识产权法经济分析的理论基础 [J]. 政法论坛，2018 (4).
[169] 邹晓红，许辉猛. 智力投入者和财力投入者分离下的著作权归属研究——评我国的委托作品、职务作品和法人作品制度 [J]. 湖南大学学报（社会科学版），2010 (2).
[170] 邹举. 论新闻职务作品的著作权归属：兼议《著作权法》相关条款的修改 [J]. 国际新闻界，2013 (10).
[171] 祝建军. 网络游戏直播的著作权问题研究 [J]. 知识产权，2017 (1).
[172] 朱晓睿. 数字时代技术措施的保护及其限制 [J]. 华南理工大学学报（社会科学版），2019 (3).

（二）外文期刊类

[1] Stazi, A. Digital copyright and consumer/user protection: moving toward new framework? [J]. Queen Mary Journal of Intellectual Property, 2012, 2 (2): 158 – 174.
[2] Depoorter, B. Technology and uncertainty: the shaping effect on copyright law [J]. University of Pennsylvania Law Review, 2009, 157 (6): 1831 – 1868.
[3] Greenberg, B. A. Rethinking technology neutrality [J]. Minnesota Law Review, 2016, 100 (4): 1495 – 1562.
[4] Frischmann, B. M. An economic theory of infrastructure and commons management [J]. Minnesota Law Review, 2005, 89 (4): 917 – 1030.
[5] Kress, K. Legal indeterminacy [J]. California Law Review, 1989, 77 (2): 283 – 338.

[6] Rose, C. The comedy of the commons: custom, commerce, and inherently public property [J]. University of Chicago Law Review, 1986, 53 (3): 711 - 781.

[7] Newman, C. M. What exactly are you implying: the elusive nature of the implied copyright license [J]. Cardozo Arts & Entertainment Law Journal, 2014, 32 (2): 501 - 560.

[8] Yoo, C. S. Copyright and product differentiation [J]. New York University Law Review, 2004, 79 (1): 212 - 280.

[9] Sanchirico, C. Taxes versus legal rules as instruments for equity: more equitable view [J]. Journal of Legal Studies, 2000, 29 (2 Part 1): 797 - 820.

[10] Barnes, D. W. The incentives/access tradeoff [J]. Northwestern Journal of Technology and Intellectual Property, 2010, 9 (3): 96 - 127.

[11] Gervais, D. The Tangled Web of UGC: Making Copyright Sense of User - Generated Content [J]. Vanderbilt Journal of Entertainment and Technology Law, 2009, 11 (4): 841 - 870.

[12] Zimmerman, D. Copyright and Social Media: Tale of Legislative Abdication [J]. Pace Law Review, 2014, 35 (1): 260 - 284.

[13] Oliar, D., Pattison, N., & Powell, K. Copyright Registrations: Who, What, When, Where, and Why [J]. Texas Law Review, 2014, 92 (7): 2211 - [iv].

[14] Easterbrook, F. H. Intellectual property is still property [J]. Harvard Journal of Law & Public Policy, 1990, 13 (1): 108 - 118.

[15] Calabresi, G., & Melamed, A. Property rules, liability rules, and inalienability: one view of the cathedral [J]. Harvard Law Review, 1972, 85 (6): 1089 - 1128.

[16] Smith, H. E. Intellectual property as property: delineating entitlements in information [J]. Yale Law Journal, 2007, 116 (8): 1742 - 1823.

[17] Joyner, J. K. Future technology clauses: would their lack of compensation have discouraged shakespeare's creativity and denied society's access to his works in the media [J]. Southwestern University Law Review, 2002, 31 (4): 575 - 626.

[18] Litman, J. The public domain [J]. Emory Law Journal, 1990, 39 (4): 965 - 1024.

[19] Litman, J. Revising copyright law for the information age [J]. Oregon Law Review, 1996, 75 (1): 19 - 48.

[20] Sieman, J. S. Using the Implied License to Inject Common Sense into Digital Copyright [J]. North Carolina Law Review, 2007, 85 (3): 885 - 930.

[21] Tehranian, J. Parchment, Pixels, & Personhood: User Rights and the IP (Identity

Politics) of IP (Intellectual Property) [J]. University of Colorado Law Review, 2011, 82 (1): 1-84.

[22] Cohen, J. E. What Kind of Property Is Intellectual Property [J]. Houston Law Review, 2014, 52 (2): 691-708.

[23] Darling, K. Contracting about the Future: Copyright and New Media [J]. Northwestern Journal of Technology and Intellectual Property, 2012, 10 (7): [v] -530.

[24] Loren, L. Redefining the market failure approach to fair use in an era of copyright permission systems [J]. Journal of Intellectual Property Law, 1997, 5 (1): 1-58.

[25] Lilla Montagnani, M. new interface between copyright law and technology: how user-generated content will shape the future of online distribution [J]. Cardozo Arts & Entertainment Law Journal, 2009, 26 (3): 719-774.

[26] Lemley, M. A. Economics of improvement in intellectual property law [J]. Texas Law Review, 1996-1997, 75 (5): 989-1084.

[27] Lemley, M. A. Dealing with overlapping copyrights in the internet [J]. University of Dayton Law Review, 1997, 22 (3): 547-586.

[28] Lemley, M. A. Property, intellectual property, and free riding [J]. Texas Law Review, 2005, 83 (4): 1031-1076.

[29] Lemley, M. A. Ip in world without scarcity [J]. New York University Law Review, 2015, 90 (2): 460-515.

[30] Rose, M. Property and propriety: response to copyright as property right [J]. UC Irvine Law Review, 2019, 9 (2): 489-494.

[31] Sag, M. J. Beyond abstraction: the law and economics of copyright scope and doctrinal efficiency [J]. Tulane Law Review, 2006, 81 (1): 187-250.

[32] Sag, M. Copyright and copy-reliant technology [J]. Northwestern University Law Review, 2009, 103 (4): 1607-1682.

[33] Heller, M. A. The tragedy of the anticommons: property in the transition from marx to markets [J]. Harvard Law Review, 1998, 111 (3): 621-688.

[34] Grynberg, M. Property is two-way street: personal copyright use and implied authorization [J]. Fordham Law Review, 2010, 79 (2): 435-498.

[35] Jasiewicz, M. Copyright protection in an opt-out world: implied license doctrine and news aggregators [J]. Yale Law Journal, 2012, 122 (3): 837- [ix].

[36] Netanel, N. Copyright and democratic civil society [J]. Yale Law Journal, 1996,

106 (2): 283 – 388.

[37] Ruiz, N. Copyright's paradox: the public interest and private monopoly [J]. Intellectual Property Law Bulletin, 2014, 18 (2): 213 – 234.

[38] Elkin – Koren, N. The new frontiers of user rights [J]. American University International Law Review, 2016, 32 (1): 1 – 42.

[39] Bracha, O. Standing copyright law on its head the googlization of everything and the many faces of property [J]. Texas Law Review, 2007, 85 (7): 1799 – 1870.

[40] Afori, O. Implied license: an emerging new standard in copyright law [J]. Santa Clara Computer & High Technology Law Journal, 2008, 25 (2): 275 – 326.

[41] Samuelson, P. Information as property: do ruckelshaus and carpenter signal changing direction in intellectual property law [J]. Catholic University Law Review, 1989, 38 (2): 365 – 400.

[42] Samuelson, P. Copyright and freedom of expression in historical perspective [J]. Journal of Intellectual Property Law, 2003, 10 (2): 319 – 344.

[43] Goldstein, P. Fair Use in Changing World [J]. Journal of the Copyright Society of the U. S. A. , 2002 – 2003, (50): 133 – 148.

[44] Menell, P. S. , & Meurer, M. J. Notice failure and notice externalities [J]. Journal of Legal Analysis, 2013, 5 (1): 1 – 60.

[45] Duclos, P. M. Three cheers for trekonomics: the future of copyright doctrine according to star athletica and star trek [J]. Cornell Journal of Law and Public Policy, 2017, 27 (1): 207 – vi.

[46] Markovits, R. S. Legal analysis and the economic analysisof allocative efficiency [J]. Hofstra Law Review, 1980, 8 (4): 811 – 904.

[47] Coase, R. R. The Problem of Social Cost [J]. Journal of Law & Economics, 1960 (3): 1 – 44.

[48] Merges, R. P. Contracting into liability rules: intellectual property rights and collective rights organizations [J]. California Law Review, 1996, 84 (5): 1293 – 1394.

[49] Larson, R. Online news aggregators, copyright and the hot news doctrine [J]. University of Baltimore Journal of Media Law & Ethics, 2014, 4 (1/2): 92 – 2.

[50] Stadler, S. K. Copyright as trade regulation [J]. University of Pennsylvania Law Review, 2007, 155 (4): 899 – 960.

[51] Besen, S. M. , Kirby, S. N. , & Salop, S. C. An economic analysis of copyright col-

lectives [J]. Virginia Law Review, 1992, 78 (1): 383 - 412.

[52] Sterk, S. E. Rhetoric and reality in copyright law [J]. Michigan Law Review, 1996, 94 (5): 1197 - 1249.

[53] Sterk, S. E. Property rules, liability rules, and uncertainty about property rights [J]. Michigan Law Review, 2008, 106 (7): 1285 - 1336.

[54] Heide, T. Copyright in the eu and u. s.: what access - right [J]. Journal of the Copyright Society of the U. S. A. 2001, 48 (3): 363 - 382.

[55] Wu, T. Tolerated use [J]. Columbia Journal of Law & the Arts, 2008, 31 (4): 617 - 636.

[56] Brennan, T. J. Copyright, property, and the right to deny [J]. Chicago - Kent Law Review, 1993, 68 (2): 675 - 714.

[57] Troupson, T. M. Yes, it's illegal to cheat paywall: access rights and the dmca's anticircumvention provision [J]. New York University Law Review, 2015, 90 (1): 325 - [ii].

[58] Bell, T. W. Escape from copyright: market success vs. statutory failure in the protection of expressive works [J]. University of Cincinnati Law Review, 2001, 69 (3): 741 - 806.

[59] Gordon, W. J. Fair use as market failure: structural and economic analysis of the betamax case and its predecessors [J]. Journal of the Copyright Society of the U. S. A., 1983, 30 (3): 253 - 326.

[60] Gordon, W. J. An inquiry into the merits of copyright: the challenges of consistency, consent, and encouragement theory [J]. Stanford Law Review, 1989, 41 (6): 1343 - 1470.

[61] Landes, W. M., & Posner, R. A. An economic analysis of copyright law [J]. Journal of Legal Studies, 1989, 18 (2): 325 - 364.

[62] Lev - Aretz, Y. The subtle incentive theory of copyright licensing [J]. Brooklyn Law Review, 2015, 80 (4): 1357 - 1418.

[63] Efroni, Z. monentary lapse of reason: digital copyright, the dmca and dose of common sense [J]. Columbia Journal of Law & the Arts, 2005, 28 (3): 249 - 314.

学位论文类

[1] 王素玉. 版权法的经济分析 [D]. 吉林：吉林大学，2007.

[2] 易建雄. 技术发展与版权扩张 [D]. 重庆：西南政法大学，2008.

[3] 赵玥. 网络环境下著作财产权保护的法经济学分析 [D]. 吉林：吉林大学，2017.

判决书类

（一）中文判决书

1. 广西柳州地区中级人民法院民事判决书（1994）柳地法民终字第 127 号。
2. 北京市海淀区人民法院民事判决书（1999）海知初字第 57 号。
3. 北京市第二中级人民法院（2000）二中知初字第 128 号民事判决书。
4. 沈阳市中级人民法院（2005）沈中民三权终 59 号民事判决书。
5. 北京市第一中级人民法院（2006）一中民终字第 2500 号民事裁定书。
6. 浙江省高级人民法院（2008）浙民三终字第 67 号民事判决书。
7. 北京市第二中级人民法院（2009）二中民终字第 20866 号民事判决书。
8. 重庆市渝中区人民法院（2013）渝中知民初字第 108 号民事判决书。
9. 广东省深圳市宝安区人民法院（2013）深宝法知民初字第 1047 号民事判决书。
10. 浙江省义乌市人民法院（2014）金义知民初字第 927 号民事判决书。
11. 最高人民法院（2014）民申字第 544 号民事裁定书。
12. 广州知识产权法院（2015）粤知法著民初字第 16 号。
13. 上海知识产权法院（2015）沪知民终字第 641 号。
14. 广东省深圳市福田区人民法院（2015）深福法知民初字第 174 号民事判决书。
15. 北京市西城区人民法院民事判决书（2016）京 0102 民初 83 号民事判决书。
16. 湖南省长沙市中级人民法院（2016）湘 01 民初 1152 号民事判决书。

（二）外文判决书

1. Rosettev. RainboMfg, Corp., 354F. Supp. 1183 (S. D. N. Y1973), aff'd, 546F. 2d461 (2dCir. 1976).
2. Sony Corporation of Americav. Universal City Studios, Inc., 464U. S. 417 (1983).
3. Sony Corp. of Americav. Universal City Studios, Inc., 464U. S. 417, 429 (1984).
4. Wheatonv. peters, 33U. S. (8Pet.) 591 (1984).
5. Fogertyv. Fantasy, Inc., 114S. Ct. 1023, 1029 (1994).
6. LosAngeles Timesv. Free Republic, Civ. No. 98 – 7840, 2000U. S. DistLEXIS5669 (C. D. Cal. Apr. 5, 2000).
7. Random House, Inc. v. Rosetta Books LLC, 150F. Supp. 2d613 (S. D. N. Y2001), aff'd, 283F. 3d490 (2dCir. 2002).

8. Peoplev. NetworkAssocs. , Inc. , 758N. Y. S. 2d466 (Sup. Ct. 2003).

9. Metro – Goldwyn – MayerStudios, Incv. GroksterLtd. , 545U. S. 913, 125S. Ct. 2764 (2005).

10. Perfect10, Inc. v. Amazon. com, Inc. , 508F. 3d1146 (9thCir. 2007).

11. Cartoon Network LP, LLLPv. CSCHoldings, Inc. , 536F. 3d121 (2dCit. 2008).

12. United Statesv. American Society of Composers, Authors, and Publishers ('ASCAP'), 627F. 3d64 (2dCir. 2010).

13. Infopaq International A/Sv. Danske Dagblades Forening, 2012E. C. R. 1 (2012).

后　记

尝试常与风险并存，以《论著作财产权配置的效率原则》作为选题进行研究对于并未系统学习经济学的我而言无疑充满了挑战与风险。由于这一选题国内外相关研究并不充分，必然限制了本书理论深度的扩展。虽然从一开始就知道这种风险的存在，但是一贯以来，对新知识的追求的笃定和不喜欢重复的性格，以及学术界对交叉学科知识增量的需求，促使我怀着一种挑战自我的态度选择了这样一个选题。虽然本书已经脱稿，但是我的内心却惴惴不安，总觉得本书还有缺漏与遗憾。当然，我也知道，本书的完善是永无止境的。

本书的写作是一个漫长而艰辛的旅程。这一“旅程”可谓刻骨铭心。它时时刻刻对我的思维能力、语言能力进行考问。在本书的写作过程中，我曾经连续一个多星期不停地在草稿纸上进行逻辑推导，假设各种可能性，每天从清晨的半梦半醒中开始，到凌晨的身心俱疲中结束，在最纠结的时候，我甚至幻想上天能在睡梦中帮我解除迷思。在这一过程中，本书的内容与结构一遍一遍地修改，本书的观点一遍一遍地修正。我发现，许多观点其实是在漫长研究过程中的一种顿悟，甚至完全背离了我最初所要表达的想法。我想说，这一旅程是痛苦的，但也是快乐的。

虽然本书的写作暂时告一段落，但一颗感恩之心怀揣此生！感谢恩师博士生导师梁志文教授，在本书写作期间，大到文章结构、理论把握，小到文字表述、标点符号，梁老师认真负责的态度让我感动不已。在每次写作过程中出现困惑与梁老师讨论时，梁老师都耐心细致地为我答疑解惑。我很庆幸自己能够得到梁老师在专业上的教导与引领。尽管我可能无法达到梁老师的高度，但是我愿意朝这个目标努力。

感谢予以本书宝贵建议的南京师范大学法学院眭鸿明教授、黄和新教授、倪斐教授、陈爱武教授！感谢硕士研究生导师孙昊亮教授，正是在孙老师的鼓励之下，我才鼓起勇气开启学术之路。

感谢在博士求学期间一起学习与讨论的同学们，让我能够在轻松和愉快的环境中生活与学习。感谢给予我本书许多建议的师兄、师弟、师姐、师妹，谢谢你们！

感谢知识产权出版社的刘睿老师、邓莹老师对本书的辛苦编辑。正是她们的辛苦工作，使本书得以顺利出版。

阅读是一种享受，写作过程更是一种享受。在享受之余，我心中也充满感恩。因为在写作过程中，我不仅得到同行的帮助，还借鉴了他人智慧的精华，感谢本书所参考的所有文献的作者。

感谢在此未能提及却关心我、爱我且同样是我深爱的那些人，请恕我无法一一列举，谨由衷地说声：谢谢！

最后，本书顺利出版离不开家人在背后的支持。二十余年的求学生涯中，父母所作的无私奉献，让我在学习研究的道路上充满力量。感谢弟弟对父母的照顾，承担了本应由我承担的责任，感谢我的爱人对我事业上的支持。最后再说一句，感谢所有！

张俊发

2020 年 5 月 18 日于南京仙林茶苑